영어말하는데 꼭 필요한

핵심동사 113개로
네이티브와
말문트기

Chris Suh

MENT⊕RS

영어말하는데 꼭 필요한 핵심동사 113개로
네이티브와 말문트기 1권

2025년 05월 20일 인쇄
2025년 05월 27일 발행

지 은 이   Chris Suh
발 행 인   Chris Suh
발 행 처   **MENTORS**
　　　　　경기도 성남시 분당구 황새울로 335번길 10 598
　　　　　TEL 031-604-0025 FAX 031-696-5221
　　　　　mentors.co.kr
　　　　　blog.naver.com/mentorsbook
　　　　　* Play 스토어 및 App 스토어에서 '멘토스북' 검색해 어플다운받기!
등록일자   2005년 7월 27일
등록번호   제 2009-000027호
I S B N   979-11-94467-73-1
　　　　　979-11-94467-72-4(세트번호)
가　　격   22,000원(MP3 무료다운로드)

잘못 인쇄된 책은 교환해 드립니다.
이 책에 게재된 내용의 일부 또는 전체를 무단으로 복제 및 발췌하는 것을 금합니다.
(이 책은 <기본동사표현사전 3300>의 내용을 추가한 개정증보판입니다.)

머리말

"이렇게 쉬운 동사로 영어회화가 가능할 줄 몰랐다!"

영어회화를 좀 하다보면 네이티브들은 어려운 단어보다는 아주 쉬운 단어로 특히 쉬운 동사로 화려하게 문장을 만들어내는 것을 깨닫게 되는 순간이 있다. 그래서 이렇게 쉬운 동사로 그렇게 많은 영어회화가 가능할 줄 몰랐다라는 감탄을 절로 하게 된다. 자연 쉬운 동사로 만들어지는 다양한 표현을 정리하고 싶은 생각이 들게 되는데 이는 핵심동사만 잘 활용하면 영어회화를 네이티브처럼 할 수 있다는 사실을 알았기 때문이다.

"네이티브처럼 쉽게 말하고 싶어"

네이티브처럼 말하고 싶은 우리 '욕망'을 가장 현실적으로 실현시켜 줄 '희망'은 바로 이 「핵심동사」에 있다고 해도 과언이 아니다. 왜냐면 모든 언어는 편리함을 추구하고 따라서 네이티브도 알고 보면 일상생활에서 많은 부분 핵심동사로 거의 다 해결하기 때문이다. 실제 회화에서 기본동사를 바탕으로 파생되는 표현들은 우리 예상을 훨씬 뛰어 넘는다. examine 대신 go over를, return 대신 give back을, improve 대신 get better를, reject 대신 turn down을 그리고 prove 대신 turn out을 더 많이 사용하는 등 핵심동사를 활용해 말하지 못하는 표현이 없을 정도이다. 핵심동사는 다시 말해서 영어회화의 중추적 역할을 하는 아주 핵심적인 단어들인 것이다.

"핵심동사 113개로 네이티브와 말문트기"

이책 『핵심동사 113개로 네이티브와 말문트기』는 영어회화의 기초를 닦을 뿐만 아니라 영어회화의 핵심이자 본류에 접근하는 아주 현명한 방법이 될 것이다. 이제 핵심동사를 익히고 여유있게 영어회화를 즐겨본다. 영어회화는 멀리 있지 않다. 가까운 데서 해답을 찾아야 한다. 이책이 그 해답을 찾는데 큰 보탬이 되었으면 하는 바람이다. 이책에는 메인동사로 get, do, have, put, call, want, leave 등 18개의 동사와 send, hand, hang, teach, charge, pull 등 탈락하기 아까운 추가동사를 정리하였다. 네이티브들은 주로 핵심동사를 자유자재로 활용하면서 영어를 한다는 사실에 다시한번 감탄하면서 우리도 그들처럼 쉽게 영어를 할 수 있게 되도록 열심히 핵심동사 탐험을 시작해보도록 한다.

이 책은 무엇이 다른가~

네이티브가 이렇게 쉬운 동사로 영어회화를 하는 줄을 정말 몰랐던 핵심동사 18개와 중요기본동사 20개를 바탕으로 만들어지는 가장 많이 쓰이는 동사표현을 집중해서 모았다.

❶ 실제회화에서 많이 쓰이는 핵심동사들이 만들어내는 빈출 동사표현들에 마구마구 감탄한다.
❷ 각 동사표현 밑에 위치한 친절한 우리말 설명을 통해 동사표현의 의미와 용법을 잘 익힌다.
❸ 핵심포인트를 통해 동사의 실제 응용 및 활용표현을 완전히 숙지한다.
❹ 예문과 대화를 통해 표현을 이해하고 바로 이어지는 필사를 통해 표현을 완전히 암기한다.
❺ 녹음된 MP3 파일을 홈피나 어플에서 바로 듣거나 다운로드 받아서 듣고 또 듣는다.

이 책은 어떻게 구성되었나~

네이티브가 이렇게 쉬운 동사로 영어회화를 하는 줄을 정말 몰랐던 핵심동사 18개와 중요기본동사 20개를 바탕으로 만들어지는 가장 많이 쓰이는 동사표현을 집중해서 모았다.

❶ **네이티브가 즐겨쓰는 핵심동사 18**
네이티브가 주로 먹고 사는 핵심기본동사 18개를 바탕으로 다양하게 실제 일상생활에서 이용되고 있는 동사표현들을 일목요연하게 정리하였다.

❷ **네이티브가 애용하는 중요기본동사 20**
핵심기본동사 18개 외에도 네이티브가 자주 사용하는 동사들을 선별하여 역시 실제 활용빈도수가 높은 동사표현들을 모았다.

❸ **Get More**
기본엔트리 선정에서 아깝게 떨어졌지만 그래도 알아두면 영어회화하는데 도움이 될만한 표현들을 각 동사별 마지막 부분에 추가로 정리하여 영어회화 학습을 풍요롭게 하였다.

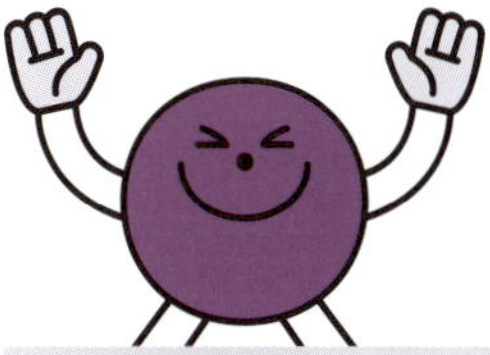

핵심동사 빈출동사구 엔트리 표현

네이티브가 특히 즐겨쓰는 핵심동사에서 파생되는 동사표현들. get, do, be, have, put, call, want, leave, start/begin, help, think.... 등의 메인동사표현들.

우리말 설명

동사표현의 의미와 용법을 친절하게 설명.

✔ 핵심포인트

동사표현의 실제 활용표현 및 응용표현정리.

이렇게 쓰인다!

학습한 핵심동사표현들로 어떻게 영어문장을 만들어내는지 그 생생한 예문을 다양하게 모았다.

이렇게 말한다!

실제 핵심동사표현들을 실제대화에서는 어떻게 쓰이는지 를 통해 영어회화학습의 이해도를 높히는 곳.

영어문장필사해보기

외워도 잊혀지는데 보기만 줄창해서는 영어실력이 늘지 않는다. 위에서 학습한 문장중에서 하나 혹은 두개의 우리말 문장을 영어로 옮겨보는 연습을 해본다. 기억이 나지 않으면 보고 써도 된다. 한번 써보는게 여러번 보는 것보다 더 도움이 되기 때문이다.

---

get 001 **get a job**
취직하다

get의 가장 기본적인 용법으로 '갖다,' '얻다'라는 의미이다. get a discount하면 「할인받다」, get a reputation하면 「명성을 얻다」, 그리고 get a raise하면 「급여인상이 되다」라는 뜻이 된다.

✔ 핵심포인트

get a discount 할인받다
get a raise 급여인상을 받다

이렇게 쓰인다!

She got a new job.
걘 새 직업을 구했어.

Guess what? I just got my license.
저 말이야. 나 운전면허증을 땄어.

I'd like to get a refund, please.
환불받고 싶은데요.

I've never had an accident or gotten a ticket in my life.
교통사고 나본 적도 딱지 끊긴 적도 없어.

이렇게 말한다!

A: It's about time we got a raise.
B: You're telling me.
A: 급여를 올려받을 때야.
B: 네 말이 맞아.

영어문장필사해보기

• 저 말이야. 나 운전면허증을 땄어.

010

Get More

Get More

• **get ahead** 앞서다, 앞서가다, (일, 책임) 몫칭가다, 승진하다
Don't get ahead of yourself. 너무 앞서나가지 마십시오.

• **get by** …으로 겨우 살아가다(on~), …을 지나가다
Could I get by please? 지나갈 수 있게 길 좀 비켜주세요.

• **get at** 도달하다, 공격하다
I don't know what you are getting at. 무슨 말을 하려는 건지 모르겠어.

• **get on one's nerves** …의 신경을 거스리다
It's getting on my nerves. 신경이 거슬려.

• **get up** 일어나다
I got up at 6:30, like I usually do to feed Mary.
항상 그렇듯 메리 먹이주려고 6시 반에 일어났어.

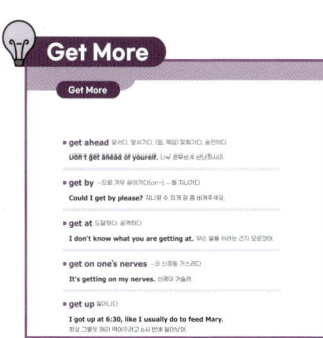

아쉽게 메인엔트리에는 채택되지 못했지만 알아두면 좋은 표현들을 추가로 정리하였다.

More Verbs You Should Know

06/07 **charge/cost**
부과[청구]하다/ 가격이 …이다

• **charge sb money** …에게 …을 청구하다
판매한 물건이나 서비스에 대한 비용을 청구하다라는 의미. 물건이나 서비스의 내용은 for 다음에 붙여주면 된다.

charge (sb) money (for~) (…에게) (…에 대한) 비용을 청구하다
charge for~ …에 대한 비용청구를 하다
charge rent[an entrance fee] 임대료[입장료]를 청구하다

How much did you charge? 얼마예요?
I charge seven hundred dollars an hour. 시간당 7백달러 입니다.
He charged me twenty bucks. 걘 내게 20달러를 청구했어.

• **charge sth on sb's account** …의 계좌에 달아놓다
charge는 비용을 청구하다라는 뜻외에 외상[신용카드]으로 산다는 뜻이 있다. 우리말로는 현금지급을 하지 않고 호텔방, 은행계좌, 혹은 신용카드로 구입하는 것을 말한다. 그래서 계산할 때 흔히 듣는 Cash or charge?하는데 이때의 charge는 신용카드결제를 뜻한다.

charge sth to sb's room 방으로 …비용을 달아놓다
charge sth on sb's account 계좌에 달아놓다

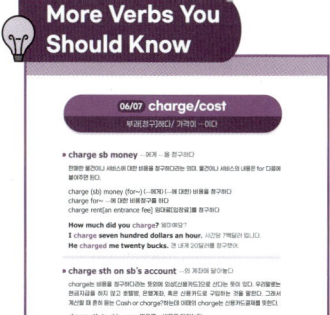

핵심메인동사에서 탈락했지만 역시 네이티브가 일상생활에서 애용하는 send, hand, hang, teach/learn, charge/cost...등의 동사를 추가로 정리하였다.

Contents

01 욕심쟁이 만능동사 **get** ········· 009
02 뭐든지 하고 마는 **do** ········· 069
03 존재감 팍팍 풍기는 **be** ········· 090
04 가져도 또 갖고 싶은 맘 **have** ········· 124
05 어느 장소나 상태에 놓는 **put** ········· 162
06 전화하면 만사 오케이~ **call** ········· 181
07 원하는 걸 하고 싶을 때 **want** ········· 195
08 잡아도 떠나고야 마는 **leave** ········· 212
09/10 시작이 반이래 **start/begin** ········· 228
11 어려울 때 도와줘야 **help** ········· 245
12 머리를 써야 하는 **think** ········· 255
13 그래 이 느낌이야 **feel** ········· 276
14 그게 무슨 말이야 **mean** ········· 293
15 그만할 때 그만해야지 **stop** ········· 307
16 믿어서 남주나 **believe** ········· 321
17 맘아프지만 낼 때는 내야지 **pay** ········· 332
18 기다릴 때까지 기다려보는 **wait** ········· 344

More Verbs You Should Know

01 **send** 보내다, 발송하다 ········· 356
02 **hand** 건네주다, 도움 ········· 359
03 **hang** 매달다, 놀다 ········· 362
04/05 **teach/learn** 가르치다/ 배우다 ········· 365
06/07 **charge/cost** 부과[청구]하다/ 가격이 …이다 ········· 368
08/09 **pass/follow** 지나가다, 건네주다/ 따라가다 ········· 371
10/11/12/13/14 **buy/sell/deal/afford/belong**
　사다/ 팔다/ 거래하다/ …할 여유가 있다/ …에 속하다 ········· 374
15/16 **change/remain** 변화하다/여전히 …이다, 남다 ········· 377
17/18 **lie/lay** 눕다, 거짓말하다/ 놓다, 눕히다 ········· 380
19/20 **pull/draw** 잡아당기다/ 그리다, 끌다 ········· 383

More Information : You Know What?

You Know What? : 문 뒤의 though ········· 089
You Know What? : promise와 appointment ········· 211
You Know What? : everyday와 every day ········· 254
You Know What? : say와 tell ········· 306

01.
욕심쟁이 만능동사

Get

'get을 알면 영어가 보인다'고 해도 과언이 아닐 정도로, 핵심동사 중에서도 특히 다양한 용례를 자랑하는 것이 바로 get. 목적어와 상황에 따라 「얻다」(obtain), 「타다」(catch a vehicle), 「도착하다」(reach), 「이해하다」(understand) 등의 다양한 의미로 활용되는 것은 물론이고 have나 make처럼 「시키다」라는 뜻의 「사역동사」처럼 쓰이는가 하면 경우에 따라서는 get+p.p.의 형태로 「수동태」의 영역까지 넘보는, 그야말로 '만능동사'라 할 수 있다.

 Get의 기본개념

01. 받다(receive), 얻다(obtain), (상벌, 학점 등을) 받다, 사주다
I got an email from her yesterday. 어제 걔한테서 이메일 받았어.
She got me a cell phone for my birthday. 걘 내 생일 때 핸드폰을 선물했어.

02. 도착하다, 이르다, 이해하다
Will you get home okay? 집에 잘 갈 수 있겠어?
She didn't get the joke. 걘 그 조크를 이해하지 못했어.

03. get (sth)+형용사[과거분사] …해지다, …을 …하게 하다
He just got married. 걘 막 결혼했어.
Let's get started. 자 시작하자.
Don't get me wrong. 오해하지마.

04. get sth +과거분사[sb to ~] …하게 하다
I have to get my car fixed. 차를 수리해야 돼.
She got me to leave. 걔가 날 떠나가게 했어.

get 001 · get a job
취직하다

get의 가장 기본적인 용법으로 '갖다,' '얻다'라는 의미이다. get a discount하면 「할인받다」, get a reputation하면 「명성을 얻다」, 그리고 get a raise하면 「급여인상이 되다」라는 뜻이 된다.

✔ 핵심포인트
get a discount	할인받다
get a raise	급여인상을 받다

📝 이렇게 쓰인다!

She got a new job.
걘 새 직업을 구했어.

Guess what? I just got my license.
저 말이야. 나 운전면허증을 땄어.

I'd like to get a refund, please.
환불받고 싶은데요.

I've never had an accident or gotten a ticket in my life.
교통사고 나본 적도 딱지 끊긴 적도 없어.

💬 이렇게 말한다!

A: It's about time we got a raise.
B: You're telling me.
  A: 급여를 올려받을 때야.
  B: 네 말이 맞아.

✏ 영어문장필사해보기
• 저 말이야. 나 운전면허증을 땄어.

get 002
get sth at[from]~
…에서 돈주고 사다, 얻다, …에게서 듣다

역시 갖다, 얻다라는 의미지만 그냥 받은게 아니라 가게나 상점에서 돈을 주고 산 경우를 말하거나 혹은 구입하거나 받은 출처를 말할 때 쓰는 것으로 get sth at[from]~ 이라 하면 된다.

✔ **핵심포인트**

get sth at[from]~ …에서 얻다, 사다
Where did you get sth? …을 어디서 구했어[샀어]?

📝 이렇게 쓰인다!

I got it at a bargain price at Bloomingdale's.
블루밍데일에서 세일가격으로 그거 샀어.

I got it for next to nothing.
그거 거의 공짜로 샀어.

She got the necklace on sale yesterday.
걘 어제 세일 때 목걸이를 샀어.

I got it at the flea market. It was just 5 dollars.
벼룩시장에서 샀는데 5달러밖에 안했어.

This is for you. I got it from the gift shop.
너 줄려고 선물가게에서 샀어.

I got it from my mother this morning.
오늘 아침 엄마에게서 얻었어.

This is not a good chair. Where did you get this?
의자상태 안좋은데 어디서 났어?

Where did you get this fabulous earrings?
이 멋진 귀걸이 어디서 샀어?

Where did you get the information? Did you get it from a nurse? 이거 어디서 들었어? 간호사한테 들었어?

💬 이렇게 말한다!

A: **Where did you get the information?**
B: **I got it from the manager.**
　A: 이거 어디서 들었어?　B: 매니저한테 들었어.

get 003 — get a cold
감기에 걸리다

get이 have의 영역을 많이 잠식해가는 모습을 볼 수 있는 곳으로 'get+병명'의 형태로 쓰이면 「…로 아프다」, 「…에 걸렸다」라는 의미가 된다.

✓ 핵심포인트

get a stomachache	배가 아프다	get a headache	머리가 아프다
get a flu	독감에 걸리다	get a sore throat	목이 아프다

📋 이렇게 쓰인다!

I've got the runs.
나 설사해.(= I have diarrhea)

I've really got a sore throat. Let's get together later.
목이 정말 아파. 나중에 만나자.

I've got the flu. Keep away from me.
유행성 감기에 걸렸어. 가까이 오지마.

Don't touch me. I've got a really stiff neck.
나 손대지마. 목이 너무 뻣뻣해.

I've got a pain in my side since the last weekend.
지난 주말부터 옆구리가 아파.

💬 이렇게 말한다!

A: Where does it hurt?
B: I've got a pain in my side since the last weekend.
  A: 어디가 아프세요?
  B: 지난 주말부터 옆구리가 아파요.

📝 영어문장 필사해보기

• 목이 정말 아파. 나중에 만나자.

get 004 get some rest
휴식을 취하다

get 다음에 휴식이나 잠 등의 추상명사가 오는 경우로 get some rest하면 「잠시 휴식을 취하다」가 되고, 마찬가지로 get some sleep하면 「눈 좀 붙이다」라는 의미가 된다.

✓ 핵심포인트

get some rest	좀 쉬다
get some sleep	잠 좀 자다
get enough sleep	충분히 자다

📒 이렇게 쓰인다!

Why don't you get some rest?
좀 쉬지 그래.

I didn't get any sleep last night.
어젯밤에 잠을 한숨도 못잤어.

Get some rest and we'll talk more about this tomorrow.
좀 쉬고 이 문제는 내일 더 얘기하자.

I always get enough sleep.
난 항상 숙면해.

💬 이렇게 말한다!

A: **What do you say we go for a walk?**
B: **Sorry, I need to get some rest.**
  A: 우리 산책가는게 어때?
  B: 미안, 좀 쉬어야겠어.

영어문장필사해보기 ✏️

• 어젯밤에 잠을 한숨도 못잤어.

get sb

전화로 바꿔달라, 체포하다, 혼내다, 연락을 취하다

get 다음에 사람이 오는 경우 또한 뜻이 다양하다. give처럼 전화를 바꿔달라고 할 때 뿐만 아니라 연락을 취하다, 혼내다, 그리고 체포하다 등 그때 그때 상황에 맞게 의미를 적용해야 한다.

✓ 핵심포인트

You got Chris (전화로) 크리스입니다

📝 이렇게 쓰인다!

You can get me on the phone.
나한테 전화로 연락해.

Please get me Susan.
수잔 좀 바꿔줘요.

Give me Rick in sales please.
영업부의 릭 부탁합니다.

The police finally got her.
경찰이 마침내 걜 체포했다.

💬 이렇게 말한다!

A: Sam wants help with his computer.
B: Get Helga on the phone. She'll help him.
　A: 샘이 컴퓨터 때문에 도움이 필요하대요.
　B: 헬가에게 전화해. 걔가 도와줄거야.

✏️ 영어문장필사해보기

• 나한테 전화로 연락해.

get it[me, you]
…을 이해하다

get이 「…을 이해하다」(understand)란 의미로 쓰인 경우. I don't get it은 I don't understand it을 좀 더 구어적으로 표현한 것이다. it 대신 you를 써서 I don't get you라고도 한다.

✔ **핵심포인트**

I got it   알았어

I need to be with someone who gets me.
날 이해해주는 사람과 있어야 돼.

I don't get it. Why are you late again?
이해가 안돼. 왜 또 늦은거야?

Did you get it?
이해했어?

You got it[that] (right).
맞아, 바로 그거야, 알았어

You got it[that]?
알았어?, 알아 들었어?

You got that right. It's the best restaurant in town.
네 말이 맞아. 시내에서 가장 좋은 식당야.

A: Let me know if she likes me, okay?
B: You got it.
  A: 걔가 날 좋아하는지 알려줘, 알았지?
  B: 알았어.

[영어문장필사해보기]

• 이해가 안돼. 왜 또 늦은거야?

get the point

get 007

무슨 말인지 이해하다

역시 '이해하다'라는 의미의 get이 사용된 표현. get the point 혹은 get one's point하면 상대가 무슨 말을 하는지 잘 이해하고 알아들었다는 말.

✓ 핵심포인트
get one's point …의 말을 이해하다

📝 이렇게 쓰인다!

I get the point. I won't do that.
알겠어. 안 그렇게.

I get your point.
무슨 말인지 알아들었어, 알겠어.

All right, I get your point.
그래, 알겠어.

Clearly, you're not getting the point.
넌 분명히 무슨 말인지 모르고 있어.

💬 이렇게 말한다!

A: What's the point?
B: The point is that we're paying too much.

A: 무슨 소리야?
B: 문제는 우리가 돈을 너무 많이 내고 있다는거지.

✏️ 영어문장필사해보기

• 알겠어. 안 그렇게.

get the picture
알다, 이해하다

picture는 그림이나 사진으로 get the picture하면 「전체적인 문맥이나 상황을 이해한다」 (understand the whole situation)는 뜻이다.

✔ 핵심포인트

(Did) You get the picture?   너 이해했어?
I got the picture   알았어, 이해했어

이렇게 쓰인다!

Now you're getting the picture.
이제 이해했구만.

I'm not sure if he's getting the picture.
걔가 이해하고 있는지 잘 모르겠어.

I got it, Jill. I get the picture. I know what it means.
알겠어, 질. 알겠어. 그게 무슨 의미인지 알아.

이렇게 말한다!

A: Do you see what I'm trying to say?
B: I get the picture.

A: 내가 무슨 말을 하려고 하는지 알겠니?
B: 알겠어.

영어문장필사해보기

• 걔가 이해하고 있는지 잘 모르겠어.

get 009: get the idea
이해하다, 아이디어를 얻다

단독으로 get the idea하면 「이해하다」, 「알아듣다」라는 뜻으로 쓰이지만 get the idea from~ 등으로 쓰일 경우에는 「…에서 아이디어를 얻다」라는 뜻으로 사용되기도 한다. 또한 get the wrong idea하면 「오해하다」란 뜻.

✔ 핵심포인트

I get the idea 알겠어
get the idea that~ …라는 생각을 하다
You get the idea 너도 이해할거야, 너도 이제 알겠지

📝 이렇게 쓰인다!

I'm beginning to get the idea.
서서히 알 것 같아.

Where did you get the idea to do this?
이 방법은 어디서 배운거니?

She seems to get the idea.
걔에게 생각이 있는 것 같아.

I just never got the idea that they were really happy.
걔네들이 행복하다는 생각을 해본 적 없어.

💬 이렇게 말한다!

A: Did you understand what I said?
B: Oh sure, I got the idea.

A: 내가 말한 것을 알아들었니?
B: 그럼. 알아들었지.

영어문장필사해보기 ✏️

• 걔네들이 행복하다는 생각을 해본 적 없어.

I'll get it
내가 받을게

집에 초인종이 울릴 때 "내가 가볼게"하거나 사무실에서 전화벨 소리가 울리고 옆의 동료가 "전화 좀 받아줄래?"(Will you answer the phone?)라고 부탁할 때 쓰는 답변으로 "내가 받을게"라는 뜻.

✓ 핵심포인트
get+telephone or door 전화를 대신 받거나 문을 대신 열어주다

 이렇게 쓰인다!

Don't touch the phone! I'll get it.
전화기 손대지마! 내가 받을게.

I'll get it. I guess it's for me.
내가 받을게. 내 전화일거야.

Honey, I'm taking a shower. Would you get that?
자기야, 샤워중인데 전화 좀 받아줄래?

Would you get that please? People have been calling to congratulate me all day.
전화 좀 받아줄래? 사람들이 종일 축하전화해서 말야.

이렇게 말한다!

A: I think I hear the phone ringing.
B: I'll get it. You stay here and relax.
  A: 전화 울리는 소리가 들리는 것 같은데.
  B: 내가 받을게. 넌 여기서 쉬고 있어.

영어문장필사해보기 ✎

- 자기야, 샤워중인데 전화 좀 받아줄래?

get me[you] sth
내[네]게 …을 가져다주다

get은 「…에게 …을 (가져다)주다」라는 뜻으로 단순히 「물건을 가져다주다」 혹은 물건을 「사서 가져다준다」라는 의미로도 쓰인다. get sth for me[you]라 쓸 수도 있다.

✓ 핵심포인트

Please get me ~	…을 주세요
I will get you~	…을 (사)줄게
Can you get me~?	…을 줄래요?
Can I get you~ ?	…을 가져다 줄까요?

📝 이렇게 쓰인다!

Please get me some coffee.
커피 좀 주세요.

Would you get that for me? It's on the table.
내게 그거 좀 가져다줄래? 탁자위에 있어.

What did you get her for her birthday?
걔 생일 선물로 뭘 줬어?

I will get you a present **as soon as I** get some money.
돈이 생기는 대로 너한테 선물을 사줄게.

Tomorrow is my birthday. I want you to get me a present.
내일 나 생일인데 선물사줘.

Can you get me a glass of water, please?
물 한잔 주실래요?

Can you get me a taxi, please?(= Can you call a cab for me?)
택시 좀 불러줄래요?

Can I get you something to drink? Some coffee or something?
뭐 좀 마실거 사다줄까? 커피나 뭐 다른거?

Can I get a steak sandwich and a Coke?
고기 샌드위치랑 콜라 한잔 주실래요?
What can I get for you?
뭘 갖다 드릴까요?
I('ve) got something for you.
네게 줄게 있어.

🗨 이렇게 말한다!

A: **Would you get me a Diet Coke?**
B: **Okay. I'll be right back.**
  A: 다이어트 콜라 좀 가져다줄래요?
  B: 예, 바로 가져올게요.

A: **Oops! I just spilt coffee on my new dress.**
B: **Let me get you a towel.**
  A: 이런! 새 드레스에 커피를 쏟았어.
  B: 수건 갖다줄게.

A: **I've got a terrible headache.**
B: **Can I get you some aspirin?**
  A: 머리가 아파 죽겠어.
  B: 아스피린 좀 줄까?

✏ 영어문장필사해보기

• 내게 그거 좀 가져다줄래? 탁자위에 있어.

• 뭐 좀 마실거 사다줄까? 커피나 뭐 다른거?

get 012 — get one's act together
기운[정신] 차리다

one's act를 서로 모이게(get together) 한다는 뜻으로 다시 말해 '집중한다'는 의미. 나아가 기운 차리다, 정신 차리다 등의 의미로 많이 쓰이는데 Get a grip, Get a life, Get real과 같은 맥락의 뜻이다.

✓ 핵심포인트
Get a life 정신차려(Get real)

📝 이렇게 쓰인다!

Get your act together.
기운차려.

Let me get my act together.
내가 정신 좀 차릴게.

You have got to get your act together.
넌 똑똑하게 굴어야 돼.

💬 이렇게 말한다!

A: **Come on, get your act together.**
B: **But I'm just so tired today.**
　A: 야, 정신 좀 차려라.
　B: 그런데 오늘 그냥 너무 피곤해.

✏️ 영어문장필사해보기
• 넌 똑똑하게 굴어야 돼.

get 013
get a minute[second]
시간이 있다

잠깐(a minute) 시간이 있다는 표현으로 a minute 대신 a second[sec]를 써도 된다. 주로 상대방에게 시간 좀 낼 수 있냐고 물어볼 때 많이 쓰인다. 참고로 (for) a minute[second]하면 '잠시'라는 의미.

✔ 핵심포인트

(You) Got a minute[second]?   시간있어?
when you get a minute[chance]   혹시 가능하다면, 여건이 된다면

📝 이렇게 쓰인다!

Hey, Sam, you got a minute? I really need to talk to you.
야, 샘, 시간있어? 너하고 얘기 좀 해야 돼.

When you get a minute I'd like to talk about the case.
네가 시간되면 그 사건 이야기하고 싶어.

Got a sec? We need to discuss the meeting schedule.
시간돼? 회의 일정 논의 좀 해야 돼.

Can I talk to you outside for a second?
밖에서 잠깐 이야기 좀 할까?

💬 이렇게 말한다!

A: Can I speak to you privately?
B: I'll be over when I get a minute.
  A: 조용히 얘기 좀 할 수 있을까?
  B: 시간 날 때 나갈게.

영어문장필사해보기 ✏️

• 시간돼? 회의 일정 논의 좀 해야 돼.

get the feeling

get 014

…라는 느낌이 들어

get the feeling은 「…라는 느낌이 든다」라는 표현으로 그냥 I get the feeling하면 "그런 느낌이 들었어"가 되고 느낌의 구체적인 내용을 적으려면 get the feeling that 주어+동사라 하면 된다.

✓ 핵심포인트

get the feeling that S+V …라는 느낌이 들어

이렇게 쓰인다!

I got a feeling he'll be back.
걔가 돌아올 것 같은 느낌이야.

I've got a feeling she will not show up.
걔가 오지 않을 것 같은 느낌이 들어.

I get the feeling that he's more interested in the computer games than me.
걘 나보다 컴퓨터 게임에 더 관심있는 것 같아.

I started to get the feeling that my secretary's coming on to me.
비서가 날 유혹한다는 느낌이 들기 시작했어.

이렇게 말한다!

A: I get the feeling she is upset.
B: Yeah, she's been crying all day.

A: 그녀가 쇼크를 받은 것 같아.
B: 그래. 하루 종일 울고 있어.

영어문장필사해보기 ✎

• 걔가 오지 않을 것 같은 느낌이 들어.

get 015
get a hold of
…을 잡다, 연락하다, 입수하다

「…을 잡다」 혹은 「…와 연락을 취한다」라는 뜻의 숙어로 a hold는 ahold라 쓰기도 한다. 또한 get a hold of oneself는 스스로를 잡는다는 뜻으로 「진정하다」(take it easy, calm down)라는 의미이다.

✓ 핵심포인트

get a hold[ahold] of	…을 잡다, 연락하다
get a hold of oneself	진정하다

📝 이렇게 쓰인다!

Let's get her to the hospital. Get a hold of her parents.
걜 병원으로 데려가자. 부모한테 연락해.

I can't get hold of him.
걔 연락 정말 안되네.

Would you get a hold of yourself?
좀 진정 좀 할래요?

💬 이렇게 말한다!

A: Can you get a hold of an umbrella?
B: I have one in my briefcase.

A: 우산 한 개 챙겨줄래?
B: 내 가방 안에 한 개 있어.

✏️ 영어문장필사해보기

• 걜 병원으로 데려가자. 부모한테 연락해.

get 016

get to~
…하게 되다

get 뒤에 to+동사가 오면 「점점 …하게 되다」(do sth gradually)라는 의미로, 시간의 흐름에 따른 점진적인 변화를 나타낸다. 특히 자주 쓰이는 표현인 get to know는 「알게 되다」라는 뜻.

✓ 핵심포인트
get to+동사 …하게 되다
get to know 알게 되다

📓 이렇게 쓰인다!

Did you get to know the boss at the retreat?
회사 연수에서 사장님을 알게 됐나요?

Do you get to travel a lot?
여행은 많이 다니시나요?

So when do we get to meet the guy?
그럼 우리는 언제쯤 그 사람을 보게 되는거야?

💬 이렇게 말한다!

A: **Did you get to know the boss at the retreat?**
B: **Yes, he is a very nice man.**

    A: 회사 연수에서 사장님을 알게 됐나요?
    B: 네, 정말 좋은 분이시죠.

✏️ 영어문장필사해보기

• 그럼 우리는 언제쯤 그 사람을 보게 되는거야?

get to sb
…을 짜증나게 하다

좀 난이도가 높지만 sth gets to me의 형태로 「…때문에 짜증난다」는 의미로 쓰인다. 물론 get to sb하면 「…에 접근하다」, 「다가오다」라는 의미로도 쓰인다.

✔ 핵심포인트
Sth gets to me …때문에 내가 짜증나
Sb gets to me …가 내게 접근하다, 오다

📝 이렇게 쓴다!

I guess the stress is getting to me.
스트레스 때문에 짜증나는 것 같아.

It's really getting to me.
진짜 짜증나게 하네.

I'm stuck in traffic, and it is really starting to get to me.
교통이 막히자 정말 짜증나기 시작했어.

We've got plenty of time before they get to me.
걔네들이 내게 오기까지 시간이 많아.

💬 이렇게 말한다!

A: The noise really gets to me.
B: It's from the construction site.
　A: 소음으로 정말 짜증난다.
　B: 건설 현장에서 나는 소리야.

영어문장필사해보기 ✏

• 교통이 막히자 정말 짜증나기 시작했어.

get 018 · get to somewhere
…에 도착하다

get to+장소명사는 「…에 다다르다[도착하다]」라는 의미. 특히 get there[here]가 무척 많이 쓰인다. 하지만 What have you got there?에서 there는 상대방 쪽을 가리키는 것으로 "뭘 갖고 있냐?"고 물어보는 문장.

✓ 핵심포인트

get there 그곳에 도착하다, 거기에 가다
get here 여기에 오다

📝 이렇게 쓰인다!

How can I get there? Do you know the way?
거기 어떻게 가? 길 알아?

Can I get there by bus?
거기 버스로 갈 수 있어?

What's the best way to get there?
거기 가는 최선의 방법은 뭐야?

I need to get to the Intercontinental Hotel.
인터콘티넨탈 호텔로 가려고 하는데요.

How long does it take to get to the stadium?
경기장에 가려면 시간이 얼마나 걸리죠?

Can you tell me how to get to the nearest subway station?
가장 가까운 지하철 역 어떻게 가는지 알려줄래요?

When I got there, she had already left.
내가 도착했을 때 걘 벌써 떠났어.

What (have) you got there? Is that an apple pie?
그거 뭐야?, 애플파이야?

💬 이렇게 말한다!

A: I need to get to the Hilton Hotel.
B: Just go two blocks and turn right.
　　A: 힐튼 호텔로 가려 하는데요. B: 그냥 곧장 2블록 간 후 우회전하세요.

get 019

get nowhere
아무 효과도 못보다, 소득이 없다

「get+장소명사」 형태인 get nowhere는 「어디에도 도착하지 못하다」라는 의미. 비유적으로 「별 성과를 보지 못하다」라는 뜻으로 주로 「사물주어+will get you[us]+nowhere」 혹은 I(You) get nowhere (with~)의 형태로 쓰인다.

✔ 핵심포인트

Sth will get you[us] nowhere …해봤자 아무 효과가 없을거다
I[You] get nowhere with~ …일에 성과를 내지 못하다, …을 잘 못하다

📝 이렇게 쓰인다!

That kind of flattery will get you nowhere.
그런 식의 아부는 아무런 효과 없을거야.

This is getting us nowhere!
이래선 아무 결말도 안난다!

I'm getting nowhere with this report.
보고서를 작성하는게 잘 안돼.

We are getting nowhere with this project.
이 프로젝트 건은 아무런 진전이 없어.

💬 이렇게 말한다!

A: I got nowhere asking Jane out.
B: She just doesn't want to date you.
A: 제인에게 데이트 신청했지만 소용이 없었어.
B: 그녀는 너와 데이트하고 싶지 않은거야.

영어문장필사해보기 ✏

• 이 프로젝트 건은 아무런 진전이 없어.

get 020

get mad[angry, upset]
화나다

get이 become의 뜻으로 사용된 경우. get 다음에 형용사가 오는데 그 의미는 '형용사하게 되다'라는 뜻을 갖는다. get 대신 be를 써도 된다.

✔ 핵심포인트

get mad at us 우리에게 화나다
get upset about[with] 화나다
get sick 아프다
get full 배부르다
get angry with[at] sb …에게 화나다
get busy 바쁘다
get fat 살찌다
get serious 진지해지다, 진심이다

📓 이렇게 쓰인다!

Don't get mad at me!
나한테 화내지마!

Don't worry, I'm not going to get mad.
걱정마, 화 안낼게.

I promise I won't get angry anymore.
정말이지 더는 화 안낼게.

I think you're still angry with me.
너 아직 내게 화났지.

I know you're still upset with me.
너 아직 나한테 화나있지.

Why are you upset with me? What did I do wrong?
왜 내게 화내? 내가 뭘 잘못했는데?

I'm getting fat. I'm going on a diet.
살이 쪘어. 다이어트 할거야.

🗣 이렇게 말한다!

A: Don't get mad at your kids.
B: They aren't studying hard enough.

　A: 애들에게 화내지마.
　B: 애들이 공부를 안해.

030

get 021 get better
더 나아지다

아프고 나서 조금씩 좋아지거나 사업이 부진하다 조금씩 회복된다고 말할 때 쓰는 것으로 주로 진행형 형태인 getting better가 선호된다. 반대는 be getting worse로 점점 더 악화되고 있다.

✔ 핵심포인트

keep getting better 점점 계속 좋아지고 있다
keep getting worse 점점 계속 나빠지고 있다

📝 이렇게 쓴다!

I know it's tough now, but things will get better.
지금 힘들지만 상황이 좋아질거야.

I kept hoping things would get better.
상황이 좋아질거라 계속 희망하고 있었어.

We think the baby's getting better.
아기가 점점 좋아지는 것 같아.

You hear that? I'm getting better.
들었지? 난 점점 좋아지고 있어.

I was too depressed. It just kept getting worse and worse.
넘 실망스러워. 난 계속 나빠지고만 있어.

I'm getting better every day.
난 매일 나아지고 있어.

🗣 이렇게 말한다!

A: I will let you know if she's getting better.
B: I hope she gets better soon.
    A: 걔가 좀 나아지면 알려줄게. B: 걔가 빨리 나아지면 좋겠어.

영어문장필사해보기 ✏

• 상황이 좋아질거라 계속 희망하고 있었어.

get 022 **get lost**
길을 잃다, 사라지다

「get+p.p.」 형태인 get lost는 「길을 잃다」(lose one's way)라는 뜻 외에도, Get out of here!처럼 꼴 보기 싫으니 「꺼져라!」(Go away!), 그만 좀 괴롭히고 「사라져라!」(Stop bothering me!)라는 의미로도 사용된다.

✔ 핵심포인트

get hurt	다치다	**get drunk**	술취하다
get dressed	옷을 입다	**get screwed**	망신당하다, 망하다
get tired	피곤하다	**get caught in traffic**	교통체증에 꼼짝달싹 못하다

📝 이렇게 쓰인다!

Why don't you get lost? I don't want to see you anymore.
좀 사라져 줄래? 더 이상 널 보고 싶지 않아.

Would you please get lost? 좀 사라져 주시겠어요?

If you get lost, just give me a call anytime.
혹시 길을 잃으면 언제든 내게 전화해.

I have to stop drinking. I got drunk easily.
난 술 그만 마셔야 돼. 쉽게 취해.

I got screwed. I lost all the money I had.
망했어, 수중에 있는 돈을 다 날렸어.

Now, get dressed, we're going to the gym.
체육관에 가게 옷입어.

💬 이렇게 말한다!

A: Would you please get lost?
B: Why are you upset with me?

A: 좀 사라져 주시겠어요? B: 왜 나한테 화를 내는거야.

영어문장필사해보기 ✏

• 좀 사라져 줄래? 더 이상 널 보고 싶지 않아.

get 023

get caught ~

들키다, 붙잡히다, …를 (원치 않게) 만나다, 휘말리다(~up in)

get caught up in~하게 되면 체포되듯 뭔가 원치 않는 상황에 맞닥뜨린 것을 말한다. 주로 소나기나 교통체증과 만났을 때 사용된다. 한편 get stuck은 꼼짝달싹 못하는 것을 말한다.

✔ 핵심포인트

get caught (for) ~ing	…하다 잡히다, 들키다
get caught (up) in~	…를 만나다
get stuck ~ing	…하느라 꼼짝달싹 못하다
get stuck in~	…로 꼼짝달싹 못하다
get stuck with	…을 떠나지 못하다

📒 이렇게 쓰인다!

My son got caught watching porns on the internet.
아들이 인터넷으로 포르노보다 들켰어.

I got caught for speeding.
속도위반으로 걸렸어.

I got caught cheating in the class.
수업중에 컨닝하다 들켰어.

We got caught in the storm at the lake.
호수에서 폭풍을 만났어.

I got stuck in traffic this morning.
아침에 교통체중에 걸렸어.

🗣 이렇게 말한다!

A: How come you're late?
B: I got caught in traffic.
A: 어쩌다 이렇게 늦은거야? B: 차가 밀려서.

영어문장필사해보기 ✏

• 아침에 교통체증에 걸렸어.

get 024 **get married**
결혼하다

「…와 결혼하다」라고 할 때는 get[be] married to sb를 쓰면 된다. 한편 get married는 결혼하는 것을 말하고, be married는 결혼한 상태를 말한다. 능동태로 marry는 전치사없이 바로 목적어를 받는다. Will you marry me?처럼 말이다.

✓ 핵심포인트

| get married[divorced] | 결혼[이혼]하다 |
| be[stay] married to | …와 결혼하다, …와 결혼을 유지하다 |

📝 이렇게 쓰인다!

Are you really getting married?
너 정말 결혼해?

I don't want to get married yet.
아직 결혼 안할거야.

I was married to Barbara for 30 years.
바바라와 결혼한지 30년 됐어.

Jim wants to stay married to her because he loves her.
짐은 걜 사랑하기 때문에 결혼을 계속 유지하고 싶어해.

💬 이렇게 말한다!

A: Why don't we get married?
B: Never. That's out of the question.

A: 우리 결혼하면 어떨까?
B: 싫어. 그건 절대 안돼.

영어문장필사해보기 ✏️

• 바바라와 결혼한지 30년 됐어.

get 025 — get going[started]
시작하다, 착수하다

get going[started]은 「출발하다」(start), 「떠나다」(leave) 혹은 「착수하다」(start working on)의 의미. 주로 Let's get going 혹은 I have to get going 등의 형태로 「시간이 늦어서 서둘러야 된다」는 문맥에서 자주 쓰인다.

✅ 핵심포인트

get started on[with] sth	…을 시작하다
Let's get started	자, 시작하자
I should get going	서둘러 가봐야겠어.
get sth going	…을 시작하다(start sth)
I don't know what you've got going	

네가 뭘 하는지 모르겠어, 너의 계획이 뭔지 모르겠어.

📝 이렇게 쓰인다!

Come on, honey! Let's get going.
서둘러, 여보! 출발하자구.

I should get going.
서둘러 가봐야겠어.

Let's get started on the wedding plans!
결혼식 계획짜기 시작하자!

I've got to get started on my speech!
연설을 시작해야겠어!

💬 이렇게 말한다!

A: **Let's get going.**
B: **Where do you want to go?**
　A: 출발하자구.　B: 어디 가려고?

✏️ 영어문장 필사해보기

• 결혼식 계획짜기 시작하자!

get 026

get past
통과하다, 뒤로 하다, 잊다

get past sth은 …을 뒤로 한다는 의미로 …을 통과하거나 힘들고 기억하기 싫은 것들을 잊다 라는 뜻으로 쓰인다.

✅ **핵심포인트**

get past sth …을 잊다, 뒤로 하다

📝 **이렇게 쓰인다!**

How did you get past security?
경비를 어떻게 통과했어?

Can we please get past this?
제발 이거 지나간 일로 치면 안될까?

I just can't get past it.
그걸 잊을 수가 없어.

💬 **이렇게 말한다!**

A: Are you still missing the relationship with your former girlfriend?
B: Yeah. I just can't get past it.
  A: 전 여친과의 관계를 아직도 못잊는거야?
  B: 어. 그냥 잊을 수가 없네.

✏️ **영어문장필사해보기**

• 전 여친과의 관계를 아직도 못잊는거야?

get 027 get sb[sth]+전치사구

…을 …상태로 하다

만능동사 get의 위력을 볼 수 있는 경우. get sb[sth] 다음에 부사나 전치사구가 오면 sb[sth]를 「…의 상태로 만들다」라는 의미가 된다. 문맥과 상황에 따라 의역을 많이 해야 한다.

✔ 핵심포인트

get sb[sth] to+장소 …을 …로 데려가다
get sb[sth] in trouble …을 어려움에 처하게 하다

📝 이렇게 쓰인다!

I can't get the table through the door.
테이블을 문으로 갖고 못 들어가겠어.

We have to get her to a hospital.
걜 병원에 입원시켜야 돼.

She got me in this room.
걔가 이 방에 들어오게 했어.

I promise to get you out of here as quickly as possible.
가능한 빨리 널 빼내줄게.

She can get you in trouble. You'd better stay away from her.
걔 때문에 네가 곤경에 처할거야. 걔를 멀리하는게 좋을거야.

He really wants to get you into bed.
걘 정말 너하고 자고 싶어해.

The subway will get you to the museum.
전철을 타면 박물관에 가.

💬 이렇게 말한다!

A: **Get Tina to a hospital quickly.**
B: **Did she have an accident?**

A: 티나를 빨리 병원에 데려가라.
B: 사고를 당했니?

get 028: get sth straight
…을 바로잡다

「…을 바로 잡다」, 「…가 사실인지 확인해보다」(make sure sth is true)란 의미. Let me get sth straight라는 형태로 많이 쓰이는데, 상대방의 말을 잘 이해하지 못했거나 다시 한 번 확인하고 싶을 때 사용하면 된다.

✓ 핵심포인트
Let me get this straight 그러니까 지금 말씀은, 정리하자면

이렇게 쓰인다!

Let me get this straight… you are not going to college?
한마디로 말하자면, 대학에 가고 싶지 않다는 얘기지?

So let me get this straight. You got divorced again?
그러니까 네 말은 또 이혼했다는거야?

So let me get this straight. You didn't know I loved you?
다시 말해 넌 내가 널 사랑하는 걸 몰랐다는거야?

Get this straight, okay? I'm not a whore.
바로 잡으라고, 알았어? 난 창녀가 아냐.

Let me just get this straight. You're actually stealing my purse?
정리해보자고. 너 정말 내 지갑을 훔칠거야?

Let me get this straight, man. You hit your brother?
정리해보자고. 네 동생을 쳤다는거야?

이렇게 말한다!

A: Let me get this straight, you need money?
B: I promise that I'll pay it back.
    A: 그러니까 돈이 필요하다는거지?
    B: 약속하는데 꼭 갚을게.

get 029

Don't get me wrong
오해하지마

자신의 의도와는 상관없이 어쩔 수 없이 상대방 기분을 상하게 했을 때 혹은 상대방이 오해할 수도 있는 상황을 만들었을 때 「오해하지마」(Don't misunderstand me)라는 뜻으로 쓸 수 있는 말.

✓ 핵심포인트

get sb wrong …을 오해하다
get sb upset with~ …로 …을 열받게 하다

📒 이렇게 쓰인다!

Don't get me wrong, but you look awful.
오해는 하지 마세요. 얼굴이 아주 안 좋아 보이네요.

Don't get me wrong, I'd love to work with you.
오해하지마. 너랑 같이 일하고 싶어.

He got me upset with her.
걔 때문에 내가 너한테 열받았어.

💬 이렇게 말한다!

A: Do you really hate my shoes?
B: Don't get me wrong. I think they're OK.
A: 내 신발이 그렇게 싫어?
B: 오해하지마. 괜찮은 것 같아.

✏️ 영어문장필사해보기

• 오해하지마. 너랑 같이 일하고 싶어.

get 030 — get it done
그것을 끝내다

사역동사용법. get+sth+pp의 형태는 「…을 …하게 만들다」라는 의미. 그 중 대표적인 get it done은 주로 목적어로는 it 또는 this가 와서 「언제까지 …을 끝내다」는 의미로 Please get it(this) done by~의 형태로 많이 쓰인다.

✓ 핵심포인트

Please get it done by~	…까지 …을 끝내
Don't get me started on[about]~	…을 하게 하지마, …얘기 또 시작하게 하지마
get the car started	차시동을 걸다
get one's hair cut	머리를 자르다

📓 이렇게 쓰인다!

Please get it done right away.
지금 당장 이것 좀 해줘.

Please get it done by the afternoon.
오후까지는 이거 끝내.

We'd like to get this thing done today.
우리는 이것을 오늘 끝내고 싶어.

💬 이렇게 말한다!

A: **Please get it done right away.**
B: **Don't worry, you can count on me.**
　A: 지금 당장 이것 좀 해줘.
　B: 걱정마. 나만 믿어.

📝 영어문장필사해보기

• 오후까지는 이거 끝내.

get 031 — get sth going on ~
…을 …하게 하다

…을 돌아가게 하다, …을 시작하다라는 의미. 그래서 get sth going on하면 …을 벌이다, 그리고 get sth going with하면 …와 사귀다라는 표현이 된다.

✔ 핵심포인트

get sth going on~	…가 벌어지게[일어나게] 하다
I don't know what you've got going	무슨 일이 벌어지고 있는지 모르겠어

📝 이렇게 쓰인다!

Why? What have you got going on?
왜? 무슨 일이 벌어지는거야?

She's really interested in what you got going on.
걘 네가 벌이는 일에 정말 관심있어.

Whatever you got going on, Fill me in.
무슨 일을 벌이든 내게 알려줘.

What have we got going on up there?
거기 무슨 일이 벌어지는거야?

💬 이렇게 말한다!

A: **What have you got going on, Sam?**
B: **I figured that I would do some skiing this afternoon.**
　A: 샘, 무슨 일이야?
　B: 오후에 스키 좀 타볼까 하고.

✏ 영어문장필사해보기

• 걘 네가 벌이는 일에 정말 관심있어.

get 032

get sb to~
…에게 …하도록 시키다

사역동사처럼 쓰이는 용법으로 get sb to do하게 되면 「…로 하여금 …하게 시키다」라는 의미. 단, have와 달리 get sb~ 다음 동사가 이어지기 전에 to가 들어간다는 점에 주의해야 한다.

✔ 핵심포인트
get sb to+V …에게 …하도록 시키다

📝 이렇게 쓰인다!

You can't get her to understand it.
넌 걔에게 그걸 이해시키지 못할거야.

I'm going to get you to talk to her.
네가 걔랑 얘기하게끔 할거야.

I got her to go to sleep.
난 걔를 잠자게 했어.

💬 이렇게 말한다!

A: Can you get her to fix the computer?
B: I think she can do it after lunch.
　A: 걔한데 컴퓨터 좀 고쳐달라고 할 수 있니?
　B: 점심 먹고 해줄 수 있을 것 같아.

[영어문장필사해보기 ✏]

• 네가 걔랑 얘기하게끔 할거야.

go get~
…을 가지러(사러) 가다

go and[to]+동사가 구어체에서 and[to]를 생략하고 go+V로 쓰인 경우. Let's go get~은 그 대표적인 경우로 「배가 출출할 때」 혹은 「목이 마를 때」 쓸 수 있는 표현. 물론 get 다음에 사람이 오면 「…을 잡으라」는 표현.

✔ 핵심포인트

go have~	…하러 가다
go see~	…을 만나러 가다
go do~	가서 …하다
go take~	가서 …하다
come see~	와서 …하다

📓 이렇게 쓰인다!

Let's go get some ice cream.
아이스크림 먹으러 가자.

Do you want to go get something to eat?
밖에 나가서 뭘 좀 먹을래?

Do you want to come see a movie with us?
와서 우리랑 같이 영화볼래?

💬 이렇게 말한다!

A: Let's go get some ice cream.
B: I can't. I have to study.
　A: 아이스크림 먹으러 가자.
　B: 안 돼. 공부하러 가야돼.

영어문장필사해보기 ✏

• 아이스크림 먹으러 가자.

get 034 have got~
···가 있어

have got은 구어체 표현으로 have와 같은 의미. have+명사가 「···을 갖고 있다」라는 뜻이 되듯 have got+명사는 「갖고 있다」는 의미가 된다. 다만 갖고 있다라는 의미 외에 딴 의미의 have는 have got으로 대체할 수 없다.

✔ 핵심포인트

I've got+명사 ···가(이) 있어
You've got+명사 네게 ···가 있어

📓 이렇게 쓰인다!

I have to run. I've got so much to do.
빨리 가야 돼. 할 일이 너무 많아.

I can't stay with you. I've got other plans.
너랑 같이 못있어. 다른 계획이 있어.

I've got a date. Wish me luck.
나 데이트가 있어. 행운을 빌어줘.

Hey, you've got a boyfriend!
야, 너 남친있구나!

💬 이렇게 말한다!

A: Why are all the kids so excited?
B: I have got cookies for them.

　A: 왜 모든 애들이 좋아하니?
　B: 내가 애들에게 과자를 가져왔거든.

영어문장필사해보기 ✏

• 너랑 같이 못있어. 다른 계획이 있어.

get 035 have got to~
…해야 한다

마찬가지로 have got to+동사 또한 have to+동사와 같은 의미. have는 축약되어 I've got~ 혹은 아예 생략되기도 한다. 그래서 I gotta go를 복원해보면 ⇒ I've gotta go ⇒ I've got to go ⇒ I have got to go가 된다.

✔ 핵심포인트

I've got to+동사   난 …을 해야 해
You've got to+동사   넌 …을 해야 해

📓 이렇게 쓰인다!

I've got to run. I will call you later.
서둘러 가봐야겠어. 나중에 전화할게.

I have (got) to go.
이제 가봐야겠어. (전화) 이제 끊어야겠어.

You've got to be kidding!
농담말아!, 웃기지마

💬 이렇게 말한다!

A: I've got to tell you something.
B: No, no. You don't have to explain yourself to me.
    A: 얘기할 게 있어.
    B: 아냐. 내게 설명할 필요는 없어.

영어문장필사해보기 ✏

• 서둘러 가봐야겠어. 나중에 전화할게.

get 036

get together
만나다

meet와 다름없지만 특히 친한 사이에 술이나 식사를 하기 위해(to have a drink or meal) 만나는 것을 get together라고 한다. 명사형은 get-together.

✓ 핵심포인트

get together (with)	(…와) 만나다
get together on+요일	…요일에 만나자
get-together	만남

📖 이렇게 쓰인다!

Are we going to get together this weekend?
이번 주말에 만날까?

I have to get together with my mother. It's her birthday.
우리 엄마 만나야 돼. 엄마 생신이거든.

Let's get together sometime.
조만간 한번 보자.

💬 이렇게 말한다!

A: Let's get together at 3 o'clock in my office.
B: That'll be fine. See you then.
  A: 3시에 내 사무실에서 만납시다.
  B: 그게 좋겠군요. 그때 봐요.

영어문장필사해보기 ✏️

• 이번 주말에 만날까?

get in touch with

get 037

…와 연락을 취하다

「…와 연락을 취하다」, 혹은 「전화/편지를 하다」라는 의미. keep을 쓰기도 하는데 이때는 「계속 연락을 취하다」라는 지속성에, get은 「실제 동작」에 초점을 둔 표현이다. 단, with+사물의 경우는 접촉해서 「잘 알다」라는 뜻.

✔ 핵심포인트

get in touch with	…와 연락하다
keep in touch with	…와 계속 연락을 취하다
be in touch with	…와 연락하고 지내다
put sb in touch with	…을 …에게 연락시켜주다

이렇게 쓰인다!

Let's get[keep] in touch!
연락하고 지내자!

Where can I get in touch with her?
어디로 연락해야 걔와 연락이 될까요?

Where can I get in touch with you tomorrow?
내일 네게 어디로 연락할까?

I tried to get in touch with you.
네게 연락하려고 했어.

이렇게 말한다!

A: I heard you talking on the phone.
B: Your mom was trying to get in touch with you.
   A: 네가 전화하는 것을 들었어.
   B: 네 엄마가 너랑 연락하려고 했었어.

영어문장필사해보기

• 어디로 연락해야 걔와 연락이 될까요?

get 038 — get in the way
방해되다

get in the way는 가는 길에 끼어들거나 막는다는 의미로 「방해를 하다」라는 뜻으로 be in the way라고 해도 된다. 무엇이 방해되는지를 말하려면 get in the way of 이하에 말해주면 된다.

✅ 핵심포인트

get in the way of+명사	…의 방해가 되다
stand in the way	방해가 되다
be in the way	방해가 되다

📒 이렇게 쓰인다!

I don't want to get in the way.
방해되고 싶지 않아.

It won't get in the way of anything we're doing here.
그건 여기서 우리가 하는 어떤 것도 방해하지 않을거야.

I think they're getting in the way of our friendship.
난 그것들이 우리 우정에 방해되는 것 같아.

💬 이렇게 말한다!

A: There are too many items in this room.
B: Yeah, they always get in the way.

A: 이 방에 물건이 너무 많아.
B: 그래. 막혀서 다닐 수가 없어.

✏️ 영어문장필사해보기

• 난 그것들이 우리 우정에 방해되는 것 같아.

get 039 get used to
…에 익숙해지다

get used to+명사[~ing]는 새로운 장소, 직업, 생활 방식 등에 「적응하다」(be accustomed to), 「…에 익숙해지다」라는 의미. get 대신에 be를 써도 된다. 과거에 「…하곤 했다」라는 used to와 헷갈리니 조심해야 한다.

✔ 핵심포인트

get[be] used to+명사/~ing	…에 익숙해지다
used to+동사	…하곤 했다
be used to+동사	…하는데 이용되다

📖 이렇게 쓰인다!

Did you get used to the weather in Canada?
캐나다의 날씨에 적응했나요?

I'm getting used to it.
익숙해지고 있어.

It happens a lot. You'd better get used to it.
많이 그래. 거기에 익숙해져야 해.

You need to get used to being alone.
혼자 있는거에 익숙해져야 해.

💬 이렇게 말한다!

A: Well, the first snowfall is here.
B: We better get used to winter.
　A: 이것 참, 첫눈이 왔군.
　B: 우린 겨울에 익숙해지는 게 좋아.

영어문장필사해보기 ✎

• 많이 그래. 거기에 익숙해져야 해.

get 040 | get carried away
…에 몰입하다, 빠지다

carry away는 뭔가 「멀리 데리고 가다」, 「빼앗아 가다」라는 뜻으로 비유적으로 「…에 빠지게 하다」, 「…에 넋을 잃게 하다」, 「…에 도취시키다」가 된다. 보통 수동태 get carried away의 형태로 「…에 몰입하다」, 「…에 넋을 잃다」라는 뜻이 된다.

✓ 핵심포인트
get carried away   몰입하다, 빠지다

📝 이렇게 쓰인다!

Let's not get carried away.
감정적으로 되지 말자고.

I'm understanding, but let's not get carried away.
난 이해하지만, 너무 빠지진 말자고.

💬 이렇게 말한다!

A: Make sure that Jim doesn't get carried away with this scheme.
B: I'll do my best.

A: 짐이 이 계획에 너무 몰두하지 않도록 확실히 해.
B: 최선을 다할게.

영어문장필사해보기 ✏️

• 난 이해하지만, 너무 빠지진 말자고.

get 041

get along with
…와 잘 지내다

get along with는 「…와 좋은 관계를 유지하다」(have a friendly relationship with)라는 뜻으로, along 뒤에 well을 넣어 의미를 강조하기도 한다.

✅ 핵심포인트

get along with~ …와 잘 지내다
get along well with~ …와 잘 지내다

📝 이렇게 쓰인다!

Do you two get along well?
너희 둘 잘 지내고 있지?

We don't get along anymore. We fight a lot.
우리 더 이상 잘 지내지 못해. 많이 싸워.

I want to get along with everyone.
사람들 모두와 다 잘 지내고 싶어.

I don't get along well with her.
난 걔랑 잘 못 지내.

💬 이렇게 말한다!

A: Do you like your little sister?
B: No, I could never get along with her.
A: 여동생을 좋아하니?
B: 아니. 사이가 아주 좋지 않아.

✏️ 영어문장필사해보기

• 우리 더 이상 잘 지내지 못해. 많이 싸워.

get 042

get around

돌아다니다, 돌아서가다, 피하다, 시간을 내서 하다(to~)

익숙하지는 않지만 실제 많이 쓰이는 표현. get around~는 돌아다니거나, 모이는 것을, 혹은 피하는 것을 뜻한다. 그리고 get around to~는 하려고 했지만 못하고 있던 일을 「시작한다」는 의미이다.

✓ 핵심포인트

get around sb[sth]   돌아다니다, 피하다
get around to sth[~ing]   시간을 내서 …을 시작하다

📝 이렇게 쓰인다!

Word gets around.
소문은 널리 퍼져.

Is there any way to get around it?
그걸 피해서 가는 방법이 있어?

When are you going to get around to asking me that?
언제 시간 내서 그걸 내게 물어 볼거야?

I was going to get around to telling you the truth.
시간내서 진실을 말하려고 했었어.

💬 이렇게 말한다!

A: I heard you'll be busy this weekend.
B: I'm planning to get around to painting the house.

    A: 네가 이번 주말 바쁠거라고 들었어.
    B: 시간을 내서 집 페인트를 칠하려고 계획 중이야.

🖊 영어문장필사해보기

• 언제 시간 내서 그걸 내게 물어 볼거야?

get away (from)
(…에서) 멀어지다, 벗어나다

「직장이나 일상에서 벗어나 쉬다」(get away from one's work or daily routine), 즉 「휴식을 취하다」라는 의미. 명령형으로 상대방에게 소리치며 Get away!하면 "Get lost!"나 "Beat it!"처럼 「꺼져라!」라고 말하는 것.

✔ 핵심포인트

get away (from~)	(…에서) 멀어지다, 벗어나다
Get away!	꺼져!

📝 이렇게 쓰인다!

I'm glad you were able to get away today.
네가 오늘 쉴 수 있어 다행야.

Hey, get back! Get away from her!
야, 물러서! 걔한테서 꺼지라고!

Why are you trying to get away from me?
왜 나를 멀리하려는거야?

Everybody, get away from her! She farted again!
다들 그녀에게서 멀어져! 또 방귀를 뀌었어!

💬 이렇게 말한다!

A: What's wrong with you? Why're you so angry?
B: Just get away from me!

   A: 무슨 일야? 왜 그렇게 화났니?
   B: 날 좀 내버려둬!

영어문장필사해보기 ✏

• 왜 나를 멀리하려는거야?

get 044 get away with it
···하고도 무사하다, 벌받지 않다

get away with는 특히 「나쁜 짓을 하고도」(do sth wrong) 「벌을 받지 않는」(without being caught or punished) 것을 말한다. with 이하에는 주로 it이 오거나 murder가 온다.

✓ 핵심포인트
get away with it 나쁜 짓을 하고도 벌을 받지 않다

🗒 이렇게 쓰인다!

You'll never get away with it.
넌 그걸 절대 피할 수 없어.

I will not let you get away with this.
네가 그걸 피할 수 없게 할거야.

Trust me, she'll never get away with it.
날 믿어. 걘 무사하지 못할거야.

You can't let him get away with that.
넌 걔를 그냥 놔두면 안돼.

💬 이렇게 말한다!

A: Did they catch the men who robbed the bank?
B: No, they got away with stealing a lot of money.
A: 은행을 턴 강도들 잡았어?
B: 아니. 강도들이 많은 돈을 훔쳐 달아났어.

[영어문장필사해보기 ✎]

• 날 믿어. 걘 무사하지 못할거야.

get 045 · get sb[sth] back
···을 되돌려 받다, 되찾다

get sb[sth] back은 다시 돌려 받는다라는 뜻으로 「···을 되돌려 받다」, 「···을 되찾다」라는 의미로 쓰이는 숙어이다. 참고로 get back to+장소가 되면 「···로 되돌아가다」라는 뜻.

✓ 핵심포인트

get A back (to+장소)	···을 되찾다, ···로 다시 데려오다
get back (장소)	···로 돌아가다
get back at sb	···에게 복수하다

📝 이렇게 쓰인다!

She wants to get her boyfriend back.
걘 남친을 되찾고 싶어해.

I need to get back to the office.
사무실로 돌아가야 돼.

She is using you to get back at me!
걘 나한테 복수하려고 널 이용하는거야!

I miss Susan. I'll definitely get her back.
수잔이 보고 싶어. 결단코 걔를 되찾을거야.

💬 이렇게 말한다!

A: I lent my cell phone to my brother.
B: Let's go get it back from him.
A: 내 휴대폰을 동생에게 빌려줬어.
B: 이제 가서 돌려받자.

영어문장필사해보기 ✎

• 수잔이 보고 싶어. 결단코 걔를 되찾을거야.

get 046 get back to sb[sth]
…나중에 얘기하다

전화상에서 지금 바쁘거나 기타의 이유로 상대방과 얘기를 할 수 없으니 「나중에 얘기를 다시 하자」(speak again later), 그리고 get back to sth하면 「잠시 처음의 화제로 다시 되돌아가서 토의하자」는 의미.

✓ 핵심포인트

get back to sb first thing in the morning	내일 아침 일찍 …와 얘기하다
get back to sb on sth	…와 …에 대해 나중에 얘기하다
get back to sth	…나중에 얘기하다, 되돌아가다

📝 이렇게 쓰인다!

I'll get back to you when you're not so busy.
안 바쁘실 때 연락할게요.

Let me get back to you tomorrow on that.
그 건으로 내일 내가 연락할게.

I'll get back to you first thing in the morning.
내일 아침 바로 연락할게.

You can come here if you want to get back to me on that.
그거 얘기하고 싶으면 여기로 와.

💬 이렇게 말한다!

A: What is going on around him?
B: I'll find out and get back to you.

A: 그에게 무슨 일이 있는거야?
B: 알아보고 연락할게.

📝 영어문장필사해보기

- 그 건으로 내일 내가 연락할게.

get 047 · get back to work
다시 일하기 시작하다

get to work는 일하기 시작하다(start working)라는 뜻으로 여기에 back이 삽입된 get back to work는 잠시 쉬거나 외출 등으로 쉬었던 일을 다시 시작할 때 쓰는 표현. 사장의 18번 구호가 바로 이 "Get back to work!"

✔ 핵심포인트
get back to work	다시 일하다
Get back to work!	다시 일해!

📔 이렇게 쓰인다!

I'm sorry but I can't talk now. I have to get back to work.
미안하지만 얘기는 이제 그만 해야겠어. 다시 일을 시작해야 하거든.

I'd like to get back to work as soon as I can.
가능한 한 빨리 다시 일하고 싶어.

I should get back to work. See you.
나 일하러 돌아가야 돼. 잘 가.

We were just taking a quick break. We'll get back to work.
잠시 쉬고 있었어요. 다시 일하러 갈게요.

💬 이렇게 말한다!

A: Hey Frank, have a beer with us.
B: I'd like to, but I have to get back to work.

A: 야, 프랭크, 우리랑 맥주 한잔 하자.
B: 그러고는 싶지만 다시 일하러 가봐야 해.

✏️ 영어문장필사해보기

• 잠시 쉬고 있었어요. 다시 일하러 갈게요.

get 048 — get down to
진지하게 …을 하기 시작하다

get down to는 to 이하에 「진지한 관심(serious attention)을 기울이다」는 의미로 to 이하에는 business나 work 등의 명사가 온다. 따라서 get down to business[work]라고 하면 「진지하게 일에 착수하다」란 의미.

✔ 핵심포인트

get down to business	일에 착수하다
get down to work	일을 시작하다
get down to+장소	…로 내려가다

📓 이렇게 쓰인다!

We need to get down to business.
본론으로 들어가야겠어요.

Let's get down to business.
자 일을 시작합시다.

Well, why don't we get down to business?
자, 본론으로 들어갈까요?

Let's get down to business. We have a lot to do today.
일을 시작하자. 오늘 할 일이 아주 많아.

💬 이렇게 말한다!

A: Let's get down to business.
B: Great, let's start.

　A: 자, 일을 시작합시다.
　B: 좋아. 시작하자구.

✏ 영어문장필사해보기

• 일을 시작하자. 오늘 할 일이 아주 많아.

get into

…에 들어가다, 입학하다, …에 관심갖다, (논쟁을) 하다

「…에 들어가다」라는 기본적 의미에서 옷을 입거나 뭔가 관심을 갖거나 혹은 무슨 일을 시작하는 것을 말한다. get into 다음에 학교가 나오면 「…학교에 들어가다」라는 의미가 된다.

✓ 핵심포인트

get into	…에 들어가다, …을 하다
get into+학교	…에 입학하다, 학교에 들어가다

📝 이렇게 쓰인다!

Can we get into this another time? I was sleeping.
나중에 얘기하면 안될까. 자던중이었어.

I can't get into this with you now.
지금은 당신과 이 문제를 따질 수 없어.

What are you getting into?
무슨 일을 하려는거야?

I will never get into medical school.
난 절대로 의대에 안 갈거야.

Did you guys get into a fight?
너희들 싸웠니?

💬 이렇게 말한다!

A: Several workers got into a fight last night.
B: I heard the police arresting them.
  A: 몇몇 직원들이 어젯밤 싸웠어.
  B: 경찰이 그들을 잡아갔다고 들었어.

📝 영어문장필사해보기

• 난 절대로 의대에 안 갈거야.

get 050 get off
…에서 떨어지다, 그만두다, …에서 나오다

기본적으로 「…에서 떨어지다」, 「벗어나다」, 「그만두다」라는 의미를 갖는다. get off (of)~는 「…에서 떨어지다」라는 것으로 get off (of/from) work는 「퇴근하다」, 「결근하다」라는 뜻.

✔ 핵심포인트

get off (of) sb/sth	…에서 떨어지다, 그만두다
get off on the wrong foot	잘못 시작하다
get off (of/from) work	퇴근하다, 결근하다
get sb off the hook	책임 등에서 벗어나게 하다
get sb off (of)~	…을 …에서 벗어나게 하다
get off one's back	…을 그만 괴롭히다

📋 이렇게 쓰인다!

Would you please get off the phone?
전화 좀 그만 쓸래?

We got off on the wrong foot.
우린 잘못 시작했어.

I've just finished work. I just got off work.
일을 끝내서 퇴근했어.

I need a rest. Will you get off my back?
나 쉬어야 돼. 그만 나 좀 내버려둘래?

💬 이렇게 말한다!

A: This is the subway station where I get off.
B: I'll see you at the office tomorrow morning.
　A: 여기가 내가 내리는 지하철역야.
　B: 내일 아침 사무실에서 보자.

✏ 영어문장필사해보기

• 나 쉬어야 돼. 그만 나 좀 내버려둘래?

get 051

get on
지내다

---

get on은 지내다(get along)라는 의미로 get on with sb는 「…와 지내다」, get on with sth은 「…을 계속하다」라는 뜻. 또한 get it on은 「…을 시작하다」, 그리고 get right on it은 「…을 바로 시작하다」라는 의미이다.

✓ 핵심포인트

get on	…지내다(get along)
get on with sb	…와 (잘) 지내다
get on with sth	…을 계속하다
get right on sth	…을 바로 시작하다

이렇게 쓰인다!

How're you getting on?
어떻게 지내?

You get on with it. I quit.
넌 계속해, 난 그만둔다.

Never mind. Let's get on with the game.
신경쓰지 말고 게임이나 계속하자.

I'll get right on it.
당장 그렇게 하겠습니다.

이렇게 말한다!

A: Has Shelia met your cousin Andy?
B: Sure, she gets on with him very well.
　A: 실리기 니의 사촌 앤디를 만났니?
　B: 그럼. 서로 잘 지내나봐.

영어문장필사해보기 ✎

- 신경쓰지 말고 게임이나 계속하자.

get 052
get on[off], get in[out]
…을 타다, …에서 내리다

버스나 기차처럼 차체가 큰 경우에는 그 표면 「위」에 실린다는 의미에서 전치사 on, 반면 소형차의 경우 그 공간 「안」으로 들어간다는 개념에서 in을 쓴다. 물론 get in[out]은 차 이외에도 「들어가다」, 「나오다」라는 뜻으로도 쓰인다.

✔ 핵심포인트

get on[off]~ (버스나 기차 등을) 타다, 내리다
get in[out]~ (택시나 승용차 등을) 타다, 내리다

📝 이렇게 쓰인다!

Excuse me, is this where we get on the train to Chicago?
실례합니다만, 시카고행 기차 여기서 타나요?

Could you tell me where to get off?
어디서 내리는지 알려줄래요?

Let's get in a cab.
차에 타자.

Take the subway for one stop and get off at Sunae Station.
전철로 한 정거장가서 수내역에서 내리세요.

💬 이렇게 말한다!

A: Let's take a ride downtown today.
B: Do you know where we can get on the bus?
   A: 오늘 시내로 나가자.
   B: 우리가 버스를 어디서 타야 되는지 아니?

영어문장필사해보기 ✏️

• 전철로 한 정거장가서 수내역에서 내리세요.

get 053 — get out of~
…에서 나가다

「…에서 벗어나다」, 「…를 떠나다」(leave)라는 의미로 특히 Get out of here!하면 「꼴도 보기 싫으니 꺼져라」(Go away!), 혹은 어처구니없는 소리를 늘어놓는 사람에겐 「웃기지마라」는 비아냥거림으로도 사용할 수 있다.

✔ 핵심포인트

get out of the way	비키다
get out of one's face	…의 면전에서 사라지다, 꺼지다

📝 이렇게 쓰인다!

I'm getting out of here.
여기서 나가야겠다.

I saw them get out of the car.
난 걔네들이 차에서 내리는 걸 봤어.

Get out of the way!
비켜!

Get out of my face right now!
당장 내앞에서 꺼져!

💬 이렇게 말한다!

A: How can I get out of going to that party?
B: Tell them that you're not feeling well.
  A: 어떡하면 파티에 빠질 수 있을까?
  B: 몸이 안 좋다고 말해.

영어문장필사해보기 ✏

• 난 걔네들이 차에서 내리는 걸 봤어.

get 054

get over
(어려움, 병을) 극복하다, 이겨내다, 끝내다, 잊다, 오다

뒤에 사람이 올 경우에는 「…을 잊다」라는 뜻이 되며, get over (with sth) 혹은 get sth over with는「…을 끝내다」,「결론을 내리다」라는 의미이다. 한편 get over (to+장소)는「…에 오다」라는 뜻이다.

✔ 핵심포인트

get over sb[sth]	…을 극복하다, 이겨내다, …을 잊다
get over with sth[get sth over with]	…의 결론을 내다, 끝내다
get over (to+장소)	(…에) 오다

📒 이렇게 쓰인다!

I can't get over something.
정말 놀라웠어요, 놀랍군.

Let's get it over with.
끝내자.

Get over here! I need to talk to you.
이리와! 너랑 얘기해야 돼.

I will never get over her.
난 그녀를 결코 잊지 못할거야.

💬 이렇게 말한다!

A: The people got over next to the train.
B: They were trying to get onto it.
　　A: 사람들이 기차 옆으로 왔지.
　　B: 그들은 기차를 타려고 했었어.

✏ 영어문장필사해보기

• 난 그녀를 결코 잊지 못할거야.

get through
…을 이겨내다, 해내다

「(어려운 일이나 시기를) 이겨내다」, 혹은 「…일을 끝내다」라는 의미로도 쓰이는데 이때는 get through (with) sth, 사람과의 관계를 끝낸다고 할 땐 ~with sb라고 한다. 또한 get through to는 「…에(와) 연락이 닿다」라는 의미가 된다.

✔ 핵심포인트

get through~	…을 이겨내다
get through with sth	…을 끝내다
get through with sb	…와 관계를 끝내고 잊다
get through to	…와 연락이 닿다

이렇게 쓰인다!

I don't think I can get through the night.
밤을 무사히 보낼 수 없을 것 같아.

I'm not sure we can get through this difficult time.
우리가 이 어려운 시기를 헤쳐나갈 수 있을지 모르겠어.

I'll never get through this.
난 결코 이 일을 해낼 수 없을거야.

I'd like to get through to Mr. James.
제임스 씨와 연락하고 싶은데요.

이렇게 말한다!

A: I'll never get through this.
B: You need to try harder.
A: 난 절대 못해낼거야.
B: 더 열심히 해야 돼.

영어문장필사해보기

• 우리가 이 어려운 시기를 헤쳐나갈 수 있을지 모르겠어.

Get More

- **get ahead** 앞서다, 앞서가다, (일, 책임) 맞춰가다, 승진하다

    Don't get ahead of yourelf. 너무 섣부르게 판단하지마.

- **get by** ⋯으로 겨우 살아가다(on~), ⋯을 지나가다

    Could I get by please? 지나갈 수 있게 길 좀 비켜주세요.

- **get at** 도달하다, 공격하다

    I don't know what you are getting at. 무슨 말을 하려는 건지 모르겠어.

- **get on one's nerves** ⋯의 신경을 거스리다

    It's getting on my nerves. 신경이 거슬려.

- **get up** 일어나다

    I got up at 6:30, like I usually do to feed Mary.
    항상 그렇듯 메리 먹이주려고 6시 반에 일어났어.

- **get the sack** 해고 당하다

    Do you think he'll get the sack? 걔가 해고될 것 같아?

- **get wind of** ⋯의 소문을 듣다

    I got wind of it. 그 얘기를 들었어.

- **get a crush on** ⋯에게 반하다, 좋아하다

    I've got a crush on you. 난 네가 맘에 들어.

- **get[have] a thing for** ⋯을 좋아하다

    He has (got) a thing for her. 걘 그 여자를 맘에 두고 있어.

- **get a move on~** …을 서두르다

    I'd better get a move on it. 빨리 서둘러야겠어.

- **get help** 도움을 받다

    We've got to get help. 도움을 받아야 해.

- **get out of hand** 상황이 걷잡을 수 없게 되다

    Listen, this is totally getting out of hand. 이 사태는 걷잡을 수 없게 됐어.

- **get back on one's feet** 자립하다, 재기하다

    I'm getting back on my feet. 난 다시 재기하고 있어.

- **get the hang of** 요령을 익히다

    You'll get the hang of it. 요령이 금방 붙을거야.

- **get[take] the hint** 눈치채다

    I get the hint. 눈치챘어.

- **get+교통수단** 타다

    Please get an ambulance. 앰뷸런스 불러줘.
    Where can I get a taxi? 택시 어디서 잡아요?

- **get cold feet** 겁먹다, 긴장하다

    What's the matter? Are we getting cold feet? 왜 그래? 긴장돼?

Get More

- **get one's own way** 자기가 하고 싶은 대로 하다

  What a bitch! She always gets her own way.
  나쁜 것 같으니라구! 그 앤 항상 자기 맘대로라니까.

- **get even with** 복수하다, 되갚다

  Did you get even with him yet? 걔에게 복수했어?

The cat got your tongue? 왜 말이 없어?

I haven't got all day. 여기서 이럴 시간 없어.

Come and get it. 자 와서 먹자, 자 밥먹게 와라.

I'm sorry, you've got the wrong number.
미안하지만 전화 잘못하셨어요.

Don't let it get you down. 그거 때문에 괴로워하지마.

Go get them. 이겨라, 힘내라.

You get what you pay for. 땀을 흘린 만큼 얻는거야.

You have got to help me get Josh.
조쉬의 마음을 사로잡을 수 있도록 도와줘.

He got worked up. 걔 열 받았어, 걔 대단했어.

02.
뭐든지 하고 마는

Do

동사의 대표격으로 뭔지는 모르지만 '하다'라는 뜻을 갖는다. 기본적으로 하다, 지내다 등의 의미로 쓰이며 또한 do 다음에 목적어가 와서 do one's job, do one's best 등 빈출 표현을 만들어내며 특정한 명사(do the dishes, do the laundry, do one's hair)를 붙여 요긴한 생활표현이 생기기도 한다. 또한 조동사로 부정문이나 의문문을 만들고, You do?, You did what?에서 보듯 앞의 동사를 대신할 때도 쓰인다.

 Do 기본개념

01. 하다, 행하다, 지내다, 살아가다
What are you doing here? 여긴 어쩐 일이야?
What do you do for a living? 직업이 뭐예요?
I'm doing OK. 잘 지내고 있어.

02. 충분하다, 알맞다, 쓸모있다
That will do for me. 그거면 난 충분해.

03. (…행위를) 하다 : do+특정명사
I hate to do the dishes. 설거지하는거 정말 싫어.
Don't forget to do the laundry before you go out.
외출전 세탁하는거 잊지마.

04. (…에게 손해나 이익을) 주다, 끼치다
Could you do me a favor? 부탁 좀 들어주시겠어요?

do well
001
잘하다

do well은 잘하다, 성공하다라는 뜻으로 잘한 내용을 말하려면 do well with~를 사용하면 된다. 「괜찮다」, 「잘하다」라는 뜻의 do fine, 「잘 지내고 있다」라는 do okay, do great 등을 함께 기억해둔다.

✔ 핵심포인트

do well (with)	(…을) 해내다, 성공하다
do fine	괜찮다
do okay	괜찮다, 잘 지내다
do great	잘 지내다

📝 이렇게 쓰인다!

You did it very well.
아주 잘 했어요.

I'm sure you'll do fine.
분명 잘 할거야.

I'm doing great with Julie.
난 줄리랑 잘 지내고 있어.

You're doing great! Don't you give up!
너 잘하고 있어! 포기하지마!

💬 이렇게 말한다!

A: David, how's it going?
B: I'm doing okay.
  A: 데이빗 어때?
  B: 잘 지내고 있어.

영어문장필사해보기 ✏

• 너 잘하고 있어! 포기하지마!

do 002 will do

족하다, 쓸만하다

사물주어가 와서 ~will do하면 그런대로 …로 족하다, 받아들일 수 있다라는 의미. That will do하면 "그거면 됐어"라는 뜻으로 That'll be fine, That's fine과 같은 의미이다. 식당 등에서도 이 표현이 쓰이는데 주로 웨이터가 다 선택을 했냐고 물어보는 것으로 "That will do?"(이거면 충분하겠습니까?)라고 한다.

✓ 핵심포인트

That will[won't] do	그거면 됐어, 그렇게 해서는 안돼
Anything will do	뭐든 됐어
Either will do	아무거나 괜찮아

이렇게 쓰인다!

Say some words. Any words will do.
뭐라 말해봐. 아무 말도 좋아.

Will do. I'll call you on your cell phone.
좋아. 네 핸드폰으로 전화할게.

I don't need much. One of those will do.
많이 필요없어. 그것들중 하나면 돼.

Don't be shy, any suggestion will do.
부끄러워말고 어떤 제안이든 하세요.

이렇게 말한다!

A: Whatever you ask, I will do.
B: You are a very loyal friend.

A: 뭐든지 부탁만 해, 내가 다 들어줄게.
B: 너 정말 의리있는 친구로구나.

영어문장필사해보기

• 부끄러워말고 어떤 제안이든 하세요.

do 003 · do a good job
일을 잘하다

일을 잘한 상대방에게 칭찬할 때 쓰는 표현. good 대신 nice, great, super, excellent 등으로 바꿔 써도 된다. 그냥 간단히 Good job!이라고 해도 되는데 좋은 일이 생긴 상대에게 던지는 Good for you!(잘됐다!)와 헷갈리면 안 된다.

✔ 핵심포인트

do a good[great] job	일을 잘하다
Good for you!	너 잘됐다!

📝 이렇게 쓰인다!

You did a good job! I was very impressed.
정말 잘 했어! 매우 인상적이었어.

You did a good job here, Michael.
마이클 이 일 잘했어.

I'm sure you did a great job.
네가 잘 했을거라 확신해.

Your interior designer did a great job.
니네 인테리어 디자이너가 일 아주 잘했네.

💬 이렇게 말한다!

A: I'm baking a cake for Kevin's birthday.
B: Do a good job. He deserves something nice.
　A: 케빈 생일을 위해 케익을 굽구있어.
　B: 잘 만들어봐. 그는 좋은 것을 받을 만해.

영어문장필사해보기 ✏

• 네가 잘 했을거라 확신해.

do 004
do one's job
…의 일을 하다

do가 job이나 homework를 목적어로 받아서 「…일(숙제)을 하다」라는 뜻으로 쓰인 경우. 참고로 I'm just doing my job하면 누가 자기 일을 칭찬할 때나 방해할 때 쓸 수 있는 말로 "내 일을 할 뿐인데"라는 의미이다.

✓ 핵심포인트

I'm just doing my job	내 일을 할 뿐인데요
Do your job right	일에 차질없이 제대로 해

이렇게 쓰인다!

I do my job, you do yours. All right?
난 내 일을 하니까 넌 네 일을 해. 알았어?

You can just do your job.
넌 그냥 네 일이나 해.

I was doing my homework when you called me.
네가 전화를 걸었을 때 난 숙제를 하고 있었어.

I'm not an angel. I'm just doing my job.
난 천사가 아냐. 그냥 내 일을 할 뿐이야.

이렇게 말한다!

A: He doesn't do his job very well.
B: I know. He's going to be fired soon.
A: 그는 일을 잘 하지 못해.
B: 알아. 조만간 해고될거야.

영어문장필사해보기

- 네가 전화를 걸었을 때 난 숙제를 하고 있었어.

do 005

do (sb) a favor
…에게 호의를 베풀다

부탁할 때 꺼내는 말. Could you do me a favor?라고 한 다음 부탁내용을 말해도 되지만 Could you do me a favor and+동사~?로 바로 이어 말할 수도 있다. 같은 형태인 do sb good[harm] 등도 함께 알아둔다.

✔ 핵심포인트

do (sb) a favor	…에게 호의를 베풀다
do (sb) a favor and+동사	부탁인데 …해주다
do sb good[harm, damage]	도움이 되다, 해를 끼치다

📋 이렇게 쓰인다!

Could you do me a favor?
제 부탁 좀 들어주시겠어요?(Can I ask you a favor?)

Could you do me a favor and bring me a drink?
부탁인데 마실 것 좀 갖다 줄테야?

Do yourself a favor. Get back home today at least 8 o'clock.
네 자신을 생각해야지. 오늘은 적어도 8시까지 집에 돌아와라.

Let's go for a walk. Fresh air will do you good.
산책을 하자. 신선한 공기가 도움될거야.

No harm (done).
잘못된거 없어.

💬 이렇게 말한다!

A: Will you do me a favor?
B: Certainly.
　　A: 부탁 하나 들어줄래?　B: 물론이지.

📝 영어문장필사해보기

• 산책을 하자. 신선한 공기가 도움될거야.

do 006

do+특정명사
…을 하다

do는 잡식성으로 다양한 목적어를 받아 많은 표현을 만든다. 물론 아주 많이 쓰이지 않는 표현들도 있지만 알아두면 편리한 일상표현들이다.

✅ 핵심포인트

do lunch	점심먹다	**do the dishes**	요리하다
do the laundry	세탁하다	**do one's hair**	머리손질하다
do one's time	복역하다	**do 100 km**	100킬로로 달리다

📝 이렇게 쓰인다!

Why don't you let her do the dishes?
걔가 설거지하게 해.

Just go do the laundry.
가서 세탁해.

Let's do lunch (sometime).
(언제) 점심이나 같이 하자.

You did the crime. You'll be in trouble.
넌 죄를 지었어. 곤란해질거야.

💬 이렇게 말한다!

A: Do you have any plans for tomorrow night?
B: I really need to do my laundry then.

A: 내일 밤 무슨 계획 있니?
B: 그때 진짜 세탁을 해야 돼.

영어문장필사해보기 ✏️

• 넌 죄를 지었어. 곤란해질거야.

do 007 do one's best
최선을 다하다

친숙한 표현으로 즐겨 사용할 수 있는 것 중의 하나. 좀 더 잘 활용하기 위해서는 최선을 다하는 혹은 다한 내용을 do one's best 다음 to+동사로 연결해 쓰면 된다는 것이다. I did my best to do my homework처럼.

✓ 핵심포인트

do one's best	최선을 다하다
do one's best to+V	최선을 다해 …하다

📓 이렇게 쓰인다!

I'm doing my best! And she is doing her best!
나도 걔도 최선을 다하고 있다고!

I did my best under the circumstances.
이 상황에서 난 최선을 다했어.

I'll do my best to remember your birthday next year.
내년에 생일 안잊게 최선 다할게.

Now you go do your best.
자 이제 가서 최선을 다해라.

💬 이렇게 말한다!

A: **I want you to study very hard in school.**
B: **OK. I'll do my best.**
  A: 네가 학교에서 아주 열심히 공부했으면 해.
  B: 알겠어요. 최선을 다할게요.

📝 영어문장필사해보기

• 내년에 생일 안잊게 최선 다할게.

do something
뭔가를 하다

뭐라 딱부러지게 말할 수는 없지만 뭔가 해야 한다고 말할 때 사용하는 표현. 반대로 아무것도 하지않는다고 할 때는 do not anything. I'd do anything for you는 널 위해서라면 뭐든지 하겠다는 말.

✓ 핵심포인트

do something about+명사/**to**+동사	…에 대해[…하기 위해] 뭔가 하다
do something+형용사	…한 것을 하다
do not do anything+형용사	…한 것을 하지 않다
would do anything for~	…을 위해서라면 뭐든지 하다

📝 이렇게 쓰인다!

Tom, can you do something about this?
탐, 이거 좀 어떻게 해볼래?

You guys! Let's go out. We have to do something!
얘들아! 나가자. 우린 뭔가 해야 돼!

You have to do something about him.
걔 좀 어떻게 해봐.

It's boring. Do something fun.
뭐 좀 재밌는거 좀 해봐.

Don't get me wrong. I didn't do anything.
오해마. 난 아무 짓도 안 했어.

It's not my fault. I didn't do anything wrong.
내 잘못이 아냐. 난 잘못한 게 없어.

I'd do anything for you, if you marry me.
나랑 결혼해준다면 널 위해서라면 뭐든지 할게.

I did everything in my power to get you out of trouble. 널 어려움에서 구해내기 위해 난 힘껏 다했어.

💬 이렇게 말한다!

A: Look, can you do something for me?
B: Sure, what?
　　A: 저기 날 위해 뭐 좀 해줄테야?　　B: 그래 뭐야?

do 009 do this[that, it]
…을 하다

말을 하다 보면 앞서 얘기한 것이나 서로 알고 있는 것은 this, that 그리고 it으로 표현하게 된다. 여기서는 동사의 성격을 대표하는 do와 이런 것들이 어울려 만드는 빈출표현들을 알아보기로 한다.

 핵심포인트

do it better	그걸 더 잘하다
do it all over again	그것을 다시 다 하다
do this to sb	…에게 이것을 하다
You did it!	네가 해냈구나!
I did it!	내가 해냈어!

이렇게 쓰인다!

I can't do this.
나 이건 못해.

I can do that[it, this].
내가 할 수 있어.

I can do it better.
내가 더 잘 할 수 있어.

Let's do it.
자 하자, 그러자.

Please do it all over again.
다시 다 해.

You can't do that!
그러면 안되지!

I'll do that.
그렇게 할게.

You'll do that.
그렇게 해.

You do that.
그렇게 해라.

How could you do this[that]?
어쩜 그럴 수가 있니?

078

Let's do it again.
또 만나자.

Why did you do this[that]?
왜 이런 일을 한거야?

You can't do this to me.
나한테 이러면 안되지, 이러지마.

I do this all the time.
이런 일엔 이골이 났다.

What have you done to me?
나한테 무슨 짓을 한거야?

이렇게 말한다!

A: If you have any questions, give me a call.
B: I'll do that.
A: 질문이 있으면 나한테 전화해.
B: 그럴게.

A: Sorry, I'm seeing a guy.
B: What! You can't do this to me!
A: 미안해, 다른 애 만나고 있어.
B: 뭐라고! 내게 이러면 안 되지!

A: Let me show you how to do this.
B: Yeah! That would be great!
A: 이거 어떻게 하는지 알려줄게
B: 야! 그럼 좋지!

영어문장필사해보기

- 나한테 이러면 안되지, 이러지마.

- 어쩜 그럴 수가 있니?

02. 뭐든지 하고 마는 Do

be done with
…을 끝내다

아주 많이 활용해야 하는 표현. 「…을 끝내다」라는 의미로 finish보다도 많이 쓰인다. be done with 다음에는 일이 오거나 사람이 올 수도 있다. with없이 I'm (not) done((못) 끝냈어), You done?(끝냈어?)라고 할 수도 있다.

✔ 핵심포인트

It's (all) done	(다) 됐어
It's done now	벌써 끝난 일이야
(Very) Well done	(아주) 잘했어
All done!	모두 다했어!
What's done is done	이미 끝난 일이야
We're done for the day	그만 가자, 그만 퇴근하자
be done ~ing	…하는 걸 끝내다

📖 이렇게 쓰인다!

I'm done with the work.
일 끝냈어.

I'm done with my choices. Now it's your turn.
난 선택했어. 이제 네 차례야.

I think I'm done with you. Don't call me again.
너랑 끝난 것 같군. 다신 전화하지마.

Are you done with this?
이거 끝냈어?

That can't be done overnight. You have to look for someone else.
저건 밤새 마칠 수 없는 일이에요. 다른 사람 찾아 보시죠.

Can it be done? If you can't do it, you're fired.
끝낼 수 있겠어? 못하면 넌 해고야.

She's not done with you. She wants you back.
걘 너하고 안 끝났어. 네가 돌아오길 바래.

Don't worry. I'm done with those plans.
걱정마. 계획 다 세웠어.

📢 이렇게 말한다!

A: Can I take away your plate?
B: No, I'm not done with my snacks.
    A: 그릇을 치워도 될까요?
    B: 아니요. 아직 스낵을 다 먹지 않았어요.

A: Are you done with the Internet?
B: Yeah, you can shut off the computer.
    A: 인터넷 사용이 끝났나요?
    B: 예, 컴퓨터를 꺼도 돼요.

A: Are you done with your class today?
B: No. I have another class this afternoon.
    A: 오늘 수업은 끝났니?
    B: 아니. 오후에 또 다른 수업이 있어.

영어문장 필사해보기 ✏️

• 걘 너하고 안 끝났어. 네가 돌아오길 바래.

• 난 선택했어. 이제 네 차례야.

do 011
~ I can do
내가 할 수 있는…

do가 can과 어울려 만드는 표현. ~(that) I can do로 여러 다양한 표현을 만들어낸다. 내가 할 수 있는 건 다했다 혹은 내가 더 이상 할 수 있는게 없다든가 등의 표현을 만들어 낸다.

✔ 핵심포인트

be[do] all sb can do	…가 할 수 있는 모든 것이다[모든 것을 하다]
be the least[best] sb can do	…가 할 수 있는 최선[최소]야
It's the best I can do	그게 내가 할 수 있는 최선야

📓 이렇게 쓰인다!

I did all I could do. I'll just wait and see.
내가 할 수 있는 건 다했어. 이젠 지켜볼거야.

That's all I can do. Don't expect too much.
그게 내가 할 수 있는 다야. 넘 기대마.

I just wanted to give you some gifts. It's the least I can do. 네게 선물을 좀 하고 싶었을뿐이야. 최소한의 내 성의야.

It's the best I can do.
그게 내가 할 수 있는 최선야.

It's too late. There's not much I can do.
너무 늦었어. 내가 할 수 있는게 별로 없어.

There's nothing more I can do.
내가 더 이상 할 수 있는게 없어.

💬 이렇게 말한다!

A: Doctor, is my father going to die?
B: Yes. I did all I could do for him.
　A: 의사 선생님, 아빠가 돌아가실까요?
　B: 그래. 나로서는 할 수 있는 것은 다했어요.

영어문장필사해보기 ✏️

• 너무 늦었어. 내가 할 수 있는게 별로 없어.

do 012

Neither did I
나도 안그랬어

나도 안 그랬다고 말하는 Neither did I는 상대방의 말을 받아서 하는 말로 여기서 did는 앞서 상대방이 말한 동사를 뜻한다. 반대로 나도 그렇다라고 말하려면 So do I라고 하면 된다.

✔ 핵심포인트

So do I   나도 그래
Neither did I   나도 안그랬어

📝 이렇게 쓰인다!

Apparently so do I. It's OK.
정말이지 나도 그래. 좋아.

Honey, so do I. I love you too.
자기야, 나도 그래. 나도 널 사랑해.

You don't go to school? Neither do I.
학교 안 간다고? 나도 안 가.

You think Tammy's lying? So do I.
태미가 거짓말한다고 생각해? 나도 그래.

💬 이렇게 말한다!

A: He never lied to his mother or father.
B: Neither did I. I was a very honest kid.
    A: 걘 자신의 부모를 절대로 속이지 않았어.
    B: 나도 안 그랬어. 난 정말로 정직한 아이였어.

영어문장필사해보기 ✏️

• 태미가 거짓말한다고 생각해? 나도 그래.

do 013 do without

…없이 지내다, …은 없어도 좋다(can do without)

do without은 「…없이 지내다」라는 뜻. I don't know what I would[am going to] do without~의 형태로 많이 쓰인다. 또한 can(could) do without은 「…은 없어도 무방하다」라는 뜻.

✔ 핵심포인트

do without	…없이 지내다, …없이 해나가다
can[could] do without	…은 없어도 무방하다

📝 이렇게 쓰인다!

I don't know what I'd do without him.
걔없이 어떻게 살지 모를 정도라니까.

What would I have done without you?
당신이 없었더라면 어쩔뻔 했어?

I mean, what am I going to do without you?
너 없이 뭘 해야하지?

What would you do without me?
나없으면 어떻게 할거야?

💬 이렇게 말한다!

A: Smoking is a very unhealthy habit.
B: I know, but I can't do without cigarettes.
　A: 흡연은 건강에 매우 안 좋은 습관이야.
　B: 알지, 그런데 담배없이는 못지내.

📝 영어문장필사해보기

• 나없으면 어떻게 할거야?

do with

014

(어떻게) …을 처리하다, 다루다, …으로 때우다,
…가 필요하다(could do with)

「…을 다루다」(deal with)라는 뜻으로 많이 사용되는데 with 이하에는 사람[사물]이 올 수 있다. 모두 with 이하를 어떻게 할거야, 어떻게 한거야, 어떻게 하는거야 등으로 시제에 따라 뉘앙스가 바뀌진다.

✔ 핵심포인트

What should I do with~?	…을 어떻게 해야 할까?
I don't know what to do with~	…을 어떻게 해야 할지 모르다
What have you done with~?	…을 어떻게 했니?
What did you do with+명사?	…을 어떻게 했니?
What are you doing with~ ?	…갖고 뭐해?, …을 어떻게 하는거야?

📓 이렇게 쓰인다!

I don't know what to do with that.
어떻게 해야 할지 모르겠어.

I know what to do with a woman.
여자를 어떻게 다루는지를 알아.

What have you done with Cindy?
신디를 어떻게 한거야?

I really love your place. I really love what you've done with it.
네 집 멋지다. 집 해놓은거 정말 멋져.

What the hell are you doing with my client?
내 고객하고 도대체 뭐하는거야?

I don't know what I'm going to do with myself now.
어떻게 해야 할지 정말 모르겠어.

💬 이렇게 말한다!

A: **What did you do with my history book?**
B: **I put it on the shelf above the desk.**
  A: 내 역사책을 어떻게 한거야?
  B: 책상 위 책꽂이에 놓아두었어.

do 015

Why don't you~?
…하자

Why don't you~?는 무늬는 의문문이지만 실제로는 상대방에게 뭔가 제안하는 문장. I want you to~와 의미가 비슷하다. 또한 변형된 Why don't I ~?는 Let me~와, Why don't we~?는 Let's~와 각각 같은 뜻.

✓ 핵심포인트

Why don't you ~?	~하는게 어때?
Why don't we ~?	…하자
Why don't I~?	내가 …할게

📖 이렇게 쓰인다!

Why don't you stay here and just hang out with me?
여기 남아 나랑 놀자.

Why don't you ask him to help you?
걔보고 좀 도와달라고 하지 그래.

Why don't we get together on Saturday?
토요일에 좀 만나자.

Why don't you come over for a cup of coffee?
이리와서 커피 한잔 하자.

💬 이렇게 말한다!

A: I am feeling so tired right now.
B: Why don't you go to bed and get some sleep?
　A: 나는 지금 무지 피곤해.
　B: 누워서 잠을 좀 청해 봐.

✏️ 영어문장필사해보기

• 토요일에 좀 만나자.

do 016 You did what?

뭘했다고?

상대방 말의 일부분을 못 들었을 경우 혹은 믿기지 않는 이야기를 들었을 경우에 사용하는 표현. 반면 You did?나 You do?는 상대방의 말에 맞장구치는 것으로 "그랬어?," "그래?"라는 의미이다.

✅ 핵심포인트

You did what?	뭘했다고?
You did?	그랬어?
You do?	그래?

📝 이렇게 쓰인다!

You did what? I can't believe it.
뭘했다고? 안 믿어져.

You did what? How come you always hit your friends?
뭘 했다고? 어째 넌 항상 네 친구들을 때리니?

You did? What was he talking about?
그랬어? 걔는 뭐랬는데?

You do? That's fantastic!
그래? 정말 멋져!

💬 이렇게 말한다!

A: I bought a new computer for us to use.
B: You did what? We can't afford that.

A: 우리가 쓸 새 컴퓨터를 샀어.
B: 뭘 했다고? 우린 그럴 형편이 안 돼.

✏️ 영어문장필사해보기

• 뭘했다고? 안 믿어져.

Get More

- **do something over** 다시 하다(do again)

  Do it over again. 일을 제대로 해.

- **do business (with~)** …와 거래를 하다

  It's been a pleasure doing business with you.
  당신 회사와 거래하게 되어 기뻐요.

- **do the math** 계산하다, 생각해보다

  You do the math. 어떻게 될지 뻔하잖아.

- **Don't do~** …하지 마라

  Don't do that anymore. 더 이상 그러지마.
  Don't ever do that again. 다신 그러지마.

- **the best thing to do** 최선의 할 일

  What is the best thing to do for it? 그거에 최선의 방법은 무엇입니까?

- **do a number on** …을 사기치다, 속이다

  You did a number on me. 내가 당했구만.

Easy does it 1. 천천히 해, 조심조심 2. 진정해
Consider it done. 그렇게 해줄게, 그렇게 조치해줘.
How do you do that? 어쩜 그렇게 잘하니?
That does it. 더는 못 참아, 이제 그만.
Easier said than done. 말이야 쉽지.
(It's a) Done deal. 그러기로 한거야, 이미 합의가 이뤄졌어요.
That is how it's done. 이렇게 하는거야.
Please do as you like. 당신의 뜻대로 하세요.(Do as you please)

What do we do now? 이제 어쩌지?
What can I do? 내가 (달리) 어쩌겠어?
I did it wrong. 내가 틀렸어.
do's and don'ts. 지켜야 될 일들.

 You Know What? : 문 뒤의 though

일반적으로 though는 「…이긴 하지만」이라는 의미의 접속사로 쓰인다. 이때는 Though it's hard work, I enjoyed it(어렵긴 하지만, 난 그 일이 재미있었어)에서 와 같이 절(clause)의 맨 앞에 놓이게 되고, although나 even though 등으로 바꿔 쓸 수 있다. 여기까지는 흔히들 알고 있는 though에 관한 상식! 하지만 though에는 이 상식을 뛰어넘는(?) 용법이 있으니, "S+V ~, though"라는 형태이다. 문법책만 달달 외운 사람에게는 좀 낯설겠지만, 영미인의 대화를 듣다보면 그야말로 툭툭 튀어나올 정도로 많이 쓰는 단골 단어이다. 예를 들어, It's hard work; I enjoyed it, though라는 문장 끝에 붙은 though는 「그래도」, 「그러나」의 의미로 전체적으로 "그 일은 어려워. 나한텐 재미있었지만 말야"라는 뜻이 되는 것이다.

03.
존재감 팍팍 풍기는

Be

be는 A=B처럼 「…이다」라고 신분이나 정체를 말해줄 뿐만 아니라 be+부사구처럼 「…에 있다」라는 의미로 쓰인다는 것이 기본 개념. 회화에서는 빈질나게 사용되는 be glad to, be sorry, be worried, be angry 등의 be+형용사[pp] 형태를 잘 알아두어야 회화에 강해질 수 있다. 또한 Be+형용사[명사], 혹은 그 부정형태인 Don't be+형용사[명사] 활용에도 익숙해져보도록 한다.

💡 Be 기본개념

01. (…에) 있다
She isn't at home now. 걘 지금 집에 없어.
Why is he in such a bad mood? 걔 왜 그렇게 기분이 나쁜거야?

02. …이다
Will you be my wife? 결혼해줄래?
Let's just be friends. 그냥 친구하자.

03. be+형용사/pp~ …하다
Why are you so angry with me? 나한테 그렇게 화가 난거야?
He's really bad at counting numbers. 걘 수를 세는데 정말 서툴러.

04. Don't be~ …하지 마라
Don't be such a baby! 아기같이 굴지 좀 마라!
Be a good mother. 좋은 엄마가 되어라.

be all right[OK]
괜찮다

all right은 괜찮은, 좋은이라는 의미로 be all right하면 be good[fine], be okay와 같은 의미. 무엇이(누가) 괜찮은지 말하려면 be all right with sb[sth]이라 한다. 참고로 all이 빠진 be right은 상대방 말이 맞다는 말.

✓ 핵심포인트

We'll be all right if ~	~한다면 우린 괜찮을거다
be going to be all right[fine, okay]	괜찮아질거다
be all right with ~	…가[…에게] 괜찮다
be fine by[with]	…가 괜찮다
You're right/That's right	맞아

📒 이렇게 쓰인다!

Everything's going to be all right[fine].
다 잘 될거야.

It's going to be okay[fine].
잘 될거야, 괜찮을거야.

That'll be fine[good].
잘 될거야.

Is everything okay?
일은 다 잘 돼?

If it's all right with you, I'd like to borrow it.
너 괜찮으면 그거 빌려주라.

I see your point. I'm all right with it.
네 말 알겠어. 난 괜찮아.

You're right about that.
네 말이 맞아.

💬 이렇게 말한다!

A: I'll go with you to your house.
B: You don't have to walk me home. I'll be okay.
　　A: 너희 집까지 같이 가줄게.
　　B: 집까지 바래다줄 것까진 없어. 괜찮아.

be 002

be there[here]
가다, 오다

가다 오다는 go, come이 있지만 회화체에서는 be there, be here로 쓰기도 한다. be there는 「거기에 있다」라는 의미로 go를, 그리고 be here는 「여기에 있다」라는 의미로 come를 각각 대신해 쓰인다.

✅ 핵심포인트

I'll (always) be there for you	내가 (네게) 힘이 되어줄게
I've been there	1. 무슨 말인지 알겠어, 정말 그 심정 이해해 2. 가본 적 있어
We're almost there	거의 다 됐어, 거의 끝났어

📝 이렇게 쓰인다!

(I'll) Be right there.
곧 갈게, 지금 가.

I'll be there.
갈게.

Wait a moment. They are going to be here.
잠시만, 걔네들 이리 올거야.

He really wants you to be here.
걘 네가 여기에 오길 바래.

💬 이렇게 말한다!

A: **Make sure that you arrive on time tomorrow.**
B: **Don't worry. I'll be there early.**
  A: 낼 정시 도착하도록 확실히 해.
  B: 걱정하지마. 일찍 갈테니까.

✏️ 영어문장필사해보기

• 잠시만, 걔네들 이리 올거야.

That will be~

…가 될거야

「그것은 …가 될 것이다」라는 뜻. 특히 돈을 지불하는 상황에서 "돈이 …가 나왔습니다"라고 말할 때 쓰는 전형적인 표현. That'll be~ 다음에 '돈'을 넣으면 된다. 또한 Will that be~?처럼 의문 형태로도 많이 쓰인다.

✔ 핵심포인트

That'll be~ …가 될거야
That'll be all 저게 전부일거야, 이제 됐어
Will that be~? …인가요?

📝 이렇게 쓰인다!

Here we are, sir. That'll be $4.50.
다 왔습니다. 4달러 50센트입니다.

Will that be all?
달리 더 필요한 것은 없으십니까?

Will that be cash or charge?
현금인가요 카드인가요?(= Cash or charge?)

💬 이렇게 말한다!

A: **How much do I owe you?**
B: **That will be three dollars and twenty-five cents.**
　A: 얼마를 내야 되죠?
　B: 3달러 25센트예요.

영어문장필사해보기 ✏

- 다 왔습니다. 4달러 50센트입니다.

(Don't) Be~
…해라(하지 마라)

Be로 시작하는 명령문으로 Be nice!, Be quiet!처럼 형용사 혹은 Be a good boy!(착하게 굴어라), Be a man!(남자답게 굴어라!)처럼 명사가 와도 된다. 또한 Don't be+형용사[명사]는 상대방에게 금지하거나 신신당부할 때 사용.

✅ 핵심포인트

Be+형용사/명사 …해
Don't be+형용사/명사 …하지마
Don't be a baby 어린애처럼 굴지마

📝 이렇게 쓴다!

Everyone please be quiet for a moment.
여러분 잠시 조용히 해 주십시오.

Don't be so serious. Let's have fun.
그렇게 심각해할거 없어. 재미있게 놀자.

Don't be shy. You get used to it soon.
부끄러워 하지마. 금방 익숙해질거야.

You're not going to get married? Don't be ridiculous.
결혼하지 않을거라고? 바보같이 굴지마.

I know you hate me. Don't be so hard on me anymore.
날 싫어하는 걸 알아. 더 이상 날 너무 힘들게 하지마.

Don't be so hard on yourself.
너무 자책하지마.

Don't be a baby.
어린애처럼 굴지마.

Please don't be sorry. It's not your fault.
미안해 할 필요가 없어. 네 잘못이 아냐.

💬 이렇게 말한다!

A: Don't be so hard on yourself.
B: You're right.
　A: 너무 자책하지마.　B: 네 말이 맞아.

There is[are]~
…가 있다

be 005

기초표현으로 모르는 사람이 없겠지만 실제 회화에서 많이 쓰이는 몇 가지 활용표현과 함께 알아본다. There are(is)~는 '저기'의 의미는 없이 「그냥 …가 있다」라는 의미이고 Here are(is)~는 뭔가 물건을 주거나 의견을 꺼낼 때 사용하면 된다.

✔ 핵심포인트

There are[is]+명사+~ing	…가 …하고 있다
There is no+명사	…가 없다
There is no way ~	절대 …일리가 없다
Here are[is]~	여기 …있다
There is a possibility[chance] (S+V)	…할 가능성이 있다
There is something about~[주어+동사]	…에[…하는] 뭔가가 있다
There is nothing more+형용사+than~	…보다 …한 것이 없다

📝 이렇게 쓰인다!

There is a lot of chemistry between you and me.
너랑 나랑은 죽이 잘 맞아.

There is nothing more important than family.
가족보다 중요한 것 없어.

There's a chance you could get hurt.
다칠 가능성이 있어.

Here is my card. Call anytime you want.
내 명함야. 언제든 전화해.

Here are the files you're looking for.
네가 찾던 파일야.

That's all there is to it.
그렇게 하면 되는 그게 전부야.

💬 이렇게 말한다!

A: There is a car coming this way.
B: I think that is my brother.
　　A: 이쪽으로 오는 차가 있다.　B: 내 동생일거야.

be 006 The point is that~

중요한 것은 …야

뭔가 중요하거나 핵심적인 이야기를 요약해서 한마디로 말할 때 쓰는 표현으로 「중요한 것은 …야」라는 뜻이다. The thing is (that) 주어+동사라고 해도 된다.

✔ 핵심포인트

The point is that ~   핵심은 …이야
The point is to+동사   핵심은 …하는 것이야
The thing is that S+V   중요한 건 …이야

📓 이렇게 쓰인다!

The point is that we need to fix the computer.
중요한 건 이 컴퓨터를 수리해야 한다는거야.

The point is I don't need this right now.
핵심은 지금은 이게 필요가 없단거야.

The thing is I don't really believe you.
요는 내가 널 안 믿는다는거야.

The thing is that we're moving again to another city.
중요한 건 우리는 다른 도시로 다시 이사간다는거야.

💬 이렇게 말한다!

A: Could you please get to the point?
B: The point is that we are bankrupt.

    A: 요지를 말씀해 주시겠어요?
    B: 요점은 우리가 파산했다는 겁니다.

✏ 영어문장필사해보기

• 핵심은 지금은 이게 필요가 없단거야.

have been[gone] to
…에 갔다 왔다

have been in[to]+장소는 「…에 갔다 왔어」 혹은 「…에 가본 적이 있어」라는 말. 장소명사로는 잠깐 갔다오는 역이나 미장원 혹은 좀 오래 머무르는 New York, 그리고 추상명사인 love, relation 등이 올 수 있다.

✔ 핵심포인트

I have been to[in]~	…에 가본 적 있어, …갔다 왔어, …을 해본 적 있어
Have you (ever) been to~?	…에 가본 적 있어?
Where have you been?	어디 갔다 오는거야?

📒 이렇게 쓰인다!

I've been to his apartment and he wasn't there.
걔 아파트에 갔다왔는데 거기 없더라고.

Have you been to the fifth floor?
5층에는 가보셨나요?

You've been in love before?
전에 사랑해본 적 있어?

I've been to every gym in my neighborhood.
동네에 있는 체육관은 다 다녀봤어.

💬 이렇게 말한다!

A: How many times have you been to New York?
B: I've been there twice.
  A: 뉴욕엔 몇번 가봤어?
  B: 두번 가봤어.

영어문장필사해보기 ✏️

• 동네에 있는 체육관은 다 다녀봤어.

be good at
…을 잘하다, …에 소질이 있다

뭔가를 잘하거나 소질이 있다고 말할 때 아주 요긴하게 써먹을 수 있는 표현이다. 강조하려면 good 대신에 great를 쓰면 된다. 반대는 be poor[terrible] at~이라고 하면 된다.

✓ 핵심포인트

be good[great] at+명사/~ing　　…을 잘하다
be poor[terrible] at+명사/~ing　　…을 잘 못하다, 서툴다

📓 이렇게 쓰인다!

You can count on me. I am good at this.
날 믿어도 돼. 나 이거 잘 해.

I'm not great with figures.
난 숫자에 약해.

I don't remember the name of that blond. I'm terrible at names.
저 금발 여자애 이름이 뭐였더라. 난 이름을 잘 기억못해.

I'll make something up. I'm good at lying.
얘기 하나 꾸며줄게. 나 거짓말 잘해.

💬 이렇게 말한다!

A: I heard you played baseball in high school.
B: I'm good at many different sports.
　　A: 고등학교에서 야구를 했다며.
　　B: 나는 다양한 스포츠에 능해.

영어문장필사해보기 ✏️

• 날 믿어도 돼. 나 이거 잘 해.

be happy with[about]
만족하다, 좋아하다

be happy with(about)는 「…에 기쁘거나 만족할」 때 쓰는 표현. 물론 소시적에 달달 외우던 be satisfied with란 표현도 쓰인다.

✔ 핵심포인트

be happy with[about] sb/sth	…에 만족하다
I thought you would be happy with[about]	…에 만족할거라 생각했어

📝 이렇게 쓰인다!

I'm very happy with my decision.
난 내 결정에 무척 만족해.

I'm not happy about this.
이거 별로인데.

I thought you'd be happy about it.
난 네가 좋아할 줄 알았어.

What are you so happy about?
뭐가 그리 좋아?

💬 이렇게 말한다!

A: How do you like your new apartment?
B: I'm happy with it. It's very comfortable.
   A: 네 새로운 아파트 어때?
   B: 만족해. 무척 편하거든.

영어문장필사해보기 ✏️

• 난 네가 좋아할 줄 알았어.

be 010 · be glad to
…해서 기쁘다

처음 만나서 주고받는 인사인 Glad to meet you로 잘 알려진 표현. 「…하게 되어 (내가) 기쁘다」라는 의미로 I'm glad to+동사 혹은 I'm glad (that) 주어+동사로 문장을 만들면 된다. I'm을 생략하기도 한다. glad는 보다는 happy가 더 캐주얼한 단어이다.

✔ 핵심포인트

I'm glad to+동사[that 주어+동사]	…해서 기쁘다
I'm pleased with+명사/to+동사	…해서 기쁘다

📒 이렇게 쓰인다!

That's great. I'm glad you like it.
잘됐네. 네가 좋아한다니 나도 좋아.

I'm glad to hear that.
그 얘기를 들으니 기쁘네.

I'm glad you feel that way.
그렇게 생각한다니 기뻐.

I'm glad you think so.
그렇게 생각해주니 기쁘네.

I'm glad you're back. I really need your help.
돌아와줘 기뻐. 정말 네 도움이 필요해.

💬 이렇게 말한다!

A: **You're always so generous.**
B: **I'm glad you think so.**
　A: 넌 항상 마음씨가 그렇게 좋아.
　B: 그렇게 생각해줘서 고마워.

📝 영어문장필사해보기

• 잘됐네. 네가 좋아한다니 나도 좋아.

be angry with
…에게 화나다

get angry에서도 나온 표현들이지만 be angry(mad, upset)의 형태도 무척 많이 쓰인다. 화난 형용사들이 어떤 전치사와 잘 어울리는지 잘 기억해두어야 한다.

✓ 핵심포인트

be angry with[at] …에 화나다
be mad at[about] …에 화나다
be upset about[with]~ …에 화나다

📓 이렇게 쓰인다!

Why are you so angry at me?
왜 그렇게 나한테 화를 내는거죠?

Don't be mad at him, it's our fault.
걔한테 화내지마, 우리 잘못인데.

I'm not upset about anything.
나 아무것에도 화 안났어.

I wonder if the boss is still angry with me.
사장이 나한테 아직도 화가 나 있는지 궁금해.

💬 이렇게 말한다!

A: **Why are you so angry at me?**
B: **Because you said I was fat and ugly!**
　A: 왜 그렇게 나한테 화내는거야?
　B: 내가 뚱뚱하고 못생겼다며!

영어문장필사해보기 ✏️

• 걔한테 화내지마, 우리 잘못인데.

be 012 be worried about
…을 걱정하다

「…가 걱정되다」는 말로 I'm worried 단독으로 쓰이기도 하고 걱정되는 것을 말하려면 I'm worried about~ 혹은 I'm worried (that) 주어+동사 형태로 쓰면 된다. be concerned about~은 「…에 대해 관심을 갖다」.

✔ 핵심포인트

I'm worried about sth/sb [~ing]   …을 걱정하다
I'm worried (that) S+V   …을 걱정하다

이렇게 쓰인다!

I'm so worried about my wedding ceremony.
내 결혼식이 걱정 많이 돼.

She's so worried about paying the debt.
걘 빚을 갚는 걸 매우 걱정하고 있어.

We were all so worried we were losing you.
우린 모두 너를 잃을까 걱정했어.

I'm just worried about the test results.
난 시험결과가 걱정이 될 뿐이야.

이렇게 말한다!

A: **You seem to be worried about something.**
B: **I have a job interview this afternoon.**

   A: 너 뭐 걱정하는 게 있는 것처럼 보여.
   B: 오늘 오후에 취직 면접이 있어.

영어문장필사해보기

• 난 시험결과가 걱정이 될 뿐이야.

be supposed to ~
…하기로 되어 있다

'be supposed to+동사'는 「…하기로 되어 있다」, 「…하는 것이 당연하게 받아들여지다」라는 뜻으로 회화에서 무척 많이 쓰이는 표현. 함께 be+과거분사~ 형태인 표현들을 정리해본다.

✔ 핵심포인트

be tied up (+ ~ing)	(…하느라) 꼼짝달싹 못하다
be scheduled to~	…할 예정이다
be disappointed at[about, to]~	…에 실망하다
be interested in~	…에 관심이 있다
be related to~	…와 관련이 있다[친척이다]
be surprised to~	…하는 것을 보고 놀라다
be committed to+N[~ing]	…하는데 전념하다

📓 이렇게 쓰인다!

Am I supposed to meet the client today?
내가 오늘 고객을 만나기로 되어있던가?

I am not supposed to be here.
난 여기 있으면 안돼.

When is he scheduled to arrive at the airport?
그 사람이 공항에 언제 도착할 예정이니?

I'm not interested in playing golf.
골프치는데 관심없어

💬 이렇게 말한다!

A: When is the show supposed to start?
B: Just after seven o'clock.
A: 쇼는 언제 시작하기로 되어있지?   B: 7시 바로 지나서.

영어문장필사해보기 ✏️

• 그 사람이 공항에 언제 도착할 예정이니?

be 014
be sorry about
…가 미안해

간단히 I'm sorry about[for]+명사로, 혹은 I'm sorry to+동사, I'm sorry (that) 주어+동사의 형태로 많이 쓰인다. 사과나 위로할 때 쓴다. 또한 미안한 행동[말]을 하기 앞서 I'm sorry, (but) 주어+동사라고 하기도 한다.

✔ 핵심포인트

I'm sorry about/for+명사	…가 미안해
I'm sorry (that) S+V	…해서 미안해
I'm sorry, but S+V	미안하지만 …해
You will be sorry if you don't~	…하지 않으면 후회할거야

📖 이렇게 쓰인다!

I'm sorry to hear that.
그렇다니 정말 유감이네요.

I'm sorry I'm late again but I got stuck in traffic.
또 늦어서 미안해. 차가 많이 막혔어.

I'm sorry I didn't get back to you sooner.
더 빨리 연락 못 줘서 미안해.

I am sorry, but I'm going to be a little late.
미안, 좀 늦을 것 같아.

Never do that again. You'll be sorry later.
다시는 그러지마. 나중에 후회할거야.

💬 이렇게 말한다!

A: Do you want to break up with me?
B: I have to. I'm sorry about that.
　　A: 나하고 헤어지고 싶은거야?　B: 그래야겠어. 미안해.

영어문장필사해보기 ✏️

• 더 빨리 연락 못 줘서 미안해.

be able to
be 015

…을 할 수 있다

can과 같은 의미로 be able to+동사하면 「…을 할 수 있다」라는 의미이다. 특히 will can~으로 쓰이지 않기 때문에 미래형 문장에서는 can를 대신하여 will be able to~로 쓰인다.

✔ 핵심포인트

be able to+V …을 할 수 있다
will be able to+V …을 할 수 있을거다

📖 이렇게 쓴다!

Will you be able to attend?
참석할 수 있어?

We hope you'll be able to join us.
우리와 함께 했으면 해.

How soon will you be able to get here?
언제쯤 여기에 도착할 수 있죠?

Are you sure you'll be able to do it?
정말 너 그거 할 수 있어?

💬 이렇게 말한다!

A: We hope you'll be able to join us.
B: I hope so too… it sounds like fun!

A: 함께 할 수 있으면 좋겠는데.
B: 나도 그러고 싶어… 재미있겠다!

✏ 영어문장필사해보기

• 언제쯤 여기에 도착할 수 있죠?

be 016 — be ready
…할 준비가 되어 있다

의미를 알고 있어도 회화에서 사용 못하면 모르는 셈. be ready는 「…할 준비가 되어 있다」는 의미로 be ready to[for]~의 형태로 쓰인다. be 대신 get을 써도 되며 또한 아예 be를 빼고 사용되기도 한다.

✓ 핵심포인트

be ready to+동사/**for**+명사 …할 준비가 되어있다
(I'm) Ready to/for~ 난 …할 준비됐어

📓 이렇게 쓰인다!

Are you ready to order your food?
주문하시겠어요?

Your room won't be ready until one o'clock.
한 시 후에나 방이 준비됩니다.

When will it be ready? I guess we're going to be late.
언제 준비돼? 우리 늦을 것 같아서.

I'm not ready to be a father.
난 아빠가 될 준비가 안되어 있어.

💬 이렇게 말한다!

A: What would you like to eat?
B: We're not ready to order yet.

A: 뭘 드실래요?
B: 아직 결정 못 했어요.

✏️ 영어문장필사해보기

• 한 시 후에나 방이 준비됩니다.

be sure to
반드시 …하다

be 017

상대방에게 반드시 …하라고 당부하거나 주의를 줄 때 사용되는 표현. 명령문 형태로 Be sure to~라 해도 되고 혹은 I'll be sure to~라 해도 된다.

✔ 핵심포인트

Be sure to+동사 　　반드시 …해라
I'll be sure to+동사 　반드시 …할게

📝 이렇게 쓰인다!

Be sure to check them all.
다 점검해봐.

You'll be sure to send me flowers first.
내게 꽃 먼저 꼭 보내.

I'll be sure to double-check everything from now on.
지금부터 모든 걸 반드시 재확인할게.

I'll be sure to give him your shoe.
꼭 걔한테 네 신발을 줄게.

💬 이렇게 말한다!

A: I'm going to stay up late tonight.
B: Be sure to brush your teeth before going to bed.
　A: 오늘 밤 늦게까지 깨어있을거야.
　B: 잠자리 들기 전에 꼭 양치질해라.

영어문장필사해보기 ✏️

• 지금부터 모든 걸 반드시 재확인할게.

be worth ~

…만큼의[할만한] 가치가 있다

알지만 실제 활용하기가 좀 어려운 단어. be worth~ 다음에 전치사 없이 바로 명사나 동사의 ~ing를 붙이면 된다. 다만 「…의 가치가 있는」이란 의미로 명사 뒤에 쓰일 때는 worth of라고 쓴다.

✓ 핵심포인트

be worth+명사[~ing]	…할 가치가 있다
명사+worth of~	…의 가치가 있는

📔 이렇게 쓰인다!

You'd better try. It will be worth it.
한번 해봐. 그만한 가치가 있을거야.

Is it worth it? Are you sure about that?
그럴만한 가치가 있어? 확신해?

This is worth $30,000.
이건 3만 달러 가치야.

It's too hard. It's not worth it. I quit.
너무 힘들어. 그럴 가치가 없어. 나 그만둔다.

💬 이렇게 말한다!

A: **That is a very nice sports car.**
B: **It is worth a huge amount of money.**
   A: 저건 매우 좋은 스포츠카야.
   B: 상당히 비싼 값어치가 있지.

📝 영어문장필사해보기

• 그럴만한 가치가 있어? 확신해?

be better[worse]
더 좋다, 더 나쁘다

어떤 것보다 더 좋거나 나쁘다라는 뜻으로 단독으로 혹은 ~than 이하에 비교대상을 넣을 수도 있다. Could be better(worse)가 되면 의미가 좀 까다로워지며 또한 not ~ better가 되면 최상급 표현이 된다.

✔ 핵심포인트

(Things) Could be better   별로야, 그냥 그래(더 좋을 수도 있는데 그렇지 않다)
(Things) Could be worse   잘 지내(더 나쁠 수도 있는데 그렇지 않아 좋다)
(It) Couldn't be better   더 이상 좋을 순 없어, 최고로 좋아
It would be better (for~, than~, if 주어+동사)
                       (…에게, …보다, …한다면) 그게 더 나을 수도 있어

📝 이렇게 쓰인다!

That's better.
그게 더 나아.

It's better than your first plan.
네 처음 계획보다 더 나아.

It would be better if she didn't come tonight.
걔가 오늘밤에 오지 않으면 더 나을 수도 있어.

It could be better, but it's going to be okay, right?
별로지만, 괜찮을거야, 맞아?

💬 이렇게 말한다!

A: The coffee here is better than other restaurants.
B: Is that why you like to come here so much?
     A: 이곳 커피가 다른 레스토랑보다 더 좋아.
     B: 그래서 네가 이곳에 오는 것을 좋아하는구나?

영어문장필사해보기 ✎

• 걔가 오늘밤에 오지 않으면 더 나을 수도 있어.

It's not that ~
…하다는게 아니야

뭔가 부정할 때 사용하는 표현. It's not that하면 「그런게 아냐」, 뒤에 형용사를 붙이면 「그 정도로 …하지 않다」는 의미. 그리고 It's not (that) 주어+동사하면 「…한게 아니라」고 상대방의 생각을 부정할 때 사용한다.

✔ 핵심포인트

It's not that (at all)	(전혀) 그런게 아냐
It's not that+형용사	그 정도로 …한게 아니야
It's not (that) S+V	…한게 아냐

📝 이렇게 쓰인다!

It's not that we're not having a lot of fun at the party.
파티가 재미없을거라는게 아냐.

It's not that we don't care about the employees.
직원들을 신경쓰지 않는다는게 아냐.

It's not that we don't like you.
우리가 널 싫어하는 건 아냐.

It's not that I don't love you.
내가 너를 사랑하지 않는게 아냐.

💬 이렇게 말한다!

A: You really don't like me, do you?
B: It's not that I don't like you. I just don't know you.
　A: 너 정말로 나를 좋아하지 않지, 그지?
　B: 너를 좋아하지 않는 것이 아니야. 단지 너를 알지 못한다는거야.

영어문장필사해보기 ✏

• 우리가 널 싫어하는 건 아냐.

be the one who~
…가 …한 사람이야

일종의 강조용법으로 「…을 한 사람은 …이다」라는 뜻. 「내가 …했잖아」라고 하려면 I'm the one who~, 「네가 …했잖아」라고 하려면 You're the one who~라고 하면 된다.

✓ 핵심포인트

I'm[You're] the one who~	…한 사람은 나야[너야]
Will sb be the one who~?	…가 …한 사람일까?

📒 이렇게 쓰인다!

I'm the one who made him quit smoking.
걔 담배를 끊게 한 건 바로 나야.

You're the one who ended it, remember?
그걸 끝낸 건 바로 너야, 기억해?

I guess he's the one who needs a job right now.
직장이 필요한 사람은 바로 걔일거야.

He's the one who slept with someone else. Let's kick him out.
걔가 다른 사람하고 잤잖아. 걔를 내쫓자.

She's the one who agreed with you!
너랑 동의한 사람은 바로 걔야!

Will Jane be the one who he loves truly?
걔가 진짜 사랑한 사람은 제인일까?

🗨 이렇게 말한다!

A: Pat is going to be fired from our workplace.
B: I don't want to be the one who tells her.
  A: 팻이 직장에서 해고될거래.
  B: 내가 그 소식을 걔에게 전하는 사람이 되고 싶지 않아.

영어문장필사해보기 ✏

• 직장이 필요한 사람은 바로 걔일거야.

be in trouble

곤경에 처하다, 혼나다

be in~하면 「…상태에 빠지다」라는 말로 be in trouble하면 「어려움에 빠지다」. 반대로 「…을 어려움에 빠지게 하다」는 get sb in trouble, 「…하면 곤경에 빠질거다」라고 경고하려면 ~will be in trouble if~ 라 하면 된다.

✔ 핵심포인트

be in a good[bad] mood	기분이 좋다[나쁘다]
be in charge of~	…을 책임지고 있다
be in the way of~	…에 방해가 되다
be in the family way	임신중이다

📒 이렇게 쓰인다!

You're already in trouble. There's nothing I can do about it.
넌 이미 곤경에 처했어. 내가 어떻게 할 수 있는게 없어.

You're in trouble, aren't you?
넌 어려움에 처했지, 그렇지 않아?

Our marriage was in trouble again.
우리 결혼이 또 난관에 봉착했어.

She's in a good mood tonight.
걘 오늘 기분이 좋아.

I'm not in charge of here. Do you want to talk with the manager? 여기 책임자가 아녜요. 매니저분하고 얘기하실래요?

🗨 이렇게 말한다!

A: Give me a hand. I'm in trouble.
B: What kind of help do you need?
A: 도와줘. 난처한 일이 생겼어. B: 어떤 도움이 필요한거야?

영어문장필사해보기 ✎

- 넌 이미 곤경에 처했어. 내가 어떻게 할 수 있는게 없어.

be out of one's mind
제정신이 아니다

be out of~는 「…에서 멀어지는」 것으로 be out of town하면 「출장가다」, be out of one's mind하면 「정신이 나가다」, 그리고 be out of luck하게 되면 「운이 없다」라는 뜻이 된다.

✅ 핵심포인트

be out of town/be out on business	출장중이다
be out of one's mind	제정신이 아니다
be out of time	시간이 없다
be out of luck	운이 없다
be out of one's league	…의 상대가 안되다
be out of the woods	어려운 고비를 넘기다

📒 이렇게 쓰인다!

I'll be out of town all next week.
다음 주 내내 출장야.

He is out on business. He'll not be in today.
외근중이에요. 오늘 안들어오세요.

What are you doing? You're out of your mind!
뭐해? 제정신이 아니구나!

You're out of luck.
넌 운이 다 됐어.

Let's hurry up do this. We're out of time.
서둘러 이거 하자. 시간이 없어.

She is out of the woods. She is very strong.
걘 어려운 고비는 넘겼어. 걘 강인해.

💬 이렇게 말한다!

A: I spent all of my money on my stamp collection.
B: Your stamp collection? You must be out of your mind.
A: 우표수집에 돈을 다 썼어. B: 우표 수집이라구? 너, 정신이 나갔구나.

be on a first-name basis

(성이 아니라) 이름을 부르는 사이다, 친한 사이다

be on은 「…위에 놓여 있거나」, 「어떤 상태로 있음」을 말할 때 사용된다. be on the way는 가는 중이다, be on the phone call은 통화중이다, 그리고 식당 등에서 be on sb하면 「…가 내겠다」는 표현이 된다.

✅ 핵심포인트

be on the[one's] way to~	…로 가는 중이다
be on a first-name basis	친한 사이다
be on sb[the house]	…가 지불하다[가게가 쏘다]
be on the phone	통화중이다

📔 이렇게 쓰인다!

It's going to be okay. I'm on my way.
괜찮을거야. 나 지금 가고 있어.

She is on her way to the office.
걘 회사로 가고 있어.

Let me treat you. This one's on me.
내가 대접할게. 이거는 내가 낼게.

We are on a first-name basis.
우리는 야자하는 사이야.

Hold on a moment. The boss is on the other line.
잠시만요. 사장님은 통화중예요.

🗣 이렇게 말한다!

A: Have you ever met Mr. Johnson?
B: Yes, we're on a first name basis with each other.
A: 존슨 씨를 만나봤어? B: 어. 서로 이름 부를 정도로 친한 사이야.

영어문장필사해보기 ✏

• 내가 대접할게. 이거는 내가 낼게.

be back
025

돌아오다

잠시 자리를 비웠다가 다시 돌아온다는 말. be back 단독으로 쓰이거나 언제 돌아오거나 어디로 돌아온다거나 등을 말해주는 장소와 시간의 부사구가 이어진다.

✅ 핵심포인트

be back in a minute …… 곧 돌아오다
be back in+장소 …… …로 돌아오다
be back to+동사 …… …하려고 돌아오다

I'll be back(in a minute).
(곧) 다녀 올게, 금방 올게.

He should be back in ten minutes. Would you wait here?
그는 10분 후에 돌아올텐데요, 여기서 기다리시겠어요?

He won't be back in the office today.
걘 오늘 사무실에 돌아오지 않을거야.

Don't go anywhere. I'll be back soon.
가만히 있어. 나 금방 돌아올거야.

💬 이렇게 말한다!

A: **Are you going to be long?**
B: **No, I'll be back in ten minutes.**

A: 오래 걸려?
B: 아니, 10분 후에 돌아올게.

✏️ 영어문장필사해보기

• 그는 10분 후에 돌아올텐데요, 여기서 기다리시겠어요?

be 026 be into

…에 빠지다, 관심을 갖다

「…안에(into) 있다(be)」는 의미로 어떤 취미나 활동에 관심을 갖고 몰두해 있는 것을 말한다. be into sb하면 「…에게 반해서 푹 빠져있는」 것을 뜻한다.

✔ 핵심포인트

I'm not into it 나 그거 안해
She's so into me 걘 나한테 푹 빠졌어

📓 이렇게 쓰인다!

You're not telling me you're into this stuff?
네가 이런거에 관심있다는 말은 아니지?

I can't believe you're into it.
네가 이거에 관심있다니 놀랍군.

You're into porn movies, right? You downloaded a lot?
너 야동에 빠져있지, 맞지? 다운 많이 받았어?

Since when are you into jazz music?
언제부터 재즈에 빠졌어?

💬 이렇게 말한다!

A: Jeffrey seems to be into computer games.
B: He plays them for hours every evening.

　A: 제프리가 컴겜에 빠진 것 같아.
　B: 매일 저녁 몇 시간씩 게임을 하고 있어.

영어문장필사해보기 ✏️

• 네가 이거에 관심있다니 놀랍군.

be 027 be off

가다(leave)

off는 '분리'와 '이탈'을 뜻하는 것으로 be off하면 「…로 가다」라는 표현. 목적지를 말하려면 be off to+명사, 왜 가는지 말하려면 be off to+동사라 하면 된다. 또한 be off에는 전기[수도] 등이 꺼져 있다는 의미도 있다.

✓ 핵심포인트

be off (to+장소) (…로) 가다
be off bed 자러가다
be off to+동사 …하러 가다

📔 이렇게 쓰인다!

I'm sorry! I must be off right now. See you soon.
미안해! 나 지금 바로 가야 돼. 곧 다시 봐.

(I'd) Better be off. I'll catch you later.
먼저 일어나야겠어. 나중에 보자.

He's off to see his girlfriend.
걔 애인 만나러 갔어.

I'm off to bed! You two have fun.
나 자러간다! 너희들 재밌게 보내.

💬 이렇게 말한다!

A: Did you turn off the lights before you left?
B: Yeah, the lights are off in the classroom.

A: 너 나가기 전 전등을 껐니?
B: 그럼. 교실 불을 껐어.

영어문장필사해보기 ✏️

• 먼저 일어나야겠어. 나중에 보자.

be over

…을 넘다, 끝나다, 도처에 보이다

단순히 be over+숫자로 써서 「…이상이다」라는 뜻으로 혹은 there, here와 결합하여 be over there(here), 그리고 어떤 관계나 일이 끝났음을 말하기도 한다.

✔ 핵심포인트

be over+숫자~	…이상이다
be over there[here]	저기[여기] 있다
be over	(일, 관계 등이) 완전히 끝나다

📓 이렇게 쓰인다!

The game[party] is over.
게임은[파티는] 끝났어.

The bathroom's over there. Go wash your hands.
화장실은 저기에 있어. 가서 손 씻어.

It's over between us. Forget me.
우리 사이는 끝났어. 날 잊어.

The important thing is it's over and it doesn't matter.
중요한 건 끝났다는거고 중요하지 않다는거야.

You have to believe me. It's over now.
날 믿어야 돼. 이제 끝났어.

💬 이렇게 말한다!

A: The meeting will be over in two hours.
B: That's good. I need to get back to work.
  A: 2시간이면 회의가 끝날거야.
  B: 좋아. 내가 일하러 가야 되거든.

영어문장필사해보기 ✎

• 화장실은 저기에 있어. 가서 손 씻어.

be up

끝나다, 기분좋다, …을 꾀하다, …에 준비되다

be up하면 시간이 다되다 혹은 기분이 좋다라는 뜻으로 be up for~하면 「…할 준비가 되어 있다」, 그리고 be up to sth하면 「…을 꾀하다」라는 뜻. It's up to you처럼 be up to sb하면 「…가 결정하다」라는 뜻.

✔ 핵심포인트

be up	끝나다, 시간이 다 되다
be up for	…할 준비가 되다
be up to sb	…가 결정하다

📝 이렇게 쓰인다!

What have you been up to?
뭐하고 지냈어?

I know what you're up to. You're always up to something.
네 속셈 다 알아. 넌 항상 뭔가 꾸미더라.

The son of a bitch is up to something.
그 개자식이 뭔가 꾸미고 있어.

All this stuff is up for auction.
이 모든 물건은 경매에 나온거야.

💬 이렇게 말한다!

A: This project will take me hours to finish.
B: I'll bet you'll be up all night working on it.

A: 이 프로젝트를 끝내려면 몇시간 걸릴거야.
B: 네가 밤새 일하게 될거야.

영어문장필사해보기 ✏️

• 네 속셈 다 알아. 넌 항상 뭔가 꾸미더라.

be with
…와 함께 있다, …와 지내다

be with~는 「…와 함께 있다」라는 말. 완료형태로 have been with sb하면 가족이나 직장, 혹은 연인으로 알고 지내오는 것을 뜻한다. 또한 상대가 평소와 좀 다를 때는 걱정하며 What's with~?라고 물어 본다.

✔ 핵심포인트

be with	…와 함께 있다
have been with sb	…와 알고 지내다
What's with sb[sth]?	…는 왜그래?
I'll be right with you	잠시만, 곧 돌아올게

📋 이렇게 쓰인다!

I'll be right with you.
곧 돌아올게.

Wait here a moment. The doctor will be right with you.
여기서 잠시만 기다려요. 선생님이 금방 오실거예요.

I haven't been with a woman in some time.
한동안 여자를 못 사귀어봤어.

She's been with us so long, she's more like family.
걘 우리랑 오랫동안 지내왔어. 가족 이상이야.

I've only been with one woman my whole life.
평생 한 여자밖에 없었어.

You are acting strangely today. What's with you?
너 오늘 행동이 이상해. 무슨 일이야?

What's with you? You're acting like a kid.
왜 그래? 애처럼 굴고 말이야.

What's with your clothes? You had a fight?
옷이 왜 그래? 너 싸웠니?

🗨 이렇게 말한다!

A: How can you say that you don't love me?
B: It's true. I don't want to be with you anymore.
   A: 네가 어떻게 날 사랑하지 않는다고 말할 수 있니?
   B: 그건 사실이야. 너하고 더 이상 같이 있고 싶지 않아.

A: How will you be spending the Christmas holiday?
B: I'm going to be with my family at home.
   A: 크리스마스 휴일을 어떻게 지내려고 하니?
   B: 집에서 가족들하고 지내려고 해.

A: How many women have you been with?
B: Five.
   A: 지금까지 사귄 여자가 몇명야?
   B: 다섯 명.

영어문장 필사해보기 ✏

- 여기서 잠시만 기다려요. 선생님이 금방 오실거예요.

- 너 오늘 행동이 이상해. 무슨 일이야?

Get More

- **be in touch** 연락을 취하다

  I will be in touch. 제가 연락을 할게요.

- **be oneself** 평소 자신의 모습이다

  Just be yourself. 평소대로 자연스럽게 해.
  You're not yourself. 평소의 너답지 않구나. 평소랑 다르구나.

- **be in[out]** 같이 하다, 하지 않다

  You are in. 너도 하자.

- **be behind** …의 편이다, …을 지지하다

  I'm 100% behind you. 난 전적으로 네 편이야.
  We're behind you all the way. 우리는 너를 계속 지지해.

- **be on time** 제 시간에 오다

  You're on time. 제 시간에 오셨군요.

- **be on the same page** 같은 생각이다

  We're on the same page. 우린 같은 생각이야.

- **be off base** 틀리다, 어긋나다

  You're way off base. 넌 완전히 틀렸어.
  You are a bit off base. 당신 얘기는 사실과 거리가 좀 멀어요.

- **be about to** …하려고 하다

  We are about to begin the meeting. 곧 회의를 시작하겠습니다.

be to blame ···의 책임이다

You're to blame. 네 책임이지.
Somebody is always to blame. 항상 누군가 책임지게 되어 있어.

be in one's ~ (나이가) ···대야

She's in her early twenties. 그녀는 20대 초반야.

It won't be long before~ 머지 않아 ···하다

It will not be long before she gets married. 걘 머지않아 결혼할거야.

be late 늦다

I might be about 30 minutes late. 한 30분 늦을 것 같아.
You're 30 minutes late. 넌 30분 늦었어.

be available to+V ···할 시간이 있다

I'm not available to meet you this weekend.
이번 주말에 널 만날 시간이 안돼.

be familiar with ···에 익숙해지다

She's not familiar with the city. 걘 이 도시가 낯설어.

be allergic to ···에 앨러지 반응이 나다

He's allergic to shrimp. 걘 새우에 앨러지 반응이 나.

So be it 그래, 그렇게 해, 맘대로 해

You want to sue me? So be it. 날 고소하고 싶다고? 맘대로 해.

04.
가져도 또 갖고 싶은 맘

have

물론 get에는 못 미치지만 의미의 다양성, 사용빈도 면에서 다른 동사보다 월등하다. 많은 경우 get동사가 자리를 넘보고 있지만 기본적으로 뭔가, 그게 사람이든, 사물이든, 음식이든, 병이든 갖고 있다라고 할 때 사용된다. 특히 get과 달리 공식 사역동사로 쓰이며 또한 have 다음에 다양한 동작명사가 와서 많은 숙어를 여러 만들어낸다.

 Have 기본개념

01. 가지다, (몸에) 지니고 있다, (…에) …가 있다
Do you have a boyfriend now? 지금 남자친구 있어?
Do you have a room for tonight? 오늘 밤 방 있어요?
I don't have any brothers. 형제가 아무도 없어.

02. 음식을 먹다, 섭취하다, (병에) 걸리다
Let's have spaghetti. 스파게티 먹자.
I'd like to have a diet Coke. 다이어트 콜라 먹고 싶어.
Do you have a high temperature? 열이 많아요?

03. have+목적어+동사원형[pp] …하게 하다, …상태로 되다
Have him come downstairs. 걔 1층으로 내려오라고 해.

04. have to+동사원형 …해야 한다
I have to make money. 난 돈을 벌어야 돼.
You have to go now. 넌 이제 가야 돼.

have+음식
…을 먹다

have 다음에 다양한 음식명사가 오게 되면 「…을 먹다」라는 의미로 eat과 같아 have a meal 하면 「식사하다」가 된다. 점심은 have lunch, 저녁은 have dinner라 하면 된다.

✓ 핵심포인트

have a drink 술마시다
have the same 같은 걸로 먹다
have dinner[lunch] (with~) …와 저녁[점심]하다 (음식명 앞에 관사를 쓰지 않는다.)

📝 이렇게 쓰인다!

I'll have the same.
같은 걸로 주세요.

Let's go have a drink together, tonight.
오늘 저녁 함께 술 마시자.

What would you like to have?
뭘 드시겠어요?

Can I have some water?
물 좀 줄래?

💬 이렇게 말한다!

A: Do you have time to have dinner?
B: No, not really. I must be going now.
　A: 저녁 먹을 시간 있어?
　B: 아뇨, 실은 없어. 지금 가봐야 해.

영어문장필사해보기 ✎

• 오늘 저녁 함께 술 마시자.

have+병

have 002

…에 걸리다

이번에는 have~ 다음에 병을 지칭하는 단어가 오게 되면 …가 아프다, …을 앓고 있다라는 뜻이 된다. I have a slight[bad] cold하면 감기가 좀[심하게] 걸렸어, I have a toothache하면 치통이 있어, 그리고 I have a stomachache하면 배가 아파가 된다.

✔ 핵심포인트

have a cold	감기에 걸리다
have a toothache	이가 아프다
have a stomachache	배가 아프다

📋 이렇게 쓰인다!

I have a high temperature. Get me to the hospital.
나 열이 많이 나. 병원에 데려다 줘.

I have food poisoning. I can't eat today.
식중독이야. 오늘 못먹어.

I have a hangover. I have to call in sick.
술이 아직 안깼나봐. 병가 내야 돼.

Is it possible that I have cancer?
내가 암일 수도 있나요?

It seems like a lot of people have cancer.
많은 사람들이 암에 걸리는 것 같아.

💬 이렇게 말한다!

A: I'm never drinking again.
B: Give me a break, you're just saying that because you have a hangover.

A: 다시는 술을 마시지 않을거야.
B: 헛소리 작작해. 숙취 때문에 하는 소리잖아.

영어문장필사해보기 ✏

- 나 열이 많이 나. 병원에 데려다 줘.

have sb[sth]~
…가 …한 상태이다

have sb[sth] 다음에 형용사나 전치사구가 오는 경우로 의미는 「…가 …한 상태이다」. have one's hands full하면 「무척 바쁘다」, have the phone on vibrate하면 「핸폰을 진동으로 해놓다」가 된다.

✔ 핵심포인트

have sb[sth]+형용사	…가 …하다
have sb[sth]+전치사구	…가 …상태이다

이렇게 쓰인다!

We're going to have everything ready.
모든 걸 다 준비해놓을거야.

I have my hands full! Go have fun yourself.
너무 바빠서 다른 일을 할 겨를이 없어! 너나 가서 재밌게 놀아.

I have a lot on my plate.
신경쓸게 많아요, 할 일이 많아요.

You two really have something going, don't you?
너희 둘, 정말로 뭔가가 잘되고 있는거지?

이렇게 말한다!

A: **We have everything ready for the conference.**
B: **Well done. The president will be here soon.**
   A: 만반의 회의준비를 다했어.
   B: 잘했어. 사장님이 곧 도착할거야.

영어문장필사해보기

- 모든 걸 다 준비해놓을거야.

have sb+동사/~ing
…시키다, …하게 하다

have가 사역동사로 쓰인 경우, have+sb+V는 주어가 'sb'가 'V'하도록 시킨다는 의미이다. 앞서 배운 사역동사 get과 의미는 같지만 get은 동사 앞에 to가 나와 get+사람+to 동사의 형태가 된다는 점이 다르다.

✓ 핵심포인트

have sb+동사	…가 …하도록 시키다
have sb+ ~ing	…가 …하도록 하게 하다

📓 이렇게 쓰인다!

I'll have him call you back.
걔보고 네게 전화하라고 할게.

I will have my secretary work on the file.
비서보고 그 서류 작업하라고 할게.

You had it coming! I knew it.
네가 자초한거야! 그럴 줄 알았어.

Take her to lunch and have her get dessert.
걔 데리고 나가서 점심과 후식 좀 사줘.

💬 이렇게 말한다!

A: We need some help on Saturday night.
B: Have Dave work with you until you finish.
  A: 토요일 저녁 도움이 좀 필요해.
  B: 데이브가 끝까지 너를 돕도록 해.

영어문장필사해보기 ✏️

• 비서보고 그 서류 작업하라고 할게.

have sth+pp
···가 ···되도록 하다

목적어인 '사물'을 누가 'pp'하게 하였다라는 말. 즉 내가 「그 사람을 시켜 ···하게 하였다」라는 뜻. 예로 I had my car washed하면 내가 세차장 직원에게 내 차를 닦게 하였다, 즉 세차했어가 되는 것이다.

✔ 핵심포인트

| **have my car washed** | 세차하다 |

Can I have these delivered to this address?
이거 이 주소로 배달되나요?

Call the police! I had my bag stolen!
경찰불러요! 가방 소매치기당했어요!

How do I look? I had my hair cut yesterday.
나 어때? 어제 머리깎았어.

She had her teeth pulled out.
이를 뽑았어.

이렇게 말한다!

A: You look like you are upset.
B: I have to have some of my teeth pulled out.
    A: 네가 힘들어 보이네.
    B: 이 몇 개를 뽑아야 해.

영어문장필사해보기 ✎

• 경찰불러요! 가방 소매치기당했어요!

have+동작명사
…하다

앞서 나온 get이나 take처럼 have 또한 bath, reservation, fight 등의 동작명사를 목적어로 받아 빈출 동사표현을 만든다.

✔ 핵심포인트

have a fight	싸우다
have a talk	이야기하다

🗒 이렇게 쓰인다!

I have a reservation under the name of James Smith.
제임스 스미스라는 이름으로 예약을 했는데요.

We're having a big sale this week.
이번 주에 세일을 크게 해요.

Can we have a talk? It's about your wife.
이야기 좀 할 수 있겠니? 네 아내 이야기야.

Did you guys have a fight? Who won?
너희들 싸웠니? 누가 이겼니?

I'm having a little chat with her.
난 걔랑 좀 얘기나누는 중이야.

💬 이렇게 말한다!

A: Ray got drunk and had a fight with his wife.
B: Did anyone tell him to calm down?

A: 레이가 취해서 부인하고 싸웠대.
B: 누가 걔에게 진정하라고 이야기 했니?

📝 영어문장필사해보기

• 너희들 싸웠니? 누가 이겼니?

had better+동사
…하는 것이 낫다

You'd better+동사는 친구나 아랫사람에게 하는 말. 「…해라」, 「…하는게 좋을 것이다」라는 뜻으로 충고 내지는 경고로 쓰인다. 보통 줄여서 You'd better, I'd better, we'd better로 쓰고 아예 had를 빼고 I(We, You) better라고도 한다. 심지어는 인칭도 빼고 Better+동사라 쓰기도 한다.

✔ 핵심포인트

You'd better+동사	…하도록 해
You'd better not+동사	…하지마

📝 이렇게 쓰인다!

You'd better hurry up. We might be late.
서둘러. 늦을지 몰라.

You'd better not go outside. It's raining.
나가지마. 밖에 비와.

You'd better do it right now.
지금 당장 그거 하도록 해.

We'd better hurry. The movie starts in ten minutes.
서둘러야 돼. 영화가 10분 후에 시작해.

💬 이렇게 말한다!

A: **How can I be successful in the future?**
B: **You had better find a stable job and make some money.**
A: 앞으로 어떻해야 성공할 수 있나요?
B: 안정된 직업을 찾아서 돈을 버는 것이 좋겠지.

영어문장필사해보기 ✏️

• 나가지마. 밖에 비와.

have 008 · have to+동사

…을 해야 한다

「…해야 한다」라는 뜻으로 본동사에 '강제'의 의미를 부여한다. 조동사는 아니지만 마치 조동사처럼 쓰이는 것으로 과거일 때는 had to~를 그리고 미래일 때는 will have to~라 쓴다.

✅ 핵심포인트

I have to+동사원형	나는 … 해야만 한다
You have to+동사원형	넌 …해야 돼
I have to admit that S+V	~한 것을 인정하지 않을 수 없다
You don't have to+동사원형	…할 필요없어, …하지 않아도 돼
Do I have to+동사원형 ~?	내가 …해야 하나요?
What do I have to+동사원형 ~?	내가 무엇을 …해야 하나요?
The first thing we have to do is+V	우리가 우선적으로 해야 할 일은 …이다

📝 이렇게 쓰인다!

I'm sorry, but I have to cancel my reservation.
미안하지만 예약을 취소해야겠어요.

I have to go now.
나 가야 돼.

I have (got) to go. I'll call you later.
이제 가봐야겠어, 이제 끊어야 돼. 나중에 전화할게.

I have to tell you something. I love being alone.
정말이지, 할 말이 있는데 난 혼자 있는 걸 좋아해.

Act your age. You have to grow up.
나이 값 좀 해. 철 좀 들어야지.

Do I have to make a reservation?
예약해야 하나요?

Do I have to wait here until she gets in?
걔가 돌아올 때까지 여기서 기다려야 해요?

It's totally my fault. You don't have to say you're sorry.
전적으로 내 잘못이야. 미안하단 말은 할 필요 없어.

🗨 이렇게 말한다!

A: You don't have to say you're sorry.
B: Sure I do. It was all my fault.
  A: 미안하단 말은 할 필요 없어요.
  B: 어떻게 그래요. 이게 다 제 잘못인데.

A: I have to leave right away for the meeting.
B: I'll catch up with you later.
  A: 회의가 있어 짐 당장 가야겠는데.
  B: 나중에 다시 연락하지 뭐.

A: I'd be pleased if you could join us for dinner.
B: I'll have to call my wife first.
  A: 저녁을 함께 했으면 좋겠네요.
  B: 아내에게 먼저 전화를 해보고요.

영어문장필사해보기 ✏

• 전적으로 내 잘못이야. 미안하단 말은 할 필요 없어.

• 나이 값 좀 해. 철 좀 들어야지.

Rumor has it~
…라는 소문을 들었어

뒷담화를 좋아하는 사람들이 갖가지 남 얘기를 꺼낼 때 쓰는 표현. 「소문에 의하면 …하다」라는 뜻으로 Rumor has it~ 다음에 주어+동사의 문장을 넣으면 된다. get wind of와 같은 뜻이며 Rumor 대신 Word를 써도 된다.

✓ 핵심포인트

Rumor has it (that) S+V	…라는 소문을 들었어
get a wind of~	…라는 소문을 듣다

📒 이렇게 쓰인다!

Rumor has it he's going to quit.
걔가 그만둘거라는 소문을 들었어.

Rumor has it the store's going to shut down.
소문에 의하면 그 가게가 문닫을거래.

Rumor has it you're going back to New York.
소문에 의하여 네가 뉴욕으로 돌아간다던대.

Rumor has it that we're going to get a 10 percent raise.
소문에 의하면 우리 급여 10프로 인상될거래.

💬 이렇게 말한다!

A: Brad and Allison were arguing this morning.
B: Rumor has it that they might break up.
    A: 브래드하고 앨리슨이 오늘 아침 다투고 있었어.
    B: 소문에 의하면 걔네들이 헤어질거래.

영어문장필사해보기 ✏️

• 소문에 의하여 네가 뉴욕으로 돌아간다던대.

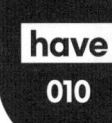

May I have~?

…을 주실래요?

상대방에게 정중하게 뭔가 요청하는 May I+동사~? 형태에서 동사가 have로 쓰인 경우이다. 「…을 주실래요?」라는 의미로 Can I have~?보다 더 공손하다.

✔ 핵심포인트

May I have~ ? …을 주실래요?
Can I have ~? …을 해줄래?

📝 이렇게 쓰인다!

May I have your email address?
이메일 주소 알려줄래요?

May I have your name again, please?
이름이 뭐라고 그러셨죠?

May I have a receipt, please?
영수증 좀 줄래요?

May I have your ticket and your passport please?
티켓과 여권 좀 보여주세요.

💬 이렇게 말한다!

A: Here is your change, sir.
B: Thank you. May I have a receipt, please?

    A: 여기 잔돈 있습니다, 손님.
    B: 고마워요. 영수증을 받을 수 있을까요?

📝 영어문장필사해보기

• 영수증 좀 줄래요?

have 011
have sb[sth] in mind
…을 염두에 두고 있다

「마음 속에(in mind) …을 두고 있다」라는 의미로 어떤 용도로 어떤 목적으로 「…을 생각하고 있다」, 「염두에 두고 있다」라는 뜻이다.

✔ 핵심포인트
have ~ in mind   …을 염두에 두고 있다

📒 이렇게 쓰인다!

Do you have any particular restaurant in mind?
특별한 식당 생각해둔데 있어?

What do you have in mind?
뭘 생각하고 있어?

That's not what I had in mind.
내가 생각한 것은 그게 아냐.

Is this what you have in mind?
이게 바로 네 생각이야?

💬 이렇게 말한다!

A: Do you have any plans tonight?
B: Possibly. What do you have in mind?

A: 오늘 밤에 무슨 계획이라도 있어?
B: 어쩌면 생길 지도 몰라. 뭘 할 생각인데?

영어문장필사해보기 ✏

• 뭘 생각하고 있어?

have something to~
…할 것이 좀 있다

「…할(to do~) …을 갖고 있다」라는 표현. something 자리에는 nothing, anything 등이 자유롭게 오면서 다양한 표현들을 만들어낸다.

✔ 핵심포인트

have something to+동사   …할 것이 좀 있다
have nothing to+동사   …할 것이 아무것도 없다

📒 이렇게 쓰인다!

I can't go play golf with you. I have a lot to do.
너랑 골프못쳐. 할 일이 많아.

Do you have anything to declare?
신고할 물건이 있습니까?

It couldn't be better. I have nothing to complain about.
더없이 좋아, 아무 불만 없어.

We have something to show you.
너한테 보여줄 게 있어.

Can I have something to eat?
먹을거 좀 있어?

💬 이렇게 말한다!

A: I can't believe how hot it is today.
B: Let's have a drink to cool down a bit.
  A: 오늘 얼마나 더운지 믿을 수가 없네.
  B: 조금 식히기 위해 음료수를 마시자.

영어문장필사해보기 ✏

• 더없이 좋아, 아무 불만 없어.

have to do with
…와 관련이 있다

have to do with~는 어떤 일에 관여하고 있다, 「…와 관련이 있다」라는 의미로 have something to do with~라고 하기도 한다. 반대로 관련이 없다라고 하려면 have nothing to do with~ 라고 하면 된다.

✔ 핵심포인트

have to do with	…과 관련이 있다
have something[nothing] to do with	…와 관련이 있다[없다]
not have anything to do with	…와 아무 관련이 없다
Does it have to do with ~?	그게 …와 상관있는거야?
What does it have to do with~ ?	그게 …와 무슨 상관이야?

📓 이렇게 쓰인다!

I think it has to do with your kids. Go talk with them.
그건 네 얘들과 관련이 있는 것 같아. 걔네들과 이야기해봐.

What does that have to do with you?
그게 너와 무슨 상관이야?

Does it have to do with your family?
그게 너희 가족과 관련이 있어?

I'm sorry about that, but I had nothing to do with this.
그거 안됐지만 난 아무 짓도 안 했어요.

It doesn't have anything to do with me.
난 모르는 일이야.

💬 이렇게 말한다!

A: This weekend's marathon was canceled.
B: I have nothing to do with that. I'm not a runner.
   A: 이번 주 마라톤은 취소됐어.
   B: 나는 상관이 없어. 마라톤 주자가 아니거든.

not have any~
…가 조금도 없다

have any+명사가 되면 보통 부정의 문장에서 「…가 하나도(조금도) 없다」, 그리고 의문문이나 조건문에서는 「혹 …을 갖고 있느냐」라는 의미.

✔ 핵심포인트

I don't have any+명사	…가 조금도 없어
Do you have any+명사**?**	혹 …가 있어?

이렇게 쓰인다!

I don't have any close friends except you.
너 빼고 난 친한 친구가 하나도 없어.

I don't have any sisters.
누이가 하나도 없어.

What am I supposed to do? I don't have any money.
내가 어떻게 해야 돼? 돈이 하나도 없는데.

I don't think she has any intention of doing that.
걔가 그걸 할 생각이 전혀 없는 것 같아.

Do you have any identification?
혹 신분증 있나요?

What're you doing tonight? Do you have any plans?
오늘 밤 뭐해? 혹 무슨 계획이라도 있어?

Did you get any messages while I was away?
내가 없는 동안 뭐 메시지 온거 있어?

이렇게 말한다!

A: Do you have any hobbies?
B: I'm fond of watching movies.
   A: 뭐 취미 있어요?
   B: 영화 보는 걸 좋아해요.

have a[the] feeling

…라는 생각이 들다

「…라는 느낌이 든다」라는 주관적인 생각을 나타내는 표현법. feeling 대신에 예감이라는 단어인 hunch를 써서 have a hunch라고 해도 된다. 단 have feelings for하게 되면 「…에게 맘이 있다」는 다른 뜻이 된다.

✔ 핵심포인트

I have a[the] feeling (that) S+V …라는 생각이 들다, …인 것 같다
have (strong) feelings for sb …를 마음에 두다

📓 이렇게 쓰인다!

I have a feeling that she is not going to show up.
걔가 안 올 것 같아.

I have a hunch he's lying to me. You don't think so?
걔가 거짓말하는 느낌이 들어. 그렇게 생각되지 않아?

I have (strong) feelings for her.
나 쟤한테 마음있어.

I have a feeling she's going to be very angry.
걔가 무척 화를 낼 것 같은 생각이 들어.

💬 이렇게 말한다!

A: **I have a feeling it will snow a lot today.**
B: **Me too. The sky looks very dark and stormy.**

  A: 오늘 눈이 많이 올 것 같은 느낌이 들어.
  B: 나도 그렇게 생각해. 하늘이 아주 어둡고 험악해.

영어문장필사해보기 ✏️

• 걔가 거짓말하는 느낌이 들어. 그렇게 생각되지 않아?

have time to[for]

…할 시간이 있다

어떤 것을 할 시간이 있는지 없는지를 표현하는 것으로 have time 다음에 to+동사 혹은 for+명사를 붙이면 된다. 참고로 time에 the가 붙어 have the time하면 시간이 몇 시냐는 말이다.

✔ 핵심포인트

have time to+동사[for+명사]	…할 시간이 있다
Do I have time to+동사[for+명사]?	내가 …할 시간이 돼?
Do you have time to+동사[for+명사]?	…할 시간 있어?

📝 이렇게 쓰인다!

I don't have time for this right now.
지금 이럴 시간 없어.

Do you have (some) time? I need to talk to you.
시간 있어? 얘기 좀 하자.

Do you have time to go there for me?
날 위해 거기 갈 시간 돼?

I don't have time for this. I have to get up early.
나 이럴 시간없어. 낼 일찍 일어나야 돼.

💬 이렇게 말한다!

A: Do you have time to talk about the meeting?
B: Not this morning, but I am free after lunch.
  A: 회의건으로 얘기할 시간있어?
  B: 아침엔 안 되고 점심 후에는 괜찮아.

영어문장필사해보기 ✏

• 지금 이럴 시간 없어

have a question
질문이 있다

누구에게 물어볼 말이 있을 때 질문 있다고 말을 꺼내는 표현으로 누구에게 질문하는지 말하려면 for sb를, 질문내용을 바로 이어 말하려면 about sth을 각각 붙이면 된다.

✔ 핵심포인트

have a question for sb	…에게 질문이 있다
have a question about sth	…에 대해 질문이 있다

📓 이렇게 쓰인다!

I have a question. I need to ask you.
질문이 있어. 네게 물어봐야 돼.

Have you got a minute? I have a question for you.
시간있어? 물어볼게 하나 있는데.

I have a question about your report.
네 보고서에 대해 물어볼게 있어.

Do you have a question for me?
내게 질문있어?

💬 이렇게 말한다!

A: I have a question. Are we leaving early?
B: Yes, we need to go downtown in a few hours.
A: 뭐하나 물어보자. 우린 일찍 떠날거니?
B: 그래. 몇 시간 안에 시내로 나가야 해.

영어문장필사해보기 ✏

• 시간있어? 물어볼게 하나 있는데.

have a problem
문제가 있다, 불만이 있다

문자 그대로 문제가 있다, 즉 불만이나 문제점이 있을 경우에 쓰는 말로 문제가 없을 경우에는 have no problem with~를 쓰면 된다.

✓ 핵심포인트

have a[no] problem with sb[sth]	…에게 불만이 있다[없다]
have a problem sb ~ing	…가 …하는거에 불만이 있다
Have you had any problems + ~ing?	…하는데 어떤 문제라도 있었니?

이렇게 쓰인다!

I have no problem with that.
난 괜찮아요.

What's with you? Do you have a problem with me?
너 왜 그래? 나한테 뭐 불만 있어?

Do you have a problem with that?
그게 뭐 문제 있어?

I have a problem with you seeing other girls.
난 네가 다른 여자애들 만나는거에 불만있어.

이렇게 말한다!

A: **I have a problem.**
B: **Really? What happened?**

  A: 문제가 있어.
  B: 그래? 뭔데?

영어문장필사해보기

• 너 왜 그래? 나한테 뭐 불만 있어?

have a chance
기회가 있다

「…할 기회나 가능성이 있다」라는 말로 with+명사 혹은 to+동사로 기회의 구체적인 내용을 말할 수 있다. 앞서 배운 take a chance는 「가능성을 잡는다」는 것으로 한번 (모험을) 해보는 것을 뜻한다.

✔ 핵심포인트

have a chance with~ …에 가능성이 있다
have a chance to+동사[of ~ing] …할 가능성이 있다

📓 이렇게 쓰인다!

I think I have a chance with her.
걔랑 잘 될 가능성이 있을 것 같아.

I'm sorry I didn't have a chance to call.
전화 못 해서 미안해.

We might actually have a chance of winning this.
이걸 이길 가능성이 있을지 몰라.

I didn't have a chance to apologize to you for what I did.
내가 한 짓에 대해 사과할 기회가 없었어.

💬 이렇게 말한다!

A: Shall we go into one of these casinos?
B: No. We don't have a chance of winning any money.
　　A: 이 카지노중 한군데 들어갈까?
　　B: 아니. 우리가 돈을 딸 가능성은 없어.

📝 영어문장필사해보기

• 내가 한 짓에 대해 사과할 기회가 없었어.

have a point
일리가 있다, 맞다

have a point하면 주어의 말과 생각에 일리가 있어 동의한다는 의미. have 대신 get을 써도 되며 point 다음에 there(그 점에 있어서)을 붙여서 have a point there이라는 형태로도 쓰인다.

✔ 핵심포인트

have a point there	그점에 있어서 일리가 있다
have a point	일리가 있다

That's true. You have a point there.
맞아요. 그 점 일리가 있는 말입니다.

I think he might have a point.
내 생각에 걔가 일리가 있는 것 같아.

Do you have a point?
요점이 있긴 있는거냐?

She had a point. I guess I should have listened to her.
걔 말이 맞았어. 난 걔 말을 들었어야 했다고 생각해.

🗨 이렇게 말한다!

A: You're getting fat because you eat too much.
B: You have a point. I need to go on a diet.

A: 넌 과식땜에 뚱뚱해지는거야.
B: 맞는 말이야. 다이어트 할 필요가 있어.

📝 영어문장필사해보기

• 내 생각에 걔가 일리가 있는 것 같아.

have an appointment
약속이 있다

appointment는 친구간의 약속이라기보다는 병원[미장원]약속 등을 의미하는 것으로 have an appointment 뒤에 with sb를 붙여 만날 사람을 말하거나 혹은 to+동사를 써서 약속의 내용을 말한다.

✓ 핵심포인트

have an appointment (with~, to+동사)	(…와, …할) 약속이 있다
have an appointment for~	…로 약속이 있다
have a[no] plan	계획이 있다[없다]

이렇게 쓰인다!

I have an appointment with Mr. James.
제임스 씨와 약속이 있어.

I have an appointment to see Dr. Kim.
김선생님 진찰 예약되어 있어요.

I'm afraid I have another appointment.
선약이 있는데.

I have no plans tonight.
오늘밤 계획없어.

이렇게 말한다!

A: **What's the rush?**
B: **I have an appointment. And it's very important.**

  A: 왜 이리 서둘러?
  B: 약속이 있는데 매우 중요한거라서.

영어문장필사해보기

• 제임스 씨와 약속이 있어.

have no idea
모르다

have no idea는 don't know와 같은 뜻. I have no idea하면 "난 모르겠다," 그리고 모르는 걸 말할 땐 have no idea 의문사 주어+동사 혹은 의문사 to do~를 붙이면 된다.

✓ 핵심포인트

I have no idea (의문사 S+V/의문사+to do~)   (…인지) 몰라
You have no idea (의문사 S+V/의문사+to do)   (넌 …인지) 모를거야
Do you have any idea (의문사 S+V/의문사+to do) ?   넌 (…인지) 알아?

📋 이렇게 쓰인다!

I had no idea you were into this stuff.
이런 걸 좋아하는지 몰랐군.

I have no idea what it is.
그게 뭔지 모르겠어.

I have no idea what you are talking about.
네가 무슨 말을 하는 건지 모르겠어.

I have no idea what to say.
무슨 말을 해야 할지 모르겠어.

You have no idea how much I hate her.
내가 걜 얼마나 싫어하는지 넌 모를거야.

You have no idea what I've been through in the past.
내가 과거에 어떤 일을 겪었는지 넌 모를거야.

You have no idea how much I miss her.
얼마나 걔를 그리워하는지 넌 모를거야.

Do you have any idea what this means?
이게 무슨 의미인지 알아?

💬 이렇게 말한다!

A: This room needs to be cleaned right away.
B: I have no idea what made it so dirty.

A: 이 방은 바로 청소해야 되겠네.
B: 뭐때문에 이렇게 더러워졌는지 모르겠어.

have enough
충분하다

「...가 충분하다」는 의미의 have enough를 기본으로 '+명사,' 'of+명사' 혹은 'to+동사'를 붙여 다양한 의미의 표현을 만들어낸다. 또한 I've had~하면 「그것을 계속 가져왔다」는 의미로 다시 말해 「지겹다」, 「질리다」라는 뜻.

✓ 핵심포인트

have enough (+명사)	(...가) 충분하다
have enough of+명사	...가 충분하다
have enough to+동사	...할 것이 충분하다
Do you have enough to+V?	...할 것이 충분히 있나요?

📓 이렇게 쓰인다!

Where's everybody? I don't have enough help.
다들 어디 갔어? 충분한 도움을 못 받고 있어.

I hope you had enough to eat.
충분히 먹었기를 바래.

Get out of my face! I've had enough of you.
꺼져! 이제 너한테 질렸어.

💬 이렇게 말한다!

A: Would you like something from the grocery store?
B: I have enough food right now.
　　A: 식료품점에서 뭔가 사고 싶은 것이 있니?
　　B: 지금은 음식이 충분히 있어.

📝 영어문장필사해보기

• 충분히 먹었기를 바래.

have had it
지겹다, 질리다

그것을 계속 가져왔다는 현재완료 형태로 다시 말해서 오랫동안 그래와서 지겹다, 질리다라는 뜻의 표현으로 사용된다. 단독으로 쓰이기도 하고 지겨운 대상을 말하려면 with~를 붙이면 된다. 강조하려면 have had it 다음에 up to here를 넣으면 된다.

✔ 핵심포인트

have had it with~	…에 질리다
have had it up to here (with~)	…에 진절머리 나다

📝 이렇게 쓰인다!

That's enough! I've had it.
충분해! 지겹다고.

I've had it with you guys.
너희들한테 질려버렸다.

I've had it up to here with you!
너라면 이제 치가 떨려, 너한테 질려버렸어!

💬 이렇게 말한다!

A: **I've had it. I really hate staying here.**
B: **Let's move to another apartment complex.**
　A: 질렸어. 정말 여기서 사는게 싫어.
　B: 다른 아파트로 이사가자.

📝 영어문장필사해보기

• 질렸어. 정말 여기서 사는게 싫어.

have 025 — have no doubt
틀림없다, 의심의 여지가 없다

doubt는 의심, 의혹이란 단어로 have no doubt하면 「의심이 없다」라는 말이 된다. 단독으로 I have no doubt 혹은 have no doubt (that) 주어+동사 형태로 쓰인다.

✔ 핵심포인트

I have no doubt	틀림없어
have no doubt (that) 주어+동사	틀림없이 …할거야

📓 이렇게 쓰인다!

You're absolutely right. I have no doubt.
네 말이 분명히 맞아. 분명히 그럴거야.

I have no doubt you'll do well.
분명 네가 잘 할거야.

I have no doubt that you're a good doctor.
네가 훌륭한 의사라는데 의심의 여지가 없어.

I have no doubt you're going to be a good chef.
넌 훌륭한 요리사가 될거라 확신해.

💬 이렇게 말한다!

A: They have no doubt Sarah will become their manager.
B: Do they think she is a good person to work for?

A: 그들은 새러가 자신들의 매니저가 될 것을 의심치 않고 있어.
B: 그녀가 좋은 상사가 될 것으로 생각하니?

✏ 영어문장필사해보기

• 네가 훌륭한 의사라는데 의심의 여지가 없어.

have fun
재미있다

「재미있게, 즐겁게 시간을 보내다」라는 의미로 일상생활에서 빈번히 사용된다. 「무척 재미있게 보내다」라고 하려면 have a lot of fun, 헤어질 때 「즐겁게 보내라」고 하려면 Have (a lot of) fun!이라고 한다.

✔ 핵심포인트

have much fun	무척 재미있다
have fun with sb	…와 재미있게 보내다

이렇게 쓰인다!

It was fun having you. I enjoyed myself very much.
같이 해서 즐거웠어. 정말 재밌게 보냈어.

Did you have fun?
재밌었어?

Did you have fun with her?
걔하고 재밌었어?

I don't want to go. I'm having fun.
가기 싫어. 재밌다고.

이렇게 말한다!

A: All of the children had fun at the park.
B: It was a beautiful day to be playing outside.
   A: 모든 애들이 공원에서 재미있게 놀았어.
   B: 밖에서 놀기에 좋은 날이었어.

영어문장필사해보기

• 같이 해서 즐거웠어. 정말 재밌게 보냈어.

have 027
have a good day[time]
즐거운 시간을 보내다

안 좋은 날을 보냈을 때 I had a bad day, 좋은 시간을 보내고 있다고 할 때는 I'm having a good time이라고 하면 된다. 물론 have a nice trip처럼 day(time) 외의 다른 명사가 와도 된다.

✔ 핵심포인트

have a good time with sb	…와 재미있는 시간을 보내다
I had a big day	내겐 오늘 중요한 일이 있었어
I had a bad day	진짜 재수없는 날이야

📋 이렇게 쓰인다!

I've got to get some sleep. I had a rough day.
잠 좀 자야겠어. 힘든 하루였어.

I'm having a hard time these days.
요즘 힘든 시기야.

I'm just here with my friends having a good time.
그냥 친구들과 놀러 온거예요.

Did you guys have a good time in Japan?
일본에서 즐거운 시간 보냈어?

💬 이렇게 말한다!

A: I'll be traveling in Europe for three weeks.
B: Have a good time. I really envy you.
  A: 3주간 유럽을 여행할거야.
  B: 즐거운 시간보내. 정말로 부럽구나.

영어문장필사해보기 ✏️

• 일본에서 즐거운 시간 보냈어?

have a hard time
···하는데 어려움을 겪다

글자 그대로 어려운 시간(hard time)을 갖는다는 말로 어떤 일을 하는데 어렵고 힘든 상황을 뜻하는 표현이다. 어려운 일을 말하려면 hard time 다음에 ~ing를 붙이면 된다.

✓ **핵심포인트**
have a hard time ~ing ···하는데 힘들다

이렇게 쓰인다!

You have a hard time listening, huh?
너 듣는데 어려움이 있는거지, 그지?

I had a hard time trying to find you.
널 찾는데 힘들었어.

I'm still having a hard time accepting the decision.
난 그 결정을 받아들이는데 아직도 어려움이 있어.

I'm having a hard time concentrating on what you're saying to me.
네가 나에게 무얼 말하는지 집중하는데 힘들어.

이렇게 말한다!

A: Why did he come home early from England?
B: He had a hard time adjusting to English food.
　A: 걘 왜 영국에서 일찍 온거야?
　B: 영국 음식에 적응하는데 무척 어려움이 많았어.

영어문장필사해보기

• 난 그 결정을 받아들이는데 아직도 어려움이 있어.

have second thoughts
다시 생각하다

「생각을 다시 해본다」는 뜻. 이미 결정을 한 일이나 생각을 번복이나 수정하기 위해 다시 생각한다는 의미. 응용하여 not give it a second thought하면 「…을 다시 생각하지 않다」, 즉 「걱정하지 않다」라는 의미가 된다.

✔ 핵심포인트

have second thoughts about	…을 다시 생각하다, 재고하다
not give it a second thought	걱정하지 않다
on second thought	다시 생각해보니

이렇게 쓰인다!

We're having second thoughts about it.
우리는 그걸 다시 생각하고 있어.

Don't give it a second thought.
걱정하지마.

On second thought, I will have another cup of coffee.
다시 생각해보니 커피한잔 더 마실래.

I'm having second thoughts about the wedding.
난 결혼을 해야 될지 다시 생각해보고 있어.

이렇게 말한다!

A: Did you decide not to get married to Tim?
B: Yes, I had second thoughts about our relationship.

A: 팀하고 결혼 않기로 결정했니?
B: 그래. 우리 관계에 대해 다시 생각해보았어.

영어문장필사해보기

- 다시 생각해보니 커피한잔 더 마실래.

have no choice
선택의 여지가 없다

선택(choice)의 여지가 없다는 뜻으로 어쩔 수 없는 상황을 말하며, 「어쩔 수 없이 …을 해야 한다」고 할 때는 have no choice but to+동사를 쓰면 된다.

✔ 핵심포인트

have no choice	선택의 여지가 없다
have no choice but to+V	…할 수밖에 없다

📝 이렇게 쓰인다!

I'm afraid you really have no choice.
넌 정말 선택의 여지가 없는 것 같아.

You have no choice in this matter. You just do what you're told.
이 문제에서 넌 선택의 여지가 없어. 시키는 대로 해.

It's not fair. I'm telling you I had no choice.
이건 불공평해. 정말이지 난 선택의 여지가 없었다니까.

I had no choice but to use force.
난 폭력을 쓸 수 밖에 없었어.

💬 이렇게 말한다!

A: It's too difficult to get a good grade in math class.
B: You have no choice. You must get a good grade.

A: 수학시간에 좋은 점수 받기가 무척 어려워.
B: 너는 선택의 여지가 없어. 좋은 학점을 받아야만 해.

영어문장필사해보기 ✏️

• 이건 불공평해. 정말이지 난 선택의 여지가 없었다니까.

have one's word
…의 말을 믿다

「…의 말을 믿다」라는 말로 word 대신 promise라 해도 된다. 참고로 give one's word는 「약속을 하다」, have a word (with~)는 「…와 이야기하다」, 그리고 have words with는 「…와 언쟁하다」라는 뜻이 된다.

✓ 핵심포인트

have one's word	…의 말을 믿다
have a word with	…와 이야기하다
have words with	…와 언쟁하다

📓 이렇게 쓰인다!

I won't do that again. You have my word.
다시는 그러지 않을게. 내 약속하지. (= You have my promise.)

I give you my word. You will not get a paycut.
내가 약속하지. 급여삭감은 없을거야.

Do I have your word on that?
그거 약속하는거지?

Can I have a word with you outside, please?
잠깐 밖에서 얘기 좀 할 수 있을까요?

💬 이렇게 말한다!

A: Do you promise to keep this a secret?
B: You have my word. I won't tell anyone.
　　A: 이건 비밀로 지켜주기로 약속해줄래?
　　B: 약속할게. 누구에게도 얘기하지 않을게.

영어문장필사해보기 ✏️

• 내가 약속하지. 급여삭감은 없을거야.

I've had+명사
…해왔어

I have의 현재완료형으로 have had하면 얼마 전부터 「계속 …했다」는 지속적인 의미로 쓰인다. 반면 I have been~은 I'm~의 현재완료형으로 「…였어」라는 뜻이다.

✓ 핵심포인트

I've had+명사	…해왔어
I've never had+명사	…을 해본 적 없어
I've been+명사/형용사	…였어
It has been+시간+since~	…한지 …나 됐다
How long have you+p.p.?	…한 지 얼마나 됐어?
I have ~, which I've never had before	전에는 이런 일이 없었는데 …하다

📓 이렇게 쓰인다!

I've had some personal problems.
개인적인 문제가 좀 있어.

It has been a while since you and I played golf.
우리 골프치는거 오랜 만이야.

How are you doing? It has been a while.
잘 지냈어? 오랜만이야.

I've never had a one-night stand in my life.
평생 원나잇스탠드 해본 적 없어.

How long have you known about this?
이거 안지가 얼마나 됐어?

How long have you two been together?
얼마동안 사귄거야?

How long have you been married?
결혼한지 얼마나 됐어?

💬 이렇게 말한다!

A: Is a dog a good animal to keep as a pet?
B: Sure. I've had dogs since I was a little kid.
A: 개가 애완동물로 키우기에 좋아?
B: 물론이지. 나는 어릴 적부터 애완견을 키웠어.

Get More

- **have company** 일행이 있다

    I have company. 일행이 있어요.

- **have money** 돈이 있다

    I have no money. 돈이 없어.(= I'm broke, I'm out of money)
    I have a lot of money on me now. 난 지금 돈이 많아.

- **have no reason to** …할 리가 없다

    She has no reason to hurt me. 걘 날 해칠 이유가 없어.

- **have a heart** 동정을 베풀다

    That was a little girl! Don't you have a heart?
    조그만 소녀였다고! 넌 인정도 없냐?
    I had a heart-to-heart with her. 그 여자랑 마음을 터놓고 얘기했어.

- **have the nerve[guts]** 용기가 있다

    You don't have the guts. 넌 배짱이 없어.

- **have every right to+동사**
    …할 만하다, …하는 게 당연하다(*every가 빠지면 …할 권리가 있다)

    You have every right to be angry with me. 네가 내게 화낼만 해.
    You have the right to remain silent. 묵비권을 행사할 권리가 있어.

- **don't have a clue** …을 전혀 모르다

    He doesn't (even) have a clue. 걘 하나도 몰라.

- **have everything sb needs** …가 원하는 모든 것을 갖다

    I have everything I need. 내가 원하는 건 다 갖고 있어.
    You seem to have everything you need. 네가 원하는 건 다 갖은 것 같아.

- **have a baby** 애를 낳다

    She had a baby. 걔는 애를 낳았어.
    I'm going to have a baby. 난 애를 낳을거야.
    What did she have? (It's a girl). 뭐 낳았어?(딸이야).

- **have faith in** …을 믿다

    I have faith in you. 난 널 믿어.

- **have an appetite for** …을 좋아하다

    She has an appetite for rap music. 걘 랩음악을 좋아해.

- **have an affair** 바람피다

    I had an affair with my secretary. 난 비서랑 바람폈어.
    I want to have sex with you. 너하고 섹스하고 싶어.
    I want to have a fling. 번개 좀 해야겠어.

- **have a reputation** 명성이 높다

    Our company has a good reputation as a dealer.
    저희 회사는 판매 중개상으로 평판이 좋습니다.

- **have a ball** 재미있게 보내다

    Let's have a ball. 자, 마음껏 즐기자.

Get More

- **have sth in stock[out of stock]** 재고가 있다[없다]

    We have the item in stock. 이 품목 재고가 있어.

- **have a shot** 한번 해보다

    Let me have a shot[try/stab] at it. 내가 한번 해볼게.

- **have sb over for dinner[to dinner]** …을 저녁 초대하다

    We're going to have you over for dinner sometime. 언제 널 저녁 초대할게.

- **have a deal** 거래하다, 합의보다

    I thought we had a deal. 얘기가 다 됐다고 생각했는데.
    We have a deal? 동의하니?, 그럴래?

- **have a call** 전화오다

    You have a phone call. 전화받아.
    I have a call for you. 전화왔어.

- **have it in for sb** …을 싫어하다

    I know. She has it in for me. 알아. 걘 날 싫어해.

- **have one's own way** …의 방식대로 하다

    I will have my way. 내 방식대로 살겠어.
    I will have my own way on this project. 이 프로젝트는 내 방식대로 할거야.
    We have our ways. 우린 우리 식이 있어.

- **have (got) a thing for** …을 맘에 두다

    I think he has got a thing for her. 걔를 맘에 두고 있는 것 같아.
    Do you have a thing for cute women? 귀여운 여자들을 좋아해?

You have the wrong number. 전화 잘못거셨어요.
We have a bad connection. 통화상태가 안 좋아.
He's a has-been. 걔는 한물간 사람야.
Let's have it. 어서 말해봐, 내게 줘.
Now there you have me. 모르겠어, 내가 졌어.
(It's) Good to have you here. 어서 오세요, 와주셔서 기쁩니다.
I have butterflies in my stomach. 가슴이 두근거려.
I have a flat tire. 타이어가 펑크났어.
We have chemistry. 우린 잘 통해.
She has an ax to grind. 걘 다른 속셈이 있어.
She has an eye for it. 걘 안목이 있어요.
I had a little fender-bender. 작은 접촉 사고가 있었어.
I thought we had an understanding. 우리 서로 이해한 걸로 생각했는데.
She almost had a fit. 까무라칠 뻔했다.
You can't have it both ways. 둘 다 할 순 없잖아.
He has his job, too. 걔도 지기 직분(일)이 있으니 어쩔 수 없지.
What do we have here? 이게 누구야?, 무슨 일인가?
Nice place you have here. 좋은 곳이네요.
I have no excuse. 할 말이 없어.
I have a surprise for you. 널 위해 깜짝 준비한게 있어.
You have it right. 네 말이 맞아.

05.
어떤 장소나 상태에 놓는

Put

바닥이든 테이블 위든 혹은 얼굴 위든 뭔가 놓거나 두는 것을 말하는 것으로 놓는 대상과 어디에 놓는 장소를 연관 지어 생각하면 그 의미가 생긴다. 예로 put a match to her cigarette하면 담배 불을 붙이는 것이고 put the book on the table하면 테이블 위에 책을 놓는거 그리고 put lotions on her hand하면 로션을 바르다라는 뜻이 되는 것이다. 물론 대상이 추상적일 경우에는 「…상태에 빠트리다」라는 의미가 된다.

 Put 기본개념

01. (장소에) 두다, 넣다, 놓다
I put the papers in the shredder.
종이를 분쇄기에 넣었다.

Don't put all your eggs in one basket.
한가지 일에 목숨 걸지마.

02. (비유적) 제안하다, 부여하다, 평가하다, …에 쏟다 …상태로 만들다
(to, on, into, out of~)
We're putting every effort into it.
우린 거기에 모든 노력을 기울였어.

I'll put a smile on your face.
널 행복하게 해줄게.

03. 표현하다(put it)
I don't know how to put it.
그걸 어떻게 말해야 할지 모르겠어.

put sth in[on]~
…에 놓다, 넣다

put의 가장 기본적인 의미로 put sth 다음에 다양한 장소를 가리키는 부사구를 넣으면 된다. Where did you put it?하면 "그걸 어디에 두었냐?"고 물어보는 문장이 된다.

✓ **핵심포인트**

put sth in[on]   …에 놓다, 넣다
Where did you put~ ?   …을 어디에 두었어?

이렇게 쓰인다!

I'll just put it in the kitchen.
그거 부엌에다 놓을게.

You can just put it on the table.
고마워, 그냥 테이블 위에 올려놔.

Well, should I put my coat in the bedroom?
저기, 코트 침실에 놓으면 돼?

Why did you put my underwear on the desk?
왜 내 속옷을 책상 위에 놓았어?

이렇게 말한다!

A: Can I borrow your lawn mower tonight?
B: Sure, I'll put it in your driveway after supper.
A: 오늘밤 잔디 깎는 기계 좀 빌릴 수 있어요?
B: 그럼요, 저녁 먹고 현관 앞길에 놔둘게요.

영어문장필사해보기

• 왜 내 속옷을 책상 위에 놓았어?

put 002
put ~ in danger
위험에 빠트리다

이번에는 어떤 물리적 장소에 놓는 것이 아니라 in danger(위험한 상태에), in a good mood(기분 좋게), at risk(위태롭게) 등 추상적인 상태에 놓은 것을 의미하는 경우이다.

✔ 핵심포인트

put ~ in danger	…을 위험에 빠트리다
put ~ out of a job	…을 실직시키다
put ~ in a good[bad] mood	…을 기분 좋게[나쁘게] 하다
put ~ in charge	…에게 책임을 주다, 맡기다
put ~ at risk	…을 위태롭게 하다
put ~ on the line	…를 위태롭게 하다

📓 이렇게 쓰인다!

You're putting our lives in danger.
넌 우리 목숨을 위태롭게 하고 있어.

Don't put our kids in danger.
우리 애들을 위태롭게 만들지마.

I'm putting you in charge of my schedule.
네가 내 일정을 책임져줘.

You put our relationship at risk.
네가 우리 관계를 위태롭게 했어.

You put your career on the line. You might get demoted.
너의 경력을 위태롭게 했어. 좌천될 수도 있어.

💬 이렇게 말한다!

A: The storm put the town in danger.
B: Yes, many people decided to leave.
　　A: 그 폭풍으로 마을이 위태로워졌어.　B: 그래. 많은 사람들이 떠나기로 결정했지.

영어문장필사해보기 ✏

• 네가 내 일정을 책임져줘.

put ~ to work
…을 돌아가게 하다, 일을 시키다

같은 맥락이지만 put sb[sth] 다음에 to+명사의 형태가 오는 경우이다. 「…을 …상태로 만든다」는 뜻으로 put~to work는 사람일 경우에는 「…를 일시키다」, 사물일 경우에는 「…가 작동되게 하다」라는 의미.

✔ 핵심포인트

put ~ to work	…에게 일을 주다, 일을 시키다
put ~ to death	죽게 하다, 사형에 처하다
put ~ to sleep[bed]	…를 재우다, 자게 하다
put ~ to (good) use	…을 (잘) 이용하다

📝 이렇게 쓰인다!

It's time to put you to work.
널 일시켜야 될 때야.

The boss is so good at putting us to work.
사장은 우리 일시키는데 일가견이 있어.

When you're ready, he's going to put you to sleep.
네가 준비되면 걔가 너 재워줄거야.

I put my computer skills to good use.
나의 컴퓨터 기술을 잘 활용했어.

I'm just trying to put our mistake to good use.
우리 실수를 잘 활용하려고 하고 있어.

💬 이렇게 말한다!

A: Many people came to help with the festival.
B: Put them to work setting up things.

A: 많은 사람들이 축제를 도와주러 왔어.
B: 셋팅하는 일을 시키도록 해.

영어문장필사해보기 ✏️

• 우리 실수를 잘 활용하려고 하고 있어.

put 004

put A before B
B보다 A를 우선하다

논리적으로 생각해보면 그대로 의미가 떠오르게 된다. put A before B는 A를 더 우선시한다는 말이고 put sth behind sb하게 되면 뒤에 놓는다는 말로 「잊는다」는 말이 된다.

✔ 핵심포인트

put A before B	B보다 A를 우선하다
put sth behind sb	(안 좋은 일 등) …을 잊다

📒 이렇게 쓰인다!

I put my work before my family.
난 가족보다 일이 우선이야.

I believe a lawyer should put his country before his client.
변호사는 자신의 고객보다 자신의 국가를 우선시해야 한다고 믿어.

You must put studying before playing.
노는 것보다 공부하는 것을 우선시해야 해.

How about putting it behind you? Just let it go.
잊어버리는게 어때? 그냥 잊어버리라고.

🗣 이렇게 말한다!

A: Jeff is so in love with his girlfriend.
B: He always puts her before himself.
　　A: 제프는 여친과 아주 사랑에 빠져있어.
　　B: 걔는 항상 자신보다 여친을 우선 생각해.

✏ 영어문장필사해보기

• 노는 것보다 공부하는 것을 우선시해야 해.

put it
표현하다

How should I put it?(어떻게 말해야 할까?)라는 표현으로 유명해진 숙어. 여기서 put it은 express란 표현으로 「…을 표현하다」라는 뜻이다.

✅ 핵심포인트

put it	표현하다, 나타내다(express)
to put it simply[shortly/briefly]	간단히 말하자면

📝 이렇게 쓰인다!

How should I put it?
뭐랄까?

I don't quite know how to put this.
이걸 어떻게 말해야 할지 모르겠어.

Let's put it this way.
이렇게 말해보자고.

Please don't put it like that. I didn't steal your purse.
그렇게 표현하지마. 난 네 지갑을 훔치지 않았어.

💬 이렇게 말한다!

A: Why didn't you go on a date with Steve?
B: I don't know how to put it, but he seems strange.
　A: 왜 스티브와 데이트 안했어?
　B: 어떻게 표현할지 모르지만 걔 좀 이상해 보여서.

✏️ 영어문장필사해보기

• 이걸 어떻게 말해야 할지 모르겠어.

put 006 · put a stop to
···을 끝내다

to 이하에 a stop(중단)을 놓다라는 말로 「···을 끝내다」라는 뜻이다. 우리에게 put an end to 가 더 많이 알려져 있지만 일상회화에서는 put a stop to가 많이 쓰인다.

✓ 핵심포인트

put a stop to~	···을 끝내다
put an end to~	···을 끝내다

📒 이렇게 쓰인다!

I'll put a stop to that.
내가 중단시킬게.

Are you saying that we should put a stop to this?
이걸 중단해야 한다는 말야?

You can put a stop to this right now if you want to.
네가 원한다면 지금 이거 끝내도 돼.

I will talk to him, and we'll put a stop to it.
걔한테 얘기해서 그걸 끝내도록 할게.

💬 이렇게 말한다!

A: There were three robberies here last week.
B: The police need to put a stop to that.
  A: 지난주 여기서 강도 3건이 발생했어.
  B: 경찰이 막아줘야 해.

📝 영어문장필사해보기

• 이걸 중단해야 한다는 말야?

put aside
잠시 제쳐놓다, 잊다, 저축하다(put by)

어떤 다른 목적을 달성하기 위해 어떤 문제나, 불화, 차이점 등을 생각하지 않다라는 말로 「…을 잠시 제쳐놓다」라는 뜻이 된다. 또한 「저축하다」라는 뜻으로도 쓰인다.

✅ 핵심포인트

put aside	…을 제쳐놓다
put aside for~	…을 목적으로 비축하다
put by	저축하다

📓 이렇게 쓰인다!

You need to put aside your differences with her.
걔하고의 차이점은 잠시 잊어야 돼.

We have to put aside our disagreement and face reality.
우리의 불화는 잠시 제쳐두고 현실을 직시해야 돼.

I had to put aside my anger for joining a party.
파티에 가려고 나의 분노를 잠시 가라앉혀야 했어.

I put some money aside for a new computer.
컴퓨터 새로 사려고 돈을 모아놓고 있어.

💬 이렇게 말한다!

A: **We're going to have to put aside our vacation plans.**
B: **Why? Don't we have enough money?**
   A: 우린 여행 계획을 잠시 제쳐놓을 것이야.
   B: 왜? 우리 돈이 충분치 않니?

✏️ 영어문장필사해보기

• 걔하고의 차이점은 잠시 잊어야 돼.

put away
치우다, 비축하다, 투옥하다, 많이 먹어치우다, 물리치다

뭔가 따로 치워두는 것을 말하는 것으로 돈을 저축하거나, 범죄자를 감방에 치워넣거나, 뭔가 많이 먹어 치우는 것 그리고 게임 등에서 상대편을 물리치는 것을 뜻하는 등 다양하게 사용된다.

✔ 핵심포인트
put away	비축하다, 물리치다, 치우다

이렇게 쓰인다!

How many glasses of wine do you put away every day?
하루에 와인을 몇 잔 마실 수 있어?

He is dangerous and I want him to put away!
걘 위험하니 쳐넣어!

If he's guilty, we're going to put him away.
걔가 유죄라면 감방에 쳐넣겠어.

I hope whoever hit my son gets put away for life.
누구든 내 아들을 친 사람은 평생 감옥에서 썩기를 바래.

이렇게 말한다!

A: Put away the clothes in your bedroom.
B: I'll do that when I have more free time.
 A: 네 침실에 있는 옷들 좀 치워라.
 B: 시간이 좀 더 나면 할게요.

영어문장필사해보기 ✏

• 하루에 와인을 몇 잔 마실 수 있어?

put down

내려놓다, 기록하다, 혼내다, 비난하다, 진압하다

밑으로 내려놓는다는 뜻에서 「기록하다」, 「(전화) 끊다」, 「(항공기) 착륙시키다」, 강압적으로 「…을 진정시키거나 진압하다」, 「(돈을) 일부만 지불하다」 그리고 비유적으로 「…을 비난하는」 것 등 의미로 무척 다양하게 쓰인다.

✓ 핵심포인트

put sb down for[as]	(참가자로)…로 기록해두다
put sth down to	…을 …의 탓으로 돌리다

이렇게 쓰인다!

This is the police! Put down your weapon.
경찰이다! 총 내려놔.

I'll put you down for eight boxes.
너 8박스 가져가는 걸로 적어놓을게.

I can't believe you put me down in front of your friend!
네가 네 친구 앞에서 날 어떻게 깔봐!

Carlos, stop! Put me down! What are you doing?
카를로스, 그만해! 날 내려놔! 뭐하는거야?

이렇게 말한다!

A: **Put down your books and come over here.**
B: Why? Are you doing something interesting?

A: 책 내려놓고 이리와봐.
B: 왜? 뭐 재미나는거 하려고?

영어문장필사해보기

• 네가 네 친구 앞에서 날 어떻게 깔봐!

put in

설치하다, (시간을) 놓다, (돈을) 내다, 공식적으로 요청하다

put sth in하면 「…을 …안에 넣다」라는 의미. 여기서는 주로 많이 쓰이는 put in+시간은 「노력과 힘을 쏟다」라는 의미. 참고로 put in a request[order]는 「요청(명령)하다」, put one's faith in은 「…을 믿다」라는 뜻.

✅ 핵심포인트

put in~	(…을) …에 넣다
put (시간, 돈 등) into	…에 …을 투입하다
put in+시간/노력	…을 기울이다, 쏟아넣다
put in+시설	…을 설치하다
put in for	정식으로 신청하다, 요청하다

📓 이렇게 쓰인다!

You've got to put in some time.
시간 좀 기울여야 돼.

I can't just walk away! I've put in four hours!
그냥 물러날 수 없다고! 4시간이나 쏟아부었는데!

I had put in a request to have all my mail forwarded.
우편물을 모두 전송해달라고 공식요청했어.

When you put your faith in people, they reward you.
네가 사람들을 신뢰하면 그들도 네게 보답하는거야.

💬 이렇게 말한다!

A: Beth is never around anymore.
B: She puts in a lot of hours at her new job.
A: 베스는 더 이상 이곳에 얼쩡대지 않아.
B: 걔는 새 직장에서 많은 시간을 쏟고 있어.

✏️ 영어문장필사해보기

- 그냥 물러날 수 없다고! 4시간이나 쏟아부었는데!

put off
연기하다, 미루다, 기다리게 하다

Don't put off until tomorrow what you can do today(오늘 할 일을 내일로 미루지 말라)로 잘 알려진 숙어. put off로 쓰이지만 put sth off로 쓰이기도 하며 미루는 것이 동사일 경우에는 put off ~ing라고 하면 된다.

✔ 핵심포인트

put (sb[sth]) off (~)   연기하다, 미루다, …을 기다리게 하다
put (sb) off ~ing   (…가) …을 미루다

📝 이렇게 쓰인다!

The meeting has been put off until further notice.
회의는 다음 고지가 있을 때까지 연기되었어.

I'll just put this off till tomorrow.
내일까지 이거 미룰려고.

I told her it was stupid to put off the wedding.
결혼식을 미루는 것은 어릭석은 짓이었다고 말했어.

Why are you doing what you can put off till tomorrow?
내일 할 수도 있는 일을 왜 지금 하려고 해?

💬 이렇게 말한다!

A: You shouldn't put off that work for much longer.
B: I'll try and finish it before I go.
    A: 그 일을 너무 오랫동안 미루어 두지 마라.
    B: 열심히 해서 퇴근하기 전에는 끝내 놓을게.

📝 영어문장필사해보기

• 내일 할 수도 있는 일을 왜 지금 하려고 해?

put on

**(옷을) 입다, (살이) 찌다, 화장하다,
…인척하다, …을 켜다, 틀다**

여러 다양한 의미로 쓰이는 동사구 중 하나로 put on은 「…위에 올려놓거나 켜놓는」것을 기본적으로 의미한다. 이를 출발로 「옷을 입다」, 「화장하다」, 「…을 켜다」, 「노래를 틀다」 등 다양한 의미를 만들어낸다.

✔ 핵심포인트

put on+옷/무게/화장품	…을 입다, 찌다, 바르다
put on+장비[노래]	…을 켜다, 노래를 틀다
put on+콘서트[연극]	…을 올리다, 하다
put pressure on~	…에게 압력을 가하다
put sb on (the phone)~	(전화)…을 바꿔주다

📝 이렇게 쓰인다!

He got up and started to put on his jacket.
걘 일어나 자켓을 입기 시작했다.

I've put on[gained] weight.
나 살이 쪘어.

I had to put on lotion.
로션을 발라야했어.

Turn off the air conditioner and put on the heat.
에어컨 끄고 히터 켜.

I'm going to put on the most romantic song.
가장 로맨틱한 노래를 틀어줄게.

I want to put on a Christmas show tonight. Will you help me?
성탄연극을 오늘 밤 올리는데 도와줄래?

You don't have to put on a brave face for me.
나 때문에 용감한 표정 지을 필요 없어.

I'll put you on right away.
(전화상에서) 바로 연결해 드릴게요.

I know he is at your place. Just put him on.
걔 네 집에 있는거 알아. 바꿔줘.

🗨 이렇게 말한다!

A: You should put on a sweater. It's cold outside.
B: I thought it was colder than normal.
   A: 스웨터를 입는게 좋을거야. 밖에 날씨가 쌀쌀해.
   B: 평소보다 더 춥다고 생각했는데.

A: I put on too much make-up. I look like a clown.
B: No, you don't. But I would remove that eyeliner.
   A: 화장을 너무 많이 했나봐. 광대처럼 보여.
   B: 아니야, 그렇지 않아. 정 그러면 내가 눈썹 화장을 지워줄게.

A: What would you like me to put on your hotdog?
B: Just some ketchup, please.
   A: 핫도그에 뭘 넣어줄까요?
   B: 케첩만 조금 발라 주세요.

📝 영어문장필사해보기

• 에어컨 끄고 히터 켜.

• 걔 네 집에 있는거 알아. 바꿔줘.

put out

(불, 스위치) 끄다, 꺼내놓다, 출판하다

퇴장시키거나 밖으로 내놓다가 기본의미. 여기서 불이나 담배 또는 어떤 장비의 스위치를 끈다는 의미로 쓰인다. 또한 밖으로 내놓다라는 점에서 「…을 꺼내놓다」, 「제작하다」, 「출판하다」 등의 뜻으로도 쓰인다.

✓ 핵심포인트

put out+담배/불/장비 …을 끄다
put out sth …을 밖에 내놓다, 꺼내놓다, 제작하다, 출판하다
put out a broadcast 방송에 내보내다

📓 이렇게 쓰인다!

When I realized I couldn't put out the fire, I ran.
내가 불을 끌 수 없다는 걸 알았을 때 난 달렸어.

Put out the light, when you go to sleep.
잘 때는 불 꺼.

I'm going to put out a flyer about the restaurant.
식당 전단지를 만들거야.

If you set fire to my house, I'd put out the fire by peeing on it.
네가 우리집에 불을 지른다면 난 오줌으로 불을 끌거야.

💬 이렇게 말한다!

A: The fashion magazine will put out a special edition.
B: Let's buy a copy and look at the pictures.
A: 패션 잡지가 특집판을 낼거야.
B: 그 잡지를 사서 사진들을 보자.

영어문장필사해보기 ✏️

• 식당 전단지를 만들거야.

put through

…을 전화연결시키다, …을 겪게하다

가장 대표적인 것은 through에서 연상되듯 「전화를 바꾸어주다」는 것이고 또 다른 것은 through가「…을 관통하는」이라는 의미에서「…을 겪게 하다」, 「경험하게 하다」라는 뜻이 된다.

✅ 핵심포인트

put sb[sth] through (to) …을 (…에게) 전화를 돌려주다
put sb through+학교 …의 학비를 대다
put sb through sth …가 …를 겪게 하다

📓 이렇게 쓰인다!

I'll put you through right away.
바로 바꿔드릴게요.

I never wanted to put you through this.
결코 네가 이걸 겪게 하고 싶지 않았어.

Why do you put me through this?
왜 이렇게 힘들게 하는거야?

Do you have any idea what you put me through?
너 때문에 내가 무슨 일을 겪게 됐는지 알기나 해?

💬 이렇게 말한다!

A: Your daughter is calling on the other line.
B: Put her through to my office.

A: 따님이 다른 회선으로 전화 와 있어요.
B: 내 사무실로 돌려줘.

✏️ 영어문장필사해보기

• 왜 이렇게 힘들게 하는거야?

put 015

put together
모으다, 구성하다, 정리(종합)하다, 합하다

함께(together) 놓는(put) 것으로 흩어진 것으로 모은다는 의미에서 뭔가 정리하는 것을 뜻하거나 혹은 여러가지를 종합하는 것을 뜻하기도 한다.

✔ **핵심포인트**

put together 모으다, 정리하다

📝 이렇게 쓰인다!

Why don't you help me put together my new furniture?
내 새가구 정리하는거 도와주라.

You put together the guest list by tomorrow.
손님명단 내일까지 정리해.

Maybe I'll just put together another party.
또 다른 파티를 준비할까봐.

How can you quickly put together a team?
어떻게 그렇게 빨리 팀을 구성했어?

💬 이렇게 말한다!

A: Did you put together the photo album?
B: Yeah, and it looks great.
   A: 사진첩 다 정리했니?
   B: 응, 멋진 앨범이 됐어.

[영어문장필사해보기 ✏]

• 어떻게 그렇게 빨리 팀을 구성했어?

put up

세우다, 짓다, 걸다, 게시하다, 높이 들다, 올리다, 숙박시켜주다

다른 사람이 볼 수 있도록 높이 세워(up) 놓는(put)다는 점에서 「건물 등을 짓거나」, 「…을 높이 걸거나」, 「게시하거나」 등을 의미한다. 또한 「숙박시켜주다」 그리고 「다른 (…용도로) 내놓다」, 「제출하다」 등의 의미를 갖는다.

✓ 핵심포인트

put up~	세우다, 짓다, 걸다, 게시하다, 높이 들다, 올리다
put up+돈	…을 치루다
put up	(어떤 목적으로) 내놓다, …을 제안하다
put sb up	…을 재워주다, 숙박시키다
put up a fight	선전하다, 잘 싸우다
put up with	…을 참다

이렇게 쓰인다!

We're going to put up a tent on the other side of the park.
공원 반대편에 텐트를 칠거야.

Why did you put up posters for roommates if you don't want them?
원치 않으면서 왜 룸메이트 구한다고 게시판엔 공지를 붙여놨어?

They all put up their hands eagerly.
걔네들은 모두 열심히 손을 들었어.

They've already put up the money.
걔네들은 이미 돈을 치뤘어.

You don't have to put up with this.
넌 이걸 참을 필요가 없어.

She didn't put up a fight, did she?
걘 선전하지 못했어, 그지?

이렇게 말한다!

A: How do you put up with him?
B: I just don't take him seriously.

A: 너 어떻게 걔에 대해 참고 있니?
B: 난 그냥 걔를 심각하게 받아들이지 않으니까.

Get More

- **put sth on a list** …을 리스트에 올리다

  You can put your name on a list. 리스트에 이름을 올리세요.

- **put sth back** 원래 자리에 놓다, 늦추다, 연기하다

  You just put it back where you found it. 발견한 자리에 도로 갖다 놔.

- **put forth** 제출하다(submit)

  I mean, the ideas you put forth are not that good.
  내 말은 네 제안은 그렇지 좋지 않아.

- **put on airs** 잘난 체 하다

  You are always putting on airs. 넌 늘상 잘난 척해.

- **put sb in jail** 투옥시키다

  The police put me in jail for stealing. 경찰이 절도죄로 나를 잡아 넣었어.

- **put sb out of one's misery** …을 어려움에서 벗어나게 해주다

  Just put me out of my misery. 날 비참하게 내버려두지 말아요.

- **put it on one's tab** …가 내다

  You can just put it on my tab. 내 계산서에 올려.

- **put one's foot down** 결사반대하다

  I have to put my foot down. Okay? The answer is no.
  결사반대야. 알았어? 대답은 노라고.
  I've got to put my foot down. 난 결사 반대야.

06.
전화하면 만사 오케이~

Call

전화 없이는 못사는 세상. call은 이렇게 전화를 하다라는 의미로 각광받고 있지만 원래 의미인 「(큰 목소리로) 부르다」라는 뜻으로 사용되는 경우가 많다. call sb chicken 등이 그 예. 또한 핸드폰전화가 일상이 된 지금 have my phone on vibrate(진동으로 해놓다), She's on a cell phone(핸드폰으로 통화중이야)처럼 핸드폰 관련 표현도 알아두어야 한다.

 Call 기본개념

01. 전화걸다, 크게 소리쳐 부르다
Mr. James called you during the meeting.
제임스 씨가 회의 중에 전화했어요.

I called but your line was busy. 전화했는데 통화중이더라구요.
I heard you called this morning. 오늘 아침에 전화했다며.

02. (회의 등을) 소집하다
I'm going to call a meeting tonight. 오늘밤에 회의를 소집할거야.

03. …라고 부르다, …로 여기다(call A B)
What do you call this in English? 이걸 영어로 뭐라고 해?

call 001 I'm calling to~
전화한 건 다름이 아니라…

전화를 걸어 상대방에 전화건 용건을 말할 때 사용한다. I'm calling you because~ 나 I'm calling to+동사로 사용하면 된다. 또한 과거형으로 써서 I called to+동사로 해도 된다.

✓ 핵심포인트

I'm calling you because S+V	…때문에 전화하는거야
I'm calling[I called] to+동사	…하려고 전화하는거야[전화했어]
This is sb calling	…입니다

📓 이렇게 쓰인다!

I'm calling you because I saw that you called me.
네가 전화해서 전화하는거야.

I'm calling about tomorrow's meeting.
내일 회의건으로 전화했어.

I called to apologize.
사과하려고 전화했어.

This is Mr. James Smith calling.
제임스 스미스 입니다.

Who's calling please?
누구시죠?

💬 이렇게 말한다!

A: I'm calling to talk to Mr. Kang in the marketing department.
B: I'm sorry, but he isn't in the office right now.

A: 마케팅부 강씨와 통화하려고요.
B: 죄송하지만 사무실을 비우셨는데요.

영어문장필사해보기 ✏️

• 내일 회의건으로 전화했어.

call security
경비를 부르다

call 다음에 사람이 오는 것이 아니라 차량이나 집 등이 오는 경우이다. call+단체/가게/집 등이 목적어로 와서 「…에 전화해서 도움을 청하다」라는 뜻이 되는 것을 알아본다.

✅ 핵심포인트

call 911	911에 전화하다
call the police	경찰에 전화하다
call a taxi	택시를 부르다
call sb's house	…집에 전화하다

📝 이렇게 쓰인다!

Please call an ambulance.
앰블런스 좀 불러주세요.

Could you call a taxi for me?
택시 좀 불러줄래요?

I called security to kick him out.
경비를 불러서 걜 쫓아냈어.

I called the dry cleaner.
세탁소에 전화했어.

💬 이렇게 말한다!

A: **The baby's not breathing!**
B: **Oh, my God! Call 911!**
  A: 아기가 숨을 쉬지 않아요!
  B: 맙소사! 911에 전화해!

영어문장필사해보기 ✏️

• 경비를 불러서 걜 쫓아냈어.

give sb a call
…에게 전화하다

call이 앞의 경우처럼 전화하다라는 의미이지만 이번에는 명사로 쓰인 경우이다. 그 중 가장 많이 쓰이는 게 give sb a call이다. 「…에게 전화를 하다」, 「전화걸다」라는 뜻이다.

✓ 핵심포인트

make a call	전화하다	**take a call**	전화받다
expect one's call	…의 전화를 기다리다	**return one's call**	답신 전화를 하다
transfer[direct] a call[one's call]	전화를 돌려주다		

📝 이렇게 쓰인다!

Let's do that again, John. Give me a call sometime.
다시 만나자, 존. 언제 한번 전화해.

Give me a call anytime you want.
원할 때 전화해.

You've got my number, give me a call.
내 번호 있지, 전화해.

I'm available today. Give me a call if he needs a drinking buddy.
오늘 시간 되니까. 술친구 필요하면 전화해.

I'll give you a call later tonight.
오늘 저녁 늦게 전화할게.

Leave a message, and I'll return your call as soon as I get in. 메시지 남겨, 들어가는대로 전화걸게.

I was expecting your call all day.
네 전화 종일 기다리고 있었어.

How may I direct you call?
어디 바꿔드릴까요?

💬 이렇게 말한다!

A: I have to go now. Give me a call sometime.
B: Oh, but you didn't give me your phone number.
A: 가야 돼. 언제 전화 한번 해. B: 어, 하지만 전화번호를 줘야지.

A phone call for you
전화왔어

다른 사람에게 전화왔다고 말하는 표현으로 You have(got) a call from~, There's a call from~ 으로 써도 된다. 또한 이미 전화받고 있는 사람에게 다른 전화왔다고 할 땐 There's a call on another line, 그리고 내가 전화 받는데 다른 전화가 올 땐 I have another call이라고 한다.

✓ 핵심포인트
a phone call for sb ...에게 전화오다
You have a call from sb ...에게서 전화오다

📝 이렇게 쓰인다!

Phone call for you.
너한테 전화왔어.(= You have a phone call)

You got a call from the school this morning.
오늘 아침 학교에서 전화왔었어.

Excuse me. There's a phone call for you.
실례합니다. 전화왔어요.

You got a call from Cindy. She wants her underwear back.
신디에게서 전화왔어. 속옷 돌려달래.

💬 이렇게 말한다!

A: **There's a phone call for you.**
B: **Thank you. I'll take it in my office.**
   A: 전화 왔어요.
   B: 고마워요. 내 사무실에서 받을게요.

영어문장필사해보기

• 오늘 아침 학교에서 전화왔었어

call 005

call sb sth
···을 ···라고 부르다

이름이나 별명 혹은 직책 등으로 사람을 부르는 것을 말하며 be called sth하면 「···라고 불린다」라는 뜻. 한편 call sb names하면 「욕을 하다」라는 전혀 다른 의미가 된다는 점에 유의한다.

✔ 핵심포인트

call sb something	···을 ···라고 부르다	**call sb names**	···을 욕하다
be called sth	···라고 불리다	**call oneself sth**	자칭 ···라고 하다

📝 이렇게 쓰인다!

What do you call that in English?
저걸 영어로 뭐라고 하니?

If you call me chicken again, you're a deadman.
날 겁쟁이라고 또 부르면 넌 죽었어.

Don't call me names!
욕하지마!

It's called tofu.
두부라고 해요.

You call yourself an accountant, but you're terrible at numbers?
자칭 회계사라면서 숫자에 젬병이야?

🗣 이렇게 말한다!

A: People have been calling Kristie fat.
B: She looks like she has been eating too much.

A: 다들 크리스티가 뚱뚱하다고 말하고 있어.
B: 걔는 너무 많이 먹는 것처럼 보여.

영어문장필사해보기 ✏

- 날 겁쟁이라고 또 부르면 넌 죽었어.

call it a day
퇴근하다

call it a day는 「퇴근하다」라는 숙어로 call it a night 혹은 call it quits 라고도 한다. 빈출 숙어인 call in sick과 call the shots도 함께 알아둔다.

✔ 핵심포인트

call it a day   퇴근하다, 그만 일하다(call it a night, call it quits)
call in sick   전화해 병가내다
call the shots   결정하다

📒 이렇게 쓰인다!

I can't call in sick after ten weeks of sick leave.
병가를 10주 쓰고 나서 다시 병가낼 수가 없어.

It's coming up on 6:00. What do you say we call it a day?
6시 다 돼가. 그만 퇴근하자?

What are you doing here? You called in sick this morning.
여기서 뭐해? 오늘 아침에 병가냈잖아.

I'm calling the shots.
내가 결정할래.

💬 이렇게 말한다!

A: Let's call it a day.
B: Sounds good to me.
   A: 퇴근하죠.
   B: 좋은 생각이네.

영어문장필사해보기 ✏️

• 6시 다 돼가. 그만 퇴근하자?

call 007 — call back
다시 전화하다

전화 통화가 안 되어서 전화를 나중에 다시하다(call again)라는 의미. 뒤에 「나중에」를 뜻하는 later나 in+시간의 부사가 따르기도 한다.

✓ 핵심포인트

call back later	나중에 전화 다시 하다
call back in+시간	…후에 전화 다시 하다

📝 이렇게 쓰인다!

Could you call back later? I'm tied up right now.
나중에 전화할래? 지금 무지 바빠.

I've got to go. I'll call back later.
전화 끊어야 돼. 나중에 전화할게.

I'll have him call you back as soon as he gets home.
그가 집에 들어오는대로 네게 전화하라고 할게.

Please call me back in ten minutes.
10분 후에 전화 다시 해.

💬 이렇게 말한다!

A: Could you tell him to call back after lunch?
B: I'll tell him right now.

A: 점심식사 후에 전화하라고 그 사람한테 전해주겠니?
B: 지금 바로 말할게.

✏️ 영어문장필사해보기

- 10분 후에 전화 다시 해.

call for

요구하다(ask, demand), 소리쳐 부르다[청하다]

for 이하가 필요해서 부르거나 전화한다는 의미. call for = demand로 고정시키지 말고 상황에 맞게 우리말로 생각하면 된다. 단순히 누가 너 찾는 전화 왔다(Some guy just called for you)고 할 수 있기 때문이다.

✔ 핵심포인트

| call for | 요구하다, 소리쳐 부르다 |

📋 이렇게 쓰인다!

Call for an ambulance. She is still alive.
구급차를 불러. 걘 아직 살아있어.

She already called for a consult.
걔는 이미 컨설트 요청을 했어.

Did anybody call for security?
누가 경비 불렀어?

He called for help yesterday.
걘 어제 도움을 청했어.

💬 이렇게 말한다!

A: My car is running poorly.
B: That calls for a visit to the mechanic.

A: 내 차가 잘 달리지 못해.
B: 자동차 정비공에게 가보라는거지.

영어문장필사해보기 ✏

• 구급차를 불러. 걘 아직 살아있어.

call 009 call off
취소하다, 멈추다

우리에게 잘 알려진 숙어로 그 의미 또한 간단하다. 뭔가 계획된 것의 진행을 멈추거나 취소하는 것을 말하는 것으로 call off = cancel로 생각하면 된다.

✓ 핵심포인트
call off   취소하다=cancel

📒 이렇게 쓰인다!

I want you to end it. I want you to call off the wedding.
네가 그걸 끝내. 결혼식을 취소하라고.

You can call off the roommate search!
룸메이트 찾는거 그만둬!

He told me that Leo called off his engagement with Jane.
걔가 그러는데 레오가 제인과 파혼했대.

The boss had to call off the meeting because of the traffic.
사장은 차가 막혀서 회의를 취소해야 했어.

💬 이렇게 말한다!

A: They had a big fight last night.
B: I hope they don't call off their wedding.
  A: 걔들 지난 밤 크게 싸웠어.
  B: 결혼은 취소하지 않기를 바래.

📝 영어문장필사해보기
- 사장은 차가 막혀서 회의를 취소해야 했어.

call out

큰소리로 외치다, 도움을 호소하다

요즘 전화가 있어 'call = 전화'로 생각되지만 원래「부르다」라는 의미. 아직도 전화 외의 의미로 쓰이는 경우가 많다. call out 또한 그런 경우로「큰 소리로 부르거나」혹은「전화로 호출하다」라는 의미로 쓰인다.

✔ 핵심포인트

call out for~	…을 필요로 하다, 전화로 주문하다
call out to sb (for sth)	…에게 (…을 달라고) 소리치다
call out one's name	…이름을 큰 소리로 부르다, 호명하다
be called out to+동사	…하도록 호출되다

이렇게 쓰인다!

You're going to call out her name and say, "I love you!"
걔 이름을 큰 소리로 부르고 "널 사랑해!"라고 할거지.

She got out of the car and called out to Sam.
걘 차에서 나와 샘을 큰 소리로 불렀다.

From across the street, they heard Michael call out.
길 건너편에서 마이클이 큰 소리로 부르는 것이 들렸다.

Did you call out everyone's name? Some students are absent.
모두 다 호명한거야? 일부 학생들이 없는데.

이렇게 말한다!

A: Winnie got hurt when she was out hiking.
B: She had to call out to get someone to help her.
　A: 위니가 하이킹하면서 다쳤어.
　B: 도움을 청하기 위해 크게 외쳐야만 했대.

call 011

call up
전화하다

구어체 표현으로 「…에게 전화를 걸다」라는 의미. 보통 call up sb to+동사 혹은 call up sb and+동사의 형태로 쓰면 된다.

✓ 핵심포인트

call up sb to+동사　　전화해서 …하다
call up sb and+동사　　전화해서 …하다

📝 이렇게 쓰인다!

Why don't you just call up Helen and invite her over?
헬렌에게 전화해서 오라고 해.

Call up Tom and tell him we're coming over.
탐에게 전화해서 우리가 가고 있다고 해.

I'd like to call up Cindy to talk about that.
신디에게 전화해서 그 얘기를 나누고 싶어.

I want to call up someone who'd like to share a conversation.
얘기를 나눌 사람에게 전화하고 싶어.

💬 이렇게 말한다!

A: Let's call up and order a pizza.
B: Great idea. I'm feeling really hungry.
　　A: 전화로 피자를 주문하자
　　B: 좋은 생각이야. 진짜 배고프다.

✏️ 영어문장필사해보기

• 헬렌에게 전화해서 오라고 해.

call (sb) on one's cell phone
…의 핸드폰으로 …에게 전화하다

핸드폰이 울리면 꺼내고(take out a cell phone) 또 핸드폰으로 전화걸어(make a call) 얘기 나눈다(talk on my cell phone). 위 표현 call sb on one's cell phone은 「…의 핸드폰으로 …에게 전화하다」라는 뜻이 된다.

✓ 핵심포인트

call sb on one's cell phone	…의 핸드폰으로 …에게 전화하다
call one's cell phone	…의 핸드폰으로 전화하다
talk on one's cell phone	…의 핸드폰으로 이야기하다

이렇게 쓰인다!

They called my cell phone to see where I am.
내가 어디있는지 알려고 핸드폰으로 전화했어.

Eva made a call on her cell phone.
에바는 자기 핸드폰으로 전화걸었어.

Dump him immediately. Use my cell phone.
걜 바로 차버려. 내 핸드폰 써.

이렇게 말한다!

A: **Why isn't Brad at the party?**
B: **Call his cell phone and see where he is.**

　A: 왜 브래드가 파티에 오지 않았니?
　B: 걔 휴대폰으로 전화해서 어디 있는지 알아봐.

영어문장필사해보기

• 내가 어디있는지 알려고 핸드폰으로 전화했어.

Get More

- **be a close call** 아슬아슬 하다

  That was a close call. 하마터면 큰일날 뻔했네, 위험천만이었어.

- **call down** 전화해서 내려오라고 하다, 아래로 전화하다

  I'll call down to see if his car's in the parking lot.
  걔 차가 주차장에 있는지 확인하려고 밑에 전화할거야.
  The boss called her down to speak with her.
  사장은 얘기하기 위해 그녀에게 전화해서 내려오라고 했어.

- **call the meeting** 회의를 소집하다

  I've called this meeting to discuss the stock.
  주식문제 토의하기 위해 회의를 소집했습니다.

- **call in** …에게 와서 도와달라고 전화하다, 도움을 구하다, 잠깐 방문하다

  Call in the lawyers. We're getting a divorce.
  변호사 좀 불러. 우리 이혼해.

- **be one's call** …가 결정할 일이야

  That's your call. 네가 결정할 문제야, 네 뜻에 따를게.
  It's your call. 네가 결정할 몫이야.

- **be on call** 대기중이다

  He was on call last night, so now he might be asleep.
  어젯밤 당직이었으니 자고 있나 봐요.

- **so-called** 소위

  When I was in high school, so-called techno music was also very popular. 고등학교시절 소위 테크노뮤직이라는게 유행했었어요.

07.
원하는 걸 하고 싶을 때

Want

> want는 필요한 것을 갖고 싶거나(want something) 어떤 것을 하고싶다(want to~)는 의미로 앞서 언급한 I'd like와 의미가 비슷하지만 보다 친숙한 사이에서 쓰는 직설적인 표현이다. 특히 상대방이 뭔가 하기를 원한다고 할 때는 want sb to~라 하면 된다. 살다 보면 원할때도 있고 원치 않을 때도 많은 법. 자주 쓰이는 구문을 달달 외워두고 필요할 때 활용해본다.

 Want 기본개념

01. 원하다, …이 필요하다(want something)
Do you want a refund? 환불해드려요?
Do you want some? 좀 먹을래?

02. …하고 싶다(want to do)
I want to ask you something. 뭐 좀 물어볼게.
I don't want to lose you. 너를 잃고 싶지 않아.
Who do you want to speak to? 누구랑 통화하시겠습니까?

03. …가 …해주[이]기를 원하다(want ~ to do[형용사/pp])
I want you to meet my friend. This is Julie.
인사해, 내 친구 줄리야.
I want you to be happy. 네가 행복했으면 해.
I want it fixed. 난 그거 수리를 원해.

want 001

want sb[sth]
…을 원하다

지금 내가 원하는 걸 말할 때 쓰는 I'd like+명사와 같은 표현이지만 좀 더 친근한 사이에 사용된다. I want+명사하면 「…가 필요하다」, 「원하다」라는 의미. want 다음에는 구체명사뿐만 아니라 advice, privacy 등과 같은 추상명사가 올 수도 있다.

✅ 핵심포인트

I want+명사	…을 원하다, 필요로 하다
(Do you) Want+명사~?	…가 필요해?

📓 이렇게 쓰인다!

The boss wants you in his office now.
사장님이 사무실로 지금 오래.

Do you want some more?
더 먹을래?

Do you want some help with that?
그거 좀 도와줄까?

Do you want a mirror?
거울줄까?

Do you want some advice?
조언을 좀 해줄까?

💬 이렇게 말한다!

A: I want something to drink right now.
B: Let's go to the bar down the street.

A: 지금 뭔가 마실 것을 원해.
B: 길 아래에 있는 바에 가자.

✏️ 영어문장필사해보기

• 그거 좀 도와줄까?

want to+V
…을 하고 싶어

마찬가지로 지금 「…을 하고 싶다」른 표현인 I'd like to+동사보다 좀 더 친근한 사이에 사용되는 표현으로 반대로 원치 않을 때는 I don't want to~, 상대방에게 원하는지 물어볼 때는 Do you want to+동사?라 한다.

✓ 핵심포인트

I want to + 동사 …하고 싶어
I don't want to+동사 …하고 싶지 않아
Do you want to+동사? …하고 싶어? …할래?

📝 이렇게 쓰인다!

I want to go to a movie tonight.
오늘 밤에 영화를 보러 가고 싶어.

I want to talk to you about that right now.
지금 그 얘기 좀 하자고.

I don't want to start trouble.
말썽 일으키긴 싫어.

Do you want to get some air?
바람 좀 쐴래?

She wants to start a family, but I'm not ready yet.
걘 가정을 꾸리고 싶어하지만 난 아직 준비가 되지 않았어.

I don't know why, but he wants to take it slow.
이유는 모르겠지만 그는 천천히 하기를 바래.

💬 이렇게 말한다!

A: I am not sure if I want to buy this.
B: Don't worry. I won't cheat you.
  A: 내가 이걸 사야 할지 모르겠요.
  B: 걱정 마세요. 손님한테 사기안쳐요.

want sb to~
…가 …하기를 바래

앞서 배운 I'd like sb to~와 같은 의미로 내가 뭘 하고 싶다는 뜻이 아니라 sb가 「…하기를 바란다」는 부탁과 요청의 문장이 된다.

✓ 핵심포인트

I want you to+동사   네가 …해줬으면 해
Do you want me to+동사**?**   내가 …할까?
want sb ~ing   …가 …하기를 바라다

🗒 이렇게 쓰인다!

Don't lie to me. I want you to tell me the truth.
거짓말하지마. 난 네가 내게 진실을 말해주길 원해.

I want you to take a chance and trust me.
운에 맡기고 날 믿었으면 해.

He really wants you to be here. I guess he's serious.
걘 정말 네가 여기 있길 바래. 진심인 것 같아.

Do you want him to call you back?
걔보고 전화하라고 할까?

Do you want me to stay with you? Until when?
내가 함께 있을까? 언제까지?

I just want you to be happy. I mean it.
난 네가 행복하길 바래. 진심이야.

There are some people I want you to meet.
네가 만났으면 하는 사람들이 있어.

💬 이렇게 말한다!

A: Julie, I want you to meet my friend. This is Peter.
B: Hi! Nice to meet you.
    A: 줄리야, 인사해, 내 친구 피터야.
    B: 안녕! 반가워.

make sb want to~
···가 ···하고 싶어지게 만들다

조금 어렵지만 사역동사 make와 want to~가 결합된 표현. 「···을 ···하고 싶어지게 만들다」라는 것으로 make you want to~ 혹은 make me want to~로 사용된다.

핵심포인트

make me want to+동사	내가 ···하고 싶어지게 만들다
make you want to+동사	네가 ···하고 싶어지게 만들다

이렇게 쓰인다!

He makes me want to be a better man.
걘 내가 더 좋은 사람이 되고 싶게 만들어.

Just watching you makes me want to have sex with you.
널 바라만 봐도 너랑 섹스하고 싶어져.

Thinking of you makes me want to puke.
널 생각만 해도 토하고 싶어.

Christmas makes you want to be with people you love.
크리스마스는 사랑하는 사람들과 함께 보내고 싶게 만들어.

이렇게 말한다!

A: Wow, that food smells delicious.
B: It makes me want to eat it all.
　A: 와, 그 음식 맛있는 냄새가 나네.
　B: 몽땅 먹어버리고 싶게 만드네.

영어문장필사해보기

- 크리스마스는 사랑하는 사람들과 함께 보내고 싶게 만들어.

I want you to know (that)~

…하니 그리 알아, 알아주길 바래

앞의 I want you to+동사의 한 유형인 I want you to know that 주어+동사는 상대방에게 어떤 중요한 사실을 당부할 때나 진심을 전달할 때 사용한다.

✔ 핵심포인트

I want you to know (that) 주어+동사   …을 알아주길 바래
I want you to know what[how]~   …을 알아주길 바래

📋 이렇게 쓰인다!

I just want you to know I love you.
내가 널 사랑한다는 걸 알아주길 바래.

I want you to know that I'm going to be there.
내가 거기 갈거니까 그리 알아.

I want you to know I didn't use to be like this.
난 예전에 지금과 같지 않았다는 걸 알아줘.

I want you to know that I have never done anything like this before.
예전에 이런 짓 안해봤다는 걸 알아주길 바래.

I want you to know that you and I are not all that different.
너와 난 전혀 다르지 않다는 걸 알아줘.

I want you to know that I want you to attend our wedding as my guest.
네가 결혼식 하객으로 참석하길 바란다는 걸 알아주길 바래.

I want you to know that nobody thinks you're stupid.
아무도 네가 어리석다고 생각하지 않는다는 걸 알았으면 해.

I want you to know how sorry I am.
내가 얼마나 미안한지 알아줬으면 해.

I just want you to know what a wonderful person your son is.
난 단지 네 아들이 얼마나 멋진 가를 알아주길 바래.

We just want you to know how much we care.
우리가 얼마나 신경쓰는지 네가 알아주길 바래.

I want you to know how much I appreciate your patience.
내가 너의 인내심에 얼마나 감사하는지 알아줬으면 해.

이렇게 말한다!

A: So, you talked to my boyfriend?
B: I want you to know he still loves you.

A: 그래. 내 남친과 이야기했지?
B: 걔가 너를 여전히 사랑하고 있다는 것을 알아주길 바래.

영어문장 필사해보기

- 난 예전에 지금과 같지 않았다는 걸 알아줘.

- 아무도 네가 어리석다고 생각하지 않는다는 걸 알았으면 해.

- 내가 너의 인내심에 얼마나 감사하는지 알아줬으면 해.

may want to~
…하는 게 좋을거야

좀 난이도가 있지만 많이 쓰이는 표현. may[might] want to~는 …을 하고 싶어할지도 모른다라는 의미로 주로 충고나 조언을 할 때 쓰는 표현. Wouldn't want to~나 You don't want to~도 같은 맥락의 표현이다.

✔ **핵심포인트**

may[might] want to …하는게 좋을거야
You don't want to~ …하지 않는게 나아
wouldn't want to …하는게 좋은 생각 같지 않아

📒 **이렇게 쓰인다!**

Well, you might want to get used to it.
저기, 그거에 익숙하는게 좋을거야.

I wouldn't want to spend tonight with you.
너랑 저녁을 같이 보내는 건 좋은 생각같지 않아.

You wouldn't want to see me lose my job, would you?
내가 실직하는 걸 보고 싶지 않지, 그지?

You don't want to know.
모르는게 나아.

💬 **이렇게 말한다!**

A: What did you think of the presentation?
B: You don't want to hear what I have to say about it.
A: 그 발표회 어땠어?
B: 그에 대해 내 할 말을 안듣는게 좋아.

📝 **영어문장필사해보기**

• 너랑 저녁을 같이 보내는 건 좋은 생각같지 않아.

want sb[sth] 형용사/pp/부사

···을 ···한 상태로 되기를 원하다

want sb[sth] 다음에 I want you out(나가), I want you out of here(여기서 나가) 처럼 형용사, pp, 부사(구) 등이 와서 「···가 ···한 상태로 되기를 바란다」는 뜻으로 쓰이는 경우이다.

✓ 핵심포인트

want sb[sth]+형용사[pp]	···가 ···한 상태로 되길 바래
want sb[sth]+부사(구)	···가 ···하길 바래
want ~ back	돌려받기를 원하다

📓 이렇게 쓰인다!

I want you right here.
당장 이리로 와.

I want it on my desk first thing in the morning.
내일 아침 일찍 그거 내 책상에 올려놔.

When I ask you to do something, I want it done!
내가 뭘 하라고 했을 때는 다 마치라는 얘기야!

I miss my wife. I want her back.
아내가 그리워. 아내를 다시 원해.

💬 이렇게 말한다!

A: She gave away all of her designer clothes.
B: Yeah, but she wants them back now.

A: 걔는 자기의 디자이너 의상들을 몽땅 줘버렸어.
B: 그래. 그런데 이제 다시 돌려받기를 원하고 있어.

📝 영어문장필사해보기

• 내일 아침 일찍 그거 내 책상에 올려놔.

want 008 | don't want anything~
전혀 …을 원하지 않다

「아무것도 원하지 않는다」라는 의미로 anything 다음에 to+동사, ~ing, (that) 주어+동사 등이 와서 「…할 아무것도 원치 않는다」는 것으로 의역하면 「절대로 …하고 싶지 않다」라는 말이 되는 것이다.

✓ **핵심포인트**

don't want anything~   전혀 …을 원하지 않다

📋 이렇게 쓰인다!

I don't want anything from you.
너한테 바라는 게 아무것도 없어.

Now I don't want anything going on while I'm gone.
내가 없는 사이 아무것도 진행되게 하지마.

I don't want anything to upset Betty tonight.
오늘밤 절대로 베티를 속상하게 하고 싶지 않아.

I don't want anything to do with you!
너랑은 절대로 아무 것도 하고 싶지 않아!

💬 이렇게 말한다!

A: Can I get you some coffee or cake?
B: Thanks, but I don't want anything.
　A: 커피나 케익 좀 줄까?
　B: 고맙지만 어느 것도 원치 않아.

영어문장필사해보기 ✏️

• 오늘밤 절대로 베티를 속상하게 하고 싶지 않아.

I just wanted to~
단지 …을 하고 싶었을 뿐이야

자신의 행동과 말의 의도내지는 목적을 정리해주는 표현. 다른 이유나 목적이 있는 것이 아니라 「단지(just) …하고 싶었을 뿐이야」라고 자신의 진의를 전달한다. I just want to~는 「단지 …하고 싶을 뿐이야」라는 뜻.

✓ 핵심포인트

I just wanted to say~ 　　　　　　단지 …라고 말하고 싶었을 뿐이야
I just wanted to make sure 주어+동사 　단지 …을 확실히 하고 싶었을 뿐이야
I just wanted to ask you if 주어+동사 　단지 …인지 물어보고 싶었을 뿐이야

📓 이렇게 쓰인다!

I just wanted to say thank you.
단지 네게 고맙다고 하고 싶었을 뿐이야.

Well, I just wanted to say I'm sorry.
미안하단 말하고 싶었어.

I just wanted to make sure that you were doing OK.
단지 네가 괜찮은지 확인하고 싶을 뿐이었어.

I just wanted to make sure everybody was doing OK.
다들 잘하고 있는지 확인하고 싶었어.

I just want to tell you that Mr. Brown is fine.
브라운 씨가 괜찮다는 걸 말하고 싶을 뿐이야.

💬 이렇게 말한다!

A: Where were you this afternoon?
B: I just wanted to go outside for a while.
　A: 오늘 오후 어디 있었니?
　B: 단지 잠깐 밖에 나가고 싶었어.

영어문장필사해보기 ✏️

• 다들 잘하고 있는지 확인하고 싶었어.

All I want is~

내가 바라는 것은 …가 다야

자신이 바라는 것을 요약정리해주는 표현방식. 「내가 바라는 것은 …가 전부다」라는 뜻으로 자신의 바람을 강조하고 있다. 바라는 것이 행동일 때는 All I want to+동사+is~라고 해도 된다.

✓ 핵심포인트

All I want is+명사 내가 바라는 것은 …가 다야
All I wanted was (for sb) to+동사 내가 원했던 건 (…가) …하는 것이었어
All I want to know is what[when~] 주어+동사
내가 꼭 알고 싶은 건 …야
The last thing I want to do is+동사 내가 가장 하기 싫은 일은 …이다

📓 이렇게 쓰인다!

All I want is my freedom.
내가 바라는 건 내 자유뿐이야.

All I wanted was to meet a nice girl.
내가 바랬던 건 멋진 여자를 만나는거야.

All I wanted was for you to like me.
내가 바랬던 건 네가 날 좋아하는거야.

All I want to do is help her.
내가 하고 싶은 건 걜 도와주는거야.

All I want to know is how fast you run.
내가 알고 싶은 건 네가 얼마나 빨리 달리냐는거야.

What I want to know is did you play computer games?
내가 알고 싶은 건 네가 컴퓨터 게임을 했냐는거야?

The last thing I want to do is to make you feel uncomfortable.
내가 가장 하기 싫은 건 널 불편하게 만드는거야.

💬 이렇게 말한다!

A: I'll give you whatever you would like.
B: All I want is to be loved by you.

A: 네가 원하면 뭐든지 줄게.
B: 내가 원하는 것은 너의 사랑을 받는게 전부야.

be what I wanted~
…는 내가 바라던 것이다

what I want는 「내가 원하는 것」, what I wanted는 「내가 원했던 것」. 주로 be what I want(ed) (to~)의 형태로 「내가 바라는(바랐던) 것은 …이다」라는 의미로 쓰인다. know what I wanted는 「내가 바랬던 것을 알다」.

✔ 핵심포인트

This[That] is what I want(ed)	내가 원하는[던]거야
This[That] is not what I want(ed)	내가 원하는[던]게 아냐
I'll tell you what I want	내가 원하는 걸 말해줄게
Here's what I want you to do	네가 했으면 바라는 건 이거야

📓 이렇게 쓰인다!

That's what I wanted to hear!
그게 바로 내가 듣고 싶었던거야!

That's actually what I wanted to talk to you about.
그게 바로 네게 얘기하고 싶었던거야.

Here's what I want to ask you.
이게 바로 네게 물어보고 싶은거야.

I didn't know what I wanted to say to him.
걔한데 뭘 말하고 싶었는지 몰랐어.

Do you know what I wanted to do?
내가 뭘 하고 싶었는지 알아?

You know what I wanted to be when I was that age?
내가 그 나이 때 뭐가 되고 싶었는지 알아?

💬 이렇게 말한다!

A: I'm glad we're going to Hawaii.
B: Me too. This is what I wanted to do.
   A: 하와이로 가게 되다니 기뻐.
   B: 나도 그래. 내가 바라던 것이거든.

want 012

If you want to~

…을 원한다면

If you want (to)~로 조건의 문장을 만들고 다음 명령문이나 「…해야 한다」, 「난 …할거야」 등의 문장을 넣으면 된다. 또한 단독으로 쓰이는 if you want (to)나 if you want me to 등도 알아둔다.

✔ 핵심포인트

If you want to~, do~	…을 원하면 …해라
If you want to~ I will~	…을 원하면 내가 …할게
If you want to~ you've got to[you have to]~	…을 원한다면 …해야 한다
If you want me to do	내가 그러길 바란다면
If you want (to)	원한다면

📝 이렇게 쓰인다!

If you want to stay, I'm not going to stop you.
더 있겠다면 막지 않을게.

If you want to know about girl stuff, ask Allan.
여자 얘기라면 앨런에게 물어봐.

You can come with us, if you want to.
원한다면 우리랑 같이 가.

If you want to date Cindy, you're going to have to ask her out.
신디와 데이트하고 싶으면 걔에게 데이트신청을 해야 될거야.

💬 이렇게 말한다!

A: I can meet you there if you want.
B: That would be more convenient for me.

A: 좋으시다면 제가 거기로 가서 뵐 수 있어요.
B: 저한테는 그게 더 편할 것 같네요.

✏️ 영어문장필사해보기

• 여자 얘기라면 앨런에게 물어봐.

Why do you want (me) to~?
왜 …하고 싶어?, 왜 내가 …하길 바래?

이번에는 why, how, who와 do you want to와의 결합. 특히 who는 주어로 쓰여 Who wants to+동사?로 쓰인다는 것을 기억해둔다.

✓ 핵심포인트

Why do you want (me) to+동사?   왜 …하고 싶어?, 왜 내가 …하길 바래?
How do you want (me) to+동사?   어떻게 …하길 바래?, 내가 어떻게 …하길 바래?
Who do you want (me) to+동사?   누구를 …하고 싶어?, 내가 누구를 …하길 바래?
Who wants to+동사?   누가 …하고 싶어?

📓 이렇게 쓰인다!

Why do you want to work for me?
왜 내 밑에서 일하려고 해?

Why do you want me to date other men?
왜 내가 다른 남자들과 데이트하길 바래?

How do you want to pay me?
어떻게 지불할거야?

Who do you want me to follow?
내가 누굴 따라가라고?

Who wants to go first?
누가 가장 먼저 가고 싶어?

💬 이렇게 말한다!

A: Why do you want to break up with me?
B: I'm feeling unhappy with you.
    A: 왜 나랑 헤어지려는거야?
    B: 너랑 행복하지 못해.

✏️ 영어문장필사해보기

• 누가 가장 먼저 가고 싶어?

07. 원하는 걸 하고 싶을 때 Want

What do you want (me) to~? 뭐하고 싶어?, 내가 뭘 하길 바래?

의문사 what과 do you want (me) to가 결합한 표현. (me)가 빠지면 상대방에게 뭘 원하는지 물어보는 것이고 me를 넣으면 내가 뭐하길 바라는지 물어보는 것이다. 물론 what 대신 where, when 등이 오기도 한다.

✔ 핵심포인트

What do you want (me) to+동사?	뭐하고 싶어?, 내가 뭘 …했으면 좋겠니?
Where do you want (me) to+동사?	어디에서 …할래?, 어디에서 내가 …할까?
When do you want (me) to+동사?	언제 …할래?, 언제 내가 …할까?

📓 이렇게 쓰인다!

What do you want to eat for lunch today?
오늘 점심으로 뭘 먹고 싶어?

What do you want me to say? You want me to say I'm a bitch.
무슨 말을 하라는거야? 내가 나쁜 년이라고 말하라는거야?

What do you want from me? You're too much.
나보고 어쩌라는거야? 너무해.

Where do you want to go? Do you want to go home?
어디에 갈건데? 집에 가고 싶어?

💬 이렇게 말한다!

A: I'd like to propose a toast.
B: What do you want to drink to?
　A: 건배하자.
　B: 무엇을 위해서?

영어문장필사해보기 ✏

• 나보고 어쩌라는거야? 너무해.

Get More

- **want in** 들어가고 싶다, 가입하고 싶다

  You want in? 들어올래?

- **want out** 나가고 싶다, 빠지고 싶다

  You want out? 나가고 싶어?
  I just wanted out. 난 그냥 빠지고 싶었어.

- **want sb[sth] back** 되찾기를 바라다, 돌려받기를 원하다

  I want this back. 이거 돌려줘.
  I miss my wife. I want her back. 아내가 그리워. 돌아오길 바래.

- **be wanted on the phone** …에게 전화가 오다

  You are wanted on the telephone. 너한테 전화왔어.

You Know What? : promise와 appointment

"Promise" refers to 'a declaration of assurance that one will or will not do something, a vow.' For example: "Monica promised to call me." "Appointment" refers to 'an arrangement to meet someone of do something at a particular time.' "Ron made an appointment to see the doctor about his headaches." As you can see, the two terms are not synonymous.

08.
잡아도 떠나고야 마는

Leave

여러 의미가 있지만 그 원류는 여기를 남겨두고 다른 곳으로 간다는 의미이다. 서울을 떠나는 것(leave Seoul)도 뉴욕으로 출발하는(leave for New York) 것도 의미한다. 또한 떠나긴 떠났지만 뭔가 남겨두고 떠난다는 의미가 있는데 의도적이면 맡기는 것이고 실수면 깜박 두고 오는 것을 말한다. 한편 앞의 keep이나 hold처럼 leave~+형용사 형태로 「…을 …한 상태로 놓아두다」는 뜻으로 쓰인다는 점을 알아둔다.

 Leave 기본개념

01. …을 떠나다, …을 향해 출발하다, …을 그만두다
He left the office 10 minutes ago. 걘 10분 전에 퇴근했어.
Are you leaving so soon? 벌써 가려구?
I am leaving. 나 간다.
She will leave for New York next month.
걘 다음 달에 뉴욕으로 떠날거야.

02. 남겨놓다, 맡기다, (깜박 잊고) 두고 오다
I left my wallet at home this morning.
오늘 아침 집에 지갑을 두고 왔어.
We're not home, please leave a message.
부재중이니 메시지를 남기세요.

03. …한 상태로 놓아두다(leave ~ 형용사)
Don't leave the window open. 창문 열어놓지마.

leave somewhere
…에서 나가다, 출발하다

기본적으로 leave는 go away, 즉 여기에서 일어나 다른 곳으로 가다라는 뜻. He turns to leave(돌아서서 나간다)처럼 단독으로 쓰이거나 혹은 leave+장소명사가 와서 「…을 나가다」, 「자리를 뜨다」라는 뜻으로 쓰인다.

✓ 핵심포인트

leave somewhere for~ …을 출발해서 …로 향하다
leave somewhere to+동사~ …하기 위해 …을 떠나다

📓 이렇게 쓰인다!

I'm afraid he's left for the day.
그분 퇴근하신 것 같아요.

What time does the limo leave?
리무진 버스는 몇시에 출발하나요?

He got up to leave the room.
걘 일어나 방을 나갔어.

Do you want us to leave the room?
우리 보고 방에서 나가라고?

💬 이렇게 말한다!

A: We told Cindy to leave our group.
B: I want to make sure she stays away.
　A: 우린 신디에게 우리 그룹에서 나가달라고 말했어.
　B: 걔가 정말 나갔는지 확실히 하고 싶어.

영어문장필사해보기 ✎

• 그분 퇴근하신 것 같아요.

leave for~
…을 향해 출발하다

앞의 경우와 착각하기 쉬운 것으로 leave+장소명사하면 「…을 떠나다」가 되지만 leave for+장소 명사가 되면 「…을 향해 출발하다」라는 뜻이 된다.

✔ 핵심포인트

leave for A   A를 향해 출발하다
leave A for B   A를 출발해 B로 향하다

📒 이렇게 쓰인다!

He left New York for Seoul.
걘 뉴욕을 출발해 서울로 향했어.

He left for Boston yesterday.
걘 어제 보스톤으로 출발했어.

I leave for work at 7 o'clock in the morning.
아침 7시에 출근해.

We have to leave for Japan in an hour.
한 시간 후에 일본으로 출발해야 돼.

💬 이렇게 말한다!

A: It's time to leave for the party.
B: I'll meet you down in the lobby.
   A: 파티에 가야 할 시간이야.
   B: 아래 로비에서 보자.

영어문장필사해보기 ✏

• 걘 뉴욕을 출발해 서울로 향했어.

leave a job
회사를 그만두다

leave somewhere이긴 하지만 somewhere 자리에 school, home, country, job 혹은 company 등의 명사가 와서 「…을 완전히 그만두고 떠나다」라는 뜻이 된다. 단 leave work는 그만두는 게 아니라 「퇴근하는」(get off work) 것을 말한다.

✓ 핵심포인트

leave a job	회사를 그만두다
leave work	퇴근하다(get off work)
leave for work	출근하다

이렇게 쓰인다!

I can't leave this job at the moment.
지금은 회사 그만 두지 못해.

We both left home when we were 16.
16살 때 우리 둘 다 집을 나왔어.

He left work in the middle of the day to go on a date.
걘 데이트하려고 근무 중 퇴근했어.

I left that job to make more money.
난 돈을 더 벌기 위해 회사를 그만뒀어.

이렇게 말한다!

A: I think he's going to leave this company.
B: What makes you think so?

A: 그 사람이 이 회사를 그만둘 것 같아.
B: 왜 그렇게 생각해?

영어문장필사해보기

• 난 돈을 더 벌기 위해 회사를 그만뒀어.

leave sth~
(…에) 두고 오다, 남겨놓다, 깜박 놓고 오다

이번엔 떠나간 자리에 「…을 남겨두다」는 의미의 leave. 의도적이든 깜박이든 뭔가를 남겨두는 것을 뜻한다. leave sth 다음에는 주로 장소 부사구가 오게 된다.

✓ 핵심포인트
leave sth~   두고 오다, 깜박 놓고 오다

이렇게 쓰인다!

How much should I leave on the table?
테이블에 얼마만큼 남겨두어야 돼?

I'd like to leave my room key, please.
키 좀 맡아주세요.

I think I left my keys here when I went out.
나갈 때 여기에 열쇠를 두고 온 것 같아.

Leave it. I'll look at it if I get a chance.
거기 놔둬. 시간나면 볼게.

이렇게 말한다!

A: Don't forget to fill out those forms before you go.
B: I'll leave them on your desk before I go.
    A: 가기 전에 이 양식서를 다 채우는 것 잊지마.
    B: 제가 가기 전에 책상 위에 둘게요.

영어문장필사해보기 ✎

• 나갈 때 여기에 열쇠를 두고 온 것 같아.

leave 005

leave sb
…을 떠나다, 헤어지다, 남겨두다

leave 다음에 사람이 오는 경우 또한 leave sth과 비슷하다. 「…을 떠나거나」, 「…와 아예 헤어지거나」 혹은 「…을 남겨두다」는 의미로 쓰인다. 또한 추상적으로 「…가 하도록 하다」, 「맡기다」라는 의미로 쓰이기도 한다.

✔ 핵심포인트

leave sb	떠나다, 헤어지다, 남겨두다
leave sb sth	…에게 …을 남겨두다

📒 이렇게 쓰인다!

I told her I was going to leave her.
난 걔한테 떠날거라고 말했어.

Where does that leave me?
그럼 난 어떻게 되는거야?

You didn't really leave me much choice.
넌 내게 많은 선택권을 남겨 놓지 않았어.

I left you a note.
너한테 노트를 남겨놨어.

💬 이렇게 말한다!

A: Ted and his wife have separated.
B: Really? Did she leave him?
A: 테드와 걔 부인은 별거하고 있어.
B: 정말로? 그녀가 걔와 헤어진거야?

영어문장필사해보기 ✏️

• 난 걔한테 떠날거라고 말했어.

leave 006

leave sth+분사[형용사]
···한채로 두다, ···상태가 되다

keep과 비슷한 용법으로 leave sth+형용사[pp]하면 「···을 어떤 상태로 두다」, 「···원인으로 ··· 한 상태가 되다」라는 뜻이 된다. leave the door open이 가장 알려진 표현.

✔ 핵심포인트

leave sth+분사[형용사]   ···한채로 두다, ···상태가 되다

📝 이렇게 쓰인다!

Don't leave things half done.
일을 하다 말면 안돼.

I left the door open and she must have gotten out.
내가 문을 열어놓아서 걔가 나갔음에 틀림없어.

It's very not good leaving candles unattended.
촛불을 신경안쓰고 놔두면 아주 안좋아.

It was Nina who left the office door unlocked.
사무실 문을 안잠그고 퇴근한 사람은 니나였어.

🗣 이렇게 말한다!

A: I'm going to bed soon.
B: Leave the door to the bedroom open.
 A: 난 곧 잠자리에 들거야.
 B: 침실 쪽 문은 열어둬.

✏ 영어문장필사해보기

• 내가 문을 열어놓아서 걔가 나갔음에 틀림없어.

leave sb alone
…을 내버려두다

귀찮게 하는 사람에게 던지는 Leave me alone!(귀찮게 하지마!)로 유명한 leave sb alone 은 「…을 혼자 놔두다」라는 뜻의 표현. 강조하려면 leave sb all alone이라고 한다.

✔ 핵심포인트

leave sb alone …을 혼자 놔두다
leave sth alone …을 그냥 놔두다

📝 이렇게 쓰인다!

Could you please just leave me alone?
나 좀 가만히 둘래요?

I didn't want to leave him alone.
난 걜 혼자 놔두기 싫었어.

I left her alone out there.
난 걜 그곳에 혼자 남겨뒀어.

They're even, so just leave it alone.
공평하니까 그냥 놔둬.

💬 이렇게 말한다!

A: Tina always wears old clothes.
B: Leave Tina alone. She's a nice girl.
  A: 티나는 항상 오래된 옷을 입어.
  B: 그냥 놔둬. 착한 애야.

영어문장필사해보기 ✏️

• 난 걜 혼자 놔두기 싫었어.

08. 잡아도 떠나고야 마는 Leave

leave a message
메시지를 남기다

전화영어로 잘 알려진 표현으로 leave 다음에 message나 note 등이 와서 「메시지나 노트를 남기다」라는 뜻이 된다. 전달 내용을 말하려면 ~message[note] saying that~ 이라고 부연하면 된다.

✓ 핵심포인트

leave a message[note]　　메시지를 남기다[↔ take a message 메시지를 받다]
leave a message[note] saying that S+V　　…라는 메시지를 남겨두다

📝 이렇게 쓰인다!

Could I leave a message?
메모 좀 전해주세요?

Please, leave a message at the tone.
삐소리가 나면 메시지를 남기세요.

They left us a message saying they were getting married.
걔네들이 결혼할거란 메시지를 남겼어.

💬 이렇게 말한다!

A: Would you like to leave a message?
B: That's okay. I'll call again later.

　A: 메모 남기시겠어요?
　B: 아뇨, 나중에 전화할게요.

영어문장필사해보기 ✎

• 걔네들이 결혼할거란 메시지를 남겼어.

leave sth to sb
…에게 …을 맡기다

sb가 책임지게 하거나 결정하도록 맡긴다라는 의미. 변형된 형태인 Let's leave it at that은 「할 만큼 충분히 했으니 그만두다」라는 의미의 굳어진 표현.

✓ 핵심포인트

leave sth to sb	…에게 …을 맡기다, 책임지게 하다
leave it at that	그 정도에서 놔두다, 충분히 해서 그만두다
leave it up to	…에게 맡기다
leave it to sb to+V	…가 …하도록 맡기다

📓 이렇게 쓰인다!

Leave it to me to find her.
걔 찾는 건 내게 맡겨.

I'll leave them to you when I die.
내가 죽을 때 그것들 네게 맡길게.

I think we can just leave it at that.
우리 이제 그만 둘 수 있을 것 같아.

Leave it to the pros.
전문가들에게 맡겨.

💬 이렇게 말한다!

A: **Can you introduce me to your boss?**
B: **Leave it to me. I'll schedule an appointment.**
  A: 상사 분을 소개시켜 줄래요?
  B: 저한테 맡기세요. 제가 약속을 잡죠.

✏️ 영어문장필사해보기

• 내가 죽을 때 그것들 네게 맡길게.

leave 010

have sth left
…가 남았다

좀 특이한 표현방식으로 have(get) sth left하면 「sth이 남아있다」라는 의미가 된다. 또한 leftover하면 「(음식물의) 남은 것」이라 의미

✓ 핵심포인트

have sth left	…가 남아있다
leftover	(음식 등) 나머지

📝 이렇게 쓰인다!

We don't have much time left.
시간이 얼마 남지 않았어.

I just have one problem left that I don't know how to solve.
어떻게 풀지 모르는 문제 하나가 남아있어.

It's left over from the wedding.
남은거거든요. 결혼식에서요.

We had a lot of liquor left over from the Christmas party.
크리스마스 파티 때의 술이 많이 남아있어.

💬 이렇게 말한다!

A: When can we leave school?
B: In ten minutes. We don't have much time left.

  A: 우린 학교를 언제 떠나요?
  B: 10분 후. 남은 시간이 많지 않아.

✏️ 영어문장필사해보기

• 시간이 얼마 남지 않았어.

leave sb[sth] behind

데려가지 않다, 떨쳐버리다, 남겨두다

뒤에(behind) 남겨놓고(leave) 간다는 말로 「…을 데려가지 않다」, 「떼어놓고 가다」라는 의미이다. 남겨놓는 대상은 사람(sb) 뿐만 아니라 사물(sth)도 올 수 있다.

✅ **핵심포인트**

leave sb[sth] behind　　데려가지 않다, 떨쳐버리다, 남겨두다

 **이렇게 쓰인다!**

The four kids ran off, leaving Parker behind.
4명의 아이들은 파커를 뒤에 남겨놓고 도망쳤어.

Is that why he left you behind?
그래서 걔가 널 남겨두었구나?

So how did you manage to leave her behind and come here?
그래 어떻게 걜 떼어놓고 여기왔어?

If you don't get back right now, I'm going to have to leave you behind!
지금 당장 돌아오지 않으면 떼어놓고 간다!

How did she leave it behind?
어떻게 걔가 그걸 남겨놨어?

이렇게 말한다!

A: Should I bring my suitcase along?
B: Leave it behind. We'll get it later.
　A: 내 여행가방을 가져가야 하나요?
　B: 남겨둬. 나중에 가져갈게.

영어문장필사해보기 ✏️

• 그래서 걔가 널 남겨두었구나?

leave 012

leave out
고려하지 않다, 제외하다

leave out하면 omit로 「제외시키다」, 「빼다」라는 의미로 잘 알려져 있는 숙어. 회화에서는 be[feel] left out로 쓰여 「소외당하다」, 「환영받지 못하다」라는 의미로 많이 쓰인다.

✔ 핵심포인트

leave out 제외하다(omit)
be[feel] left out 소외당하다, 환영받지 못하다

📔 이렇게 쓰인다!

Have much fun. Just leave me out of it.
즐겁게 보내. 난 빠질게.

I feel so left out since you left me.
네가 떠난 후에 난 정말 소외당하는 기분야.

Frankly, I didn't want you to feel left out.
솔직히 네가 소외감을 느끼지 않길 바랬어.

You're leaving out the most important factor!
넌 가장 중요한 요인을 빼먹고 있는거야!

🗣 이렇게 말한다!

A: **We just completed the report.**
B: **Don't leave out my data.**
  A: 우린 방금 보고서를 끝냈어.
  B: 내 자료는 빼지마라.

영어문장필사해보기 ✎

• 네가 떠난 후에 난 정말 소외당하는 기분야.

leave off
하던 일을 그만두다

off는 떨어져나간다는 의미로 leave off하면 「…을 제외시키다」 혹은 「하던 일을 그만두다」라는 뜻. 특히 continue[pick up, take up] where we left off란 형태로 많이 쓰이는데 의미는 「지난번 하던 데서 다시 시작하다」라는 뜻이다.

✓ 핵심포인트

leave off	제외시키다, 그만두다
continue where we left off [pick up, take up]	지난번 하던 데서 다시 시작하다

이렇게 쓰인다!

Let's pick it up where we left off.
지난 번 하던 데서 다시 시작하자.

Why don't you just come back down here and we'll pick up where we left off?
이리 내려와 못 다한 부분부터 다시 시작하자?

Shall we continue where we left off last night?
지난밤 하다가 만 걸 계속하자.

이렇게 말한다!

A: Did you finish reading the novel?
B: No. I can't remember where I left off.
   A: 그 소설 다 읽었니?
   B: 아니. 어디까지 읽었는지 기억못하겠어.

영어문장필사해보기

• 지난 번 하던 데서 다시 시작하자.

be on leave
휴가중이다

leave가 명사로 쓰이면 「휴가」라는 의미로 vacation과 같은 의미. 따라서 be on leave하면 「휴가 중이다」, go on leave하면 「휴가를 가다」라는 의미가 된다.

✔ 핵심포인트

be on leave	휴가중이다
go on leave	휴가를 가다

📝 이렇게 쓰인다!

He is on leave now. You can call him later.
걘 휴가 중이야. 나중에 전화해.

What's going to happen to us when she goes on leave?
걔가 휴가가면 우린 어떻게 되는 걸까?

She's going on leave?
걔 휴가간대?

Yes. He's in charge of that, but he's on leave now.
네. 그가 그걸 책임지고 있지만 지금은 휴가중이예요.

🗨 이렇게 말한다!

A: Does Bill still work in this department?
B: He does, but he's on leave right now.
  A: 빌이 이 부서에서 아직 일을 하나요?
  B: 네, 하지만 지금은 휴가 중이에요.

영어문장필사해보기 ✏

• 걔가 휴가가면 우린 어떻게 되는 걸까?

Get More

- **leave a lot[much, something] to be desired** 불만족스럽다

  Your manner leaves something to be desired. 네 매너가 좀 그렇다.

- **leave room for** …의 여지를 남겨두다

  Don't get too full. You have to leave room for dessert.
  과식하지마. 디저트 먹을 자린 비워둬.

- **leave sb in the cold** 제외시키다, 소외시키다

  We can't leave her out in the cold. 걔를 제외시킬 수는 없어.

- **Better left unsaid** 말 안하는 게 좋겠어, 입다물고

  I think some things are better left unsaid.
  어떤 것들은 말을 아예 안 하는게 좋아.

- **Take it or leave it** 하던지 말던지 해라

  I'll give you $30 for your lap top computer. Take it or leave it.
  네 노트북 30달러 줄게. 팔던지 말던지 해.

09/10.
시작이 반이래

Start/Begin

start와 begin 모두 시작한다는 의미로 목적어로 바로 명사가 오거나 혹은 to+동사[~ing]가 온다는 점에서 모두 동일하다. 물론 두 동사의 차이점이 없는 건 아니지만 많은 영문을 접하면서 두 동사의 용례와 느낌을 파악하는 것이 가장 좋은 방법이다. 다만 차를 움직이는 걸 begin이 아닌 start a car로 한다는 점 그리고 출발점이 beginning line이 아니고 starting line이듯 start는 begin보다 다소 동적인 경우에 쓴다.

 Start/Begin 기본개념

**01. start : (…을) 시작하다, 출발하다,
…하기 시작하다(start to~/~ing), (명사) 출발, 시작, (사업)개시**

We'll be starting in a few minutes.
몇 분 후에 시작할거야.

We are going to start now.
지금 시작할거야.

What time does the game start?
경기는 몇 시에 시작하니?

02. begin : 시작하다, …하기 시작하다(begin to~/~ing)

I think we should begin.
우리 시작해야 될 것 같아.

It began to rain.
비가 내리기 시작했어.

Would you like to begin after a short break?
잠깐 쉬었다가 시작할까?

start to~
…하기 시작하다

어떤 행위를 시작한다는 말로 start to+동사 혹은 start+~ing 형으로 사용하면 된다. start는 의미차이 없이 목적어로 동사 혹은 ~ing을 받는 동사이다.

✔ 핵심포인트
start to+동사 …하기 시작하다
start ~ing   …하기 시작하다

📋 이렇게 쓰인다!

What time do you start to board?
몇 시부터 탈 수 있나요?

We should start working on the report.
우린 보고서 작업을 하기 시작해야 돼.

I just started driving this month.
이번 달에 운전을 시작했어.

They started to french kiss in the elevator.
걔네들은 엘리베이터 안에서 딥키스를 하기 시작했어.

💬 이렇게 말한다!

A: How is your cold?
B: It's not bad. I'm starting to feel better.
   A: 감기는 좀 어때?
   B: 그리 나쁘지 않아. 점차 나아지고 있어.

영어문장필사해보기 ✏️

• 우린 보고서 작업을 하기 시작해야 돼.

start sth
…을 시작하다

start는 「…을 시작하다」라는 의미로 다양한 목적어를 받아 사용된다. start a company, start a family 뿐만 아니라 start a fight(fire)처럼 부정적인 것을 시작하다라는 뜻으로도 쓰인다.

✔ 핵심포인트

start a family	가정을 꾸리다
start the car	자동차를 출발시키다
start a company[business]	회사[사업]를 시작하다
start school[college]	학교를 다니기 시작하다
start a fight[fire]	싸움을 시작하다, 불을 지르다

이렇게 쓰인다!

I can't start the car. I don't know what the problem is.
차가 시동이 걸리지 않아. 어디가 문제인지 모르겠어.

My wife wants to start a family this year.
내 아내가 올해 아이를 낳고 싶어해.

Did you start a fight in the bar yesterday?
네가 어제 바에서 싸움을 시작했어?

Let's start the operation without him.
그없이 수술을 시작하자.

이렇게 말한다!

A: I'm eager to start my vacation.
B: Where are you going?
A: 어서 휴가를 갔으면 해.
B: 어디 갈 건데?

영어문장필사해보기

• 차가 시동이 걸리지 않아. 어디가 문제인지 모르겠어.

start it
그걸 시작하다

'it'은 앞 대화에서 이미 언급된 것을 말하는 것으로 누가 그걸 먼저 시작했는지 시시비비를 가리거나 명확히 할 필요성이 있는 상황에서 쓰는 표현.

✔ 핵심포인트

He started it! 걔가 먼저 시작한거야!
You started it 네가 시작했어

📝 이렇게 쓰인다!

I started it but, now it's scaring me.
내가 시작한거지만 이제 무서워.

She's the one that started it.
걔가 시작한 애야.

He started it and got caught in the middle of it.
걔가 시작했는데 도중에 잡혔어.

You started it. Everybody knows that!
네가 시작했어. 다들 안다고!

💬 이렇게 말한다!

A: Many people were killed in the war.
B: I wonder which country started it.
　A: 많은 사람들이 전쟁에서 사망했어.
　B: 어느 나라가 시작했는지 궁금해.

✏ 영어문장필사해보기

• 네가 시작했어. 다들 안다고!

~where sb started
원점으로

where sb started는 …가 출발한 곳이라는 뜻. be where sb started하면 …가 시작한 곳이다, be back where sb started하면 원점으로 돌아오다라는 뜻이 된다.

✔ 핵심포인트

be where sb started …가 시작한 곳이다
be back where sb started 원점으로 돌아오다

📒 이렇게 쓰인다!

Isn't that where you started?
네가 시작한 곳 아냐?

This is where he started. Remember that.
이게 걔가 시작한 곳이야. 기억해 둬.

I'm right back where I started!
다시 원점으로 돌아왔어!

💬 이렇게 말한다!

A: I'm right back where I started!
B: You should start from scratch.

A: 다시 원점으로 돌아왔어!
B: 처음부터 다시 시작해야 돼.

영어문장필사해보기 ✏

- 이게 걔가 시작한 곳이야. 기억해 둬.

starting~
···부터 시작해서

start는 「starting+시간명사」 형태로 「···부터 시작해서」라는 부사구를 만들어낸다. 「지금부터」는 starting now, 「다음주부터」는 starting next week라 하면 된다.

✓ 핵심포인트

starting+시간명사	···부터 시작해서
starting now[next week]	지금[다음 주]부터

📝 이렇게 쓰인다!

I'll be on vacation starting next week.
난 다음 주부터 휴가야.

Would it be all right if I took a week off starting tomorrow?
내일부터 일주일 휴가가도 돼요?

Starting next month, I'm going to pay you to live here.
다음달부터 숙박비 낼게.

I'm going to study hard starting tomorrow.
낼부터 공부열심히 할거야.

💬 이렇게 말한다!

A: I'm going to exercise starting next week.
B: Good. You need to lose weight.
A: 다음 주부터 운동을 시작할거야.
B: 좋아. 체중을 감량할 필요가 있어.

📒 영어문장필사해보기 ✏️

• 내일부터 일주일 휴가가도 돼요?

09/10. 시작이 반이래 Start/Begin

start off
시작하다

분리되어(off) 출발한다(start)는 뜻으로 뭔가 출발하는 동작이 연상된다. start off 뒤에 ~with가 오면 「…로 시작하다」, ~to(toward)처럼 방향전치사가 오게 되면 「…로 향하다」라는 뜻.

✓ 핵심포인트

start off sth with[by]~	…로 시작하다
start off to[toward]~	…로 향하다
start sb off with~ 누가	…일을 시작하는 것을 돕다

📒 이렇게 쓰인다!

I always like to start off with a hug.
난 항상 껴안는 것으로 시작하길 좋아해.

She started off toward the church.
걘 교회로 출발했다.

I should've started you off with a pen or a pencil.
넌 펜이나 연필로 시작했어야 했어.

I decided to start off with something small like doing sit-ups.
난 윗몸일으키기 같은 자그마한 일부터 시작하기로 결심했어.

💬 이렇게 말한다!

A: Is it difficult to work in a bank?
B: All employees start off by working long hours.

A: 은행에서 일하는 것이 어렵니?
B: 모든 직원들은 오랜시간 일하는 것부터 시작해.

영어문장필사해보기 ✏️

• 난 항상 껴안는 것으로 시작하길 좋아해.

start on

…을 시작하다

on은 work on처럼 어떤 작업의 대상을 말하는 것으로 start on하면 「…(작업)을 시작하다」, 「…을 사용하다」라는 뜻이 된다. 참고로 start in on하게 되면 「…을 비난하다」, 「불평하다」라는 의미.

✓ 핵심포인트

start on …을 시작하다, 사용하다
start in on …을 비난하다(began nagging[yelling])

📔 이렇게 쓰인다!

Sorry I couldn't start on your case sooner.
네 사건을 더 일찍 시작할 수 없어서 미안해.

You can start on your essay now.
수필을 쓰기 시작해도 좋아.

I told her I was going to leave her, and then she started in on me.
걔한테 떠날거라고 했더니 날 비난하기 시작했어.

When can you start on the annual report?
연례보고서를 언제 시작할 수 있어?

💬 이렇게 말한다!

A: The class is waiting to take the exam.
B: Have them start on the first part of it.
A: 그 반은 시험을 치를 준비를 하고 있어.
B: 시험 앞부분부터 시작하도록 해.

영어문장필사해보기 ✏️

• 연례보고서를 언제 시작할 수 있어?

start out
시작하다, (직업 등) 시작하다

밖으로(out) 시작된다(start)는 의미로 어떤 일이나 인생, 직업 등이 특정한 방식으로 드러나면서 시작되는 것을 뜻한다. 단순히 start out (of)가 「…에서 나오다」로 쓰이기도 한다.

✔ **핵심포인트**

start out as	…로 시작하다
start out on[with]	…을[로] 시작하다

📝 이렇게 쓰인다!

He started out of the bathroom to the door. She followed him.
걘 화장실에서 나와 문으로 가는데 그녀가 따라갔어.

It started out this way. Nothing caused it to happen.
처음부터 이랬던거야. 원인은 따로 없어.

I actually started out as a playwright, and then I went into law.
실은 난 극작가로 시작했지만 지금은 법조계에 있어.

I started out as a ghost writer.
난 대필작가로 시작했어.

💬 이렇게 말한다!

A: I started out as a ghost writer.
B: What books did you write?

A: 난 대필작가로 시작했어.
B: 어떤 책들을 썼는데?

✏️ 영어문장필사해보기

• 실은 난 극작가로 시작했지만 지금은 법조계에 있어.

start (all) over
처음부터 다시 시작하다

여기서 over는 반복의 over로 start over하면 「처음부터 다시 시작하는」 것을 뜻한다. 강조하기 위해 start all over라고도 한다.

✓ 핵심포인트
start all over	처음부터 다시 시작하다

📝 이렇게 쓰인다!

Can we just start all over?
처음부터 다시 시작하면 안될까?

Maybe we can start over again, but things will be different this time.
처음부터 다시 시작할 수도 있지만 이번에는 다를거야.

We're going to have to start all over again.
우리는 처음부터 다시 시작해야 할거야.

Put your past behind you and start over.
과거는 잊고 새롭게 출발해.

💬 이렇게 말한다!

A: There are too many mistakes in this report.
B: I think we'll need to start over again.
  A: 이 보고서에는 실수가 너무 많아.
  B: 처음부터 다시 시작해볼 필요가 있다고 생각돼.

✏️ 영어문장필사해보기

• 우리는 처음부터 다시 시작해야 할거야.

start up

시작하다, (회사 등) 세우다, (엔진 등) 작동하게 하다

사업이나 프로젝트를 시작하는 것을 말하며 start(-)up의 형태로 형용사나 명사로 「신생의」, 「신생기업」이라는 의미로 쓰이기도 한다. 또한 오토바이나 차량등의 시동스위치를 켜는 것을 뜻하기도 한다.

✔ 핵심포인트

start up (sth) with sb	…와 (…을) 시작하다
start up again	다시 시작하다
start up one's own	자기 사업을 시작하다

이렇게 쓰인다!

I am not starting up with him again.
난 걔랑 다시 시작하지 않을거야.

I can't start up something with you.
난 너와 뭔가 시작할 수 없어.

His heart's too weak to start up again.
걔의 심장은 너무 약해 다시 움직일 수가 없어.

The police car started up and began to drive away.
경찰차가 시동을 걸더니 멀어져 가기 시작했어.

이렇게 말한다!

A: **Start up the car. We'll be leaving soon.**
B: **I'll go get the keys for it.**
　A: 시동 걸어라. 우린 곧 떠날거야.
　B: 가서 차 키를 가져올게.

영어문장필사해보기

• 난 걔랑 다시 시작하지 않을거야.

start with
···부터 시작하다

이번에는 시작을 하긴 하되 어느 것부터 시작하는지를 말할 때 사용하는 표현이다. start with 다음에는 사람이나 사물이 올 수 있다. 특히 식당에서 먼저 ···부터 시작하겠다는 의미로 "I'm going to start with cheese salad and then I'll have tuna~"처럼 자주 쓰인다.

✓ 핵심포인트
start with ···부터 시작하다

📋 이렇게 쓰인다!

Let's start with her and we'll see what we can do.
걔부터 시작해서 뭘 할 수 있는지 보자고.

Which one would you like me to start with?
내가 뭐부터 시작하길 바래?

Let's speak in turn, starting with you.
너부터 시작해서 돌아가며 이야기하자.

Maybe we should start with the kitchen.
부엌부터 시작해야겠군.

💬 이렇게 말한다!

A: Let's start with a prayer before eating.
B: OK, please go ahead with it.
　A: 식전에 기도부터 시작하자.
　B: 좋아요. 시작하시죠.

영어문장필사해보기 ✏️

• 너부터 시작해서 돌아가며 이야기하자.

begin to~
…하기 시작하다

start가 to+동사 및 ~ing을 목적어로 받듯이 begin 또한 begin to+동사, begin+~ing의 형태로 의미 변화 없이 쓰인다.

✓ 핵심포인트

begin to+동사	…하기 시작하다
begin ~ing	…하기 시작하다

📔 이렇게 쓰인다!

I began to like Korean food, such as bulgogi and kimchi.
불고기와 김치 같은 한국 음식을 좋아하기 시작했어.

Tom pulled her toward him and they began to kiss.
탐이 걜 자기 쪽으로 끌어당기더니 키스하기 시작했어.

I'd like to begin repairing it.
그거 수리를 시작하고 싶어.

I began to get butterflies in my stomach.
난 떨리기 시작했어.

💬 이렇게 말한다!

A: Does your son have any hobbies?
B: He's begun to collect stamps.

A: 네 아들은 어떤 취미를 가지고 있니?
B: 걔가 우표를 모으기 시작했어.

영어문장필사해보기 ✏️

• 불고기와 김치 같은 한국 음식을 좋아하기 시작했어.

begin sth
…을 시작하다

역시 start와 마찬가지로 begin 다음에 명사가 오는 경우로 begin sth하면 「…을 시작하다」라는 뜻이 된다. sth 자리에 다양한 명사를 넣어보면 된다.

✔ 핵심포인트

begin the trip	여행을 시작하다
begin the meeting	회의를 시작하다
begin one's career	…의 커리어를 시작하다

이렇게 쓰인다!

We will begin the trip to Jeju Island tomorrow.
내일 제주도 여행을 시작할거야.

Is everyone ready to begin the meeting?
다들 회의시작 준비됐어요?

Now you can begin the test.
자 이제 테스트를 시작하세요.

She began her career when she got here.
걘 여기 입사하면서 직장경력을 시작했어.

이렇게 말한다!

A: **When can I begin the test?**
B: **It will get started in about an hour.**
　　A: 언제 시험을 시작할 수 있을까?
　　B: 약 한 시간 후에 시작할거야.

영어문장필사해보기

• 다들 회의시작 준비됐어요?

begin with[by]
…부터 시작하다

시작을 하되 무엇부터 시작하는지를 언급하는 표현으로 begin with~ 혹은 begin by~로 쓴다. 또한 begin (sth) as는 「…로 시작하다」라는 뜻.

✔ 핵심포인트

begin with[by]	…부터 시작하다
begin by ~ing	하는 것부터 시작하다

📝 이렇게 쓰인다!

We would like to begin with that.
우선 그거부터 시작하고 싶어요.

I'd like to begin with sex on the first date.
난 첫 데이트에서 섹스부터 하는 걸 원해요.

Let me begin by saying that a terrible tragedy has occurred here.
먼저 여기서 불행한 비극이 일어났다는 걸 말씀드리며 시작하죠.

Does her name begin with a "C"?
그녀의 이름이 C로 시작하나?

💬 이렇게 말한다!

A: I want to be successful at my job.
B: That begins with a lot of hard work.
　　A: 내 일에서 성공하고 싶어.
　　B: 우선 힘든 일을 많이 하는 것으로부터 성공은 시작돼.

✏ 영어문장필사해보기

• 우선 그거부터 시작하고 싶어요.

to begin with
무엇보다도 먼저, 우선

to begin with는 잘 알려진 기초표현으로 단독으로 쓰이는 부사구이다. 무엇보다도 먼저, 우선이란 뜻으로 to start with라고 해도 된다.

✓ 핵심포인트
to begin with   우선

📝 이렇게 쓰인다!

I never wanted this baby to begin with.
무엇보다도 난 이 애기를 원치 않았어.

They didn't love each other to begin with.
걔네들은 우선 서로를 사랑하지 않았어.

Nobody really liked you to begin with.
우선 아무도 정말 널 사랑하지 않았어.

💬 이렇게 말한다!

A: I never wanted this baby to begin with.
B: How can you say that?
　A: 무엇보다도 난 이 애기를 원치 않았어.
　B: 어떻게 그렇게 말할 수 있어?

영어문장필사해보기 ✏️
- 걔네들은 우선 서로를 사랑하지 않았어.

Get More

- **get started** 시작하다

    Let's get started on the wedding plans! 결혼식 계획 실행합시다!

- **start from scratch** 처음부터

    I'd like to have lunch again. Let's start from scratch.
    점심을 다시 먹고 싶어. 처음부터 다시 시작하자고.

- **from the start** 처음부터

    As I said from the start, they don't support us here.
    처음부터 말했듯이, 걔네들은 우리 편이 아냐.

- **a good start** 좋은 출발

    That's a good start. 아주 좋은 출발야.

- **begin to understand[imagine]** 이해하기 시작하다, 차츰 이해가 간다

    She began to understand what the boss was getting at.
    걘 사장이 뭘 의도하는지 차츰 이해하기 시작했어.

- **in the beginning** 맨 처음에

    That was true, in the beginning. 맨 처음에는 사실였어.

11.
어려울 때 도와줘야

Help

어려울 때 서로 도와야 하는 법. help는 다른 사람을 도와준다는 뜻으로 help sb라는 기본형 외에 help sb to+동사, help sb with sth, 그리고 help+동사의 3가지 문형은 반드시 알아두기로 한다. 또한 can't help but to+동사 혹은 can't help ~ing는 「…하지 않을 수 없는 어쩔 수 없는」 상황을 말할 때 사용한다.

 Help 기본개념

01. 돕다, 도움이 되다
Is there anything I can do to help? 제가 뭐 도와드릴일 없나요?
May I help you? 무엇을 도와 드릴까요?
How can I help you, sir? 어떻게 도와드릴까요, 손님?
I'd be happy to help you. 기꺼이 도와줄게요.

02. …가 …하는 것을 돕다(help ~ +동사/with+명사)
He sent me to help you with your grief.
슬픔에 잠겨있는 널 도와주라고 걔가 날 보냈어.
Can I help you with anything? 뭐 좀 도와드릴까요?

03. can't[couldn't] help~ …하지 않을 수 없다
I can't help but to do that. 그러지 않을 수 없어.
I couldn't help feeling sorry for her. 걔한테 미안해할 수밖에 없었어.

help sb do
···가 ···하는 것을 돕다

help sb 다음에 일반적으로 to를 생략하고 바로 동사를 붙여 쓴다. help 다음에 바로 동사가 오는 경우가 있는데 이는 「···하는데 도움이 된다」라는 의미가 된다.

✅ **핵심포인트**

help sb+동사   ···가 ···하는 것을 돕다
help+동사   ···하는데 도움이 되다

📋 **이렇게 쓰인다!**

I'll help you finish washing the dishes if you like.
괜찮으면 설거지 도와줄게.

You have got to help me get Tammy.
태미의 마음을 사로잡을 수 있도록 도와줘.

Well, I think I can help you get over him.
글쎄 네가 걔랑 끝내는거 도와줄 수 있을 것 같아.

It will help solve the traffic problems.
교통문제를 해결하는데 도움이 될거야.

💬 **이렇게 말한다!**

A: Come on, help me move this.
B: I'm sorry! I must be off right now.
  A: 이리와 이거 옮기는 것 좀 도와줘.
  B: 미안해! 나 지금 바로 나가야 돼.

📝 **영어문장필사해보기**

• 태미의 마음을 사로잡을 수 있도록 도와줘.

help sb with
…가 …하는 것을 돕다

이번에는 상대방을 도와주는 내용이 동사가 아닌 명사로 말하는 경우이다. 이때는 with를 써서 help sb with+명사로 사용하면 된다.

✓ 핵심포인트

Can I help you with~ ?	…을 도와줄까요?
Let me help you with~	…을 도와줄게

📝 이렇게 쓰인다!

Can I help you with anything?
뭐 좀 도와드릴까요?

Why don't you let me help you with that?
내가 그거 도와줄게.

I have to help my son with his homework.
아들 숙제를 봐줘야 하거든.

Let me help you with that.
내가 그거 도와줄게.

💬 이렇게 말한다!

A: **Can I help you with anything?**
B: **No, thank you, I'm just looking around.**

　A: 뭐 좀 도와드릴까요?
　B: 고맙지만 괜찮아요. 그냥 구경만 하는거예요.

✏️ 영어문장필사해보기

• 아들 숙제를 봐줘야 하거든.

11. 어려울 때 도와줘야 Help

help 003

help
도움이 되다

help가 목적어 없이 단독으로 쓰이는 경우이다. 물론 사람이 주어로 올 수도 있지만 사물주어가 오는 경우가 많다. 그 의미는 「도움이 되다」.

✓ 핵심포인트
~ help   …가 도움이 되다

📋 이렇게 쓰인다!

(Sometimes) That helps.
(간혹) 그게 도움이 돼.

I just wasted my time. That didn't help!
시간만 낭비했어. 그건 도움이 안됐어!

It might help. Just go and try it.
그게 도움이 될 수도 있으니 가서 해봐.

Leave me alone. You're not helping.
나 좀 내버려 둬. 넌 도움이 안돼.

💬 이렇게 말한다!

A: Did you buy your wife some flowers?
B: That didn't help. She's still mad at me.
  A: 부인에게 꽃을 좀 사주었니?
  B: 도움이 안됐어. 여전히 내게 화나 있어.

✏️ 영어문장필사해보기
- 시간만 낭비했어. 그건 도움이 안됐어!

help yourself (to~)
(…을) 마음껏 들어, 마음껏 사용해

help yourself 단독으로 쓰이거나 혹은 help yourself to+음식 형태로 손님 등 상대방에게 「마음껏 들어라」, 「어서 갖다 드세요」라는 의미이다. to 다음에 먹을 수 없는 것이 나오면 마음대로 편하게 이용하라는 말.

✔ 핵심포인트

Help yourself	맘껏 드세요, 어서 갖다 드세요
Help yourself to~	…을 마음껏 드세요[사용하세요]

📋 이렇게 쓰인다!

Go ahead, help yourself. Take whatever you want.
어서 편히 들어. 뭐든 다 갖다 먹어.

Help yourself to the cake.
케익 마음껏 먹어.

Help yourself to whatever's in the fridge.
냉장고에 있는거 아무거나 먹어.

Help yourself to anything in the bathroom.
화장실에 있는거 아무거나 사용해.

💬 이렇게 말한다!

A: I feel like drinking a cold beer.
B: There are a few in the fridge. Help yourself.
　A: 시원한 맥주 한잔 하고 싶다.
　B: 냉장고에 몇 개 있어. 맘껏 갖다 먹어.

영어문장필사해보기 ✏️

• 어서 편히 들어. 뭐든 다 갖다 먹어.

can't help+동사[~ing]
…하지 않을 수 없다

어쩔 수 없는 상황임을 말하는 표현. 간단히 I can't help it이라고 할 수도 있고 어쩔 수 없이 하게 되는 일을 구체적으로 말하려면 I can't help but+동사 혹은 I can't help~ing의 형태를 사용한다.

✔ 핵심포인트
I can't help but+동사 …하지 않을 수 없다(I don't have a choice but to+동사)
I can't help ~ing …하지 않을 수 없다
(I) Can't help it 나도 어쩔 수가 없어
(It) Can't[couldn't] be helped 어쩔 수 없는 상황이었어, 누구 탓도 아니야
I cannot help myself 내 감정을 억제할 수가 없어.

📝 이렇게 쓰인다!

I'm sorry, but I can't help myself.
미안. 나도 어쩔 수 없어.

I can't help but think that he's not a good friend.
걔는 좋은 친구가 아니라는 생각을 떨칠 수 없어.

I can't help but pay her the money.
걔한테 돈을 갚을 수밖에 없어.

I can't help but think about Lisa.
리사에 대해 생각하지 않을 수 없어.

💬 이렇게 말한다!

A: **I can't help playing computer games every day.**
B: **That means you have no time to study.**
　A: 맨날 컴겜을 하지 않을 수 없어.
　B: 그럼 공부할 시간이 없다는 얘기구만.

〔영어문장필사해보기〕✏

• 걔는 좋은 친구가 아니라는 생각을 떨칠 수 없어.

be a great[big] help (to)
(…에게) 큰 도움이 되다

아주 큰 도움을 받았을 경우 감사하는 마음으로 하는 표현. 특히 현재완료형을 쓴 You've been a big[great] help(도움 많이 됐어)가 많이 쓰인다.

✓ 핵심포인트
be a great[big] help to …에게 큰 도움이 되다
It would be very helpful to+동사[if 주어+동사] …하면 무척 도움이 될거야

📝 이렇게 쓴다!

Thanks. You've been a great help.
고마워. 도움 많이 됐어.

Actually you were a big help tonight.
정말 넌 오늘밤 큰 도움이 됐어.

He was a big help to us as always.
걘 언제나처럼 우리에게 큰 도움이 됐어.

You're a big help. I think I can't live without you.
고마워. 너없인 못살것같아.

That's a big help. You're a life saver.
크게 도움이 돼. 넌 생명의 은인이야.

Thank you. You've been very helpful.
고마워. 넌 정말 도움이 많이 됐어.

It'd be helpful to know his email address.
걔 이메일주소를 알면 도움이 될텐데.

💬 이렇게 말한다!

A: **I see there is a new secretary in the office.**
B: **Yes, she is a great help to all of us.**
A: 사무실에 새로운 비서가 와 있네.
B: 그래, 우리 모두에게 큰 도움이 되고 있어.

📝 영어문장 필사해보기
• 걘 언제나처럼 우리에게 큰 도움이 됐어.

help 007 — need (some) help
도움이 (좀) 필요하다

help가 명사로 쓰인 경우로 「도움이 필요하다」는 need help, 「도움을 받다」는 get help라 하면 된다. 그래서 I need your help는 "난 네 도움이 필요해," Get help!하면 "도움을 청해!"라는 문장이 된다. 물론 need 대신 want를 써도 된다.

✓ 핵심포인트

need (some) help (with~)	(…하는데) 도움이 필요하다
need help ~ing	…하는데 도움이 필요하다
get help	도움을 얻다

📝 이렇게 쓰인다!

Can you make time for me? I need help with this.
나한테 시간 좀 내줄 수 있어? 이 문제에 대해서 도와주었으면 좋겠어.

We've got to get help. Go and call some people!
도움을 받아야 해. 나가서 사람들 좀 불러!

Do you want help or not?
도움을 원해 원하지 않아?

Help me! I need help! I can't do this!
도와줘! 난 도움이 필요해! 이건 못하겠어!

💬 이렇게 말한다!

A: **I need help setting up the computer.**
B: **I'll give you a hand after lunch.**

A: 컴퓨터를 설치하는데 도움이 필요해서요.
B: 점심 먹고 도와줄게요.

✏️ 영어문장 필사해보기

• 도움을 받아야 해. 나가서 사람들 좀 불러!

help sb out
…을 도와주다

sb가 어렵거나 곤란한 상황에 처해있는 경우에 「도와준다」는 말로 도와주는 내용을 말하려면 help sb out with sth이라고 한다.

✓ 핵심포인트
help sb out …을 도와주다
help sb out with …가 …하는 걸 도와주다

📝 이렇게 쓰인다!

Somebody help me out!
누구 나 좀 도와줘!

Are you sure you can't help me out?
정말 날 도와줄 수 없단 말야?

I'm trying to help you out here.
널 도와주려고 하고 있어.

Okay, let me help you out with this.
좋아 이거 내가 도와줄게.

💬 이렇게 말한다!

A: **Where are you going right now?**
B: **I'm helping Jen out. She is moving.**
　A: 지금 어디로 가니?
　B: 젠을 끝까지 도와주고 있어. 이사 중이거든.

✏️ 영어문장필사해보기

• 널 도와주려고 하고 있어.

Get More

- **with the help of sb** ⋯의 도움을 받아, ⋯덕택에

    I could solve the problem with the help of Hellen.
    헬렌의 도움으로 이 문제를 풀 수 있을거야.

- **So, help me (God)** 맹세컨대

    So help me, I will win this lottery. 맹세컨대, 복권에 당첨될거야.

- **Are you being helped?** (상점에서 점원이) 누가 도와드리고 있나요?

    No, thank you. I'm being helped now.
    감사합니다만 다른 분이 봐주시고 계세요.

 You Know What? : everyday와 every day

"everyday" is an adjective used to describe something that is commonplace or ordinary: "He's wearing his everyday pants." "every day" refers to each of a group of days without exception. Other examples of this type of construction are: every week, every month, every year, etc.

12.
머리를 써야 하는

Think

가장 생각해두어야 할 think의 용례는 I think (that) 주어+동사 형태로 자기 의견을 부드럽게 전달하거나 Do you think (that) 주어+동사? 형태로 상대방의 의견을 물어보는 것이 그 첫째이다. 다음은 I'm thinking of~ing의 형태로 「…할 생각」이라고 자기의 앞으로의 의도나 예정을 말하는 것이다. 또한 think의 기본 의미를 활용한 think about[of]는 필수암기사항!

 Think 기본개념

01. 생각하다, 숙고하다, 검토하다
I don't have time to think. 생각할 시간도 없어.
Tell me what you're thinking. 네 생각이 뭔지 말해.
I think I'm catching a cold. 감기 걸린 것 같아.

02. …할 생각이다, 의도하다
I'm thinking of ordering a pizza. 피자를 주문할까 생각하고 있어.
Are you really thinking of going? 정말 갈 생각이야?

03. 간주하다, 여기다, 예상하다
I thought as much. 그럴거라고 생각했어.

think 001

think (that) ~
…라고 생각하다

자신의 생각을 말할 때 쓰는 표현으로 특히 I (don't) think~하게 되면 자신 없는 얘기를 하거나 혹은 자기의 생각을 부드럽게 말할 때 쓰는 것으로 「…인 것 같아」라는 의미. I guess that ~도 같은 의미.

✅ 핵심포인트

I think (that) S+V …라고 생각하다
I don't think (that) S+V …가 아니라고 생각하다

📓 이렇게 쓰인다!

I think you have a problem.
너 불만 있나본데.

I don't think it's a good idea to leave now.
지금 나가면 안될 것 같은데.

I don't think we've met before.
초면인 것 같은데요.

You think I'm too young to be married.
넌 내가 결혼하기에 넘 어리다고 생각하는구나.

🗣 이렇게 말한다!

A: I think that my math teacher is an asshole.
B: What makes you think so?
    A: 수학선생은 아주 형편없어.
    B: 왜 그런데?

📝 영어문장필사해보기

• 초면인 것 같은데요.

Do you think (that)~?
…라고 생각해?

상대방이 어떻게 생각하고 있는지를 물어보는 표현. 부정으로 Don't you think~?라고 하면 말투에서도 느껴지듯이 자기 생각을 강조해서 전달하거나 혹은 억양에 따라 책망과 비난의 뉘앙스까지도 줄 수 있는 표현이 된다.

✔ 핵심포인트

Do you think (that) S+V?	…라고 생각해?, …인 것 같아?
Don't you think S+V?	…한 것 같지 않아?

📝 이렇게 쓰인다!

Do you think she'll become a model?
쟤가 모델이 될 것 같아?

What do you take me for? Do you think I was born yesterday? 날 뭘로 보는거야? 내가 그렇게 어리숙해 보이냐?

Do you think we should go there?
우리가 거기 가야 된다고 생각해?

Do you think there's a chance I could have a date with Susie? 수지와 데이트할 기회가 있을 것 같아?

It's 11 o'clock. Don't you think it's time you went home?
11시야. 벌써 집에 늦은 것 같지 않아?

Don't you think it's a little too early?
좀 이르다고 생각되지 않냐?

💬 이렇게 말한다!

A: Do you think that it will break again?
B: No, I don't think so. I replaced all the damaged parts.
　　A: 다시 고장 날 것 같아요?
　　B: 아뇨. 그러지 않을거예요. 손상된 부품들을 다 갈았거든요.

📝 영어문장필사해보기

• 우리가 거기 가야 된다고 생각해?

I thought (that)~
…했어, …한 줄 알았어

I think~의 과거형으로 「…라고 생각했다」라는 의미. 단순히 과거에 그렇게 생각했다라는 의미로 쓰이기도 하지만 실은 그렇게 생각했지만 실제는 그렇지 않은 경우에 많이 사용된다.

✔ 핵심포인트

I thought I could+동사 …할 수 있을거라 생각했어
I thought we had+명사 …한 줄 알았어

📝 이렇게 쓰인다!

I thought last night was great.
지난밤은 정말 좋았어.

You let me down. I thought I could trust you.
실망했어. 널 믿을 수 있다고 생각했는데.

I thought we had an understanding.
우린 약속된거 아니었어.

I thought that it wasn't important to you anymore.
네게 더 이상 중요하지 않다고 생각했어.

I thought we had plans for tonight.
오늘 저녁 계획이 있는 줄 알았어.

To be honest with you, I thought you lied to all of us again.
솔직히 말해서, 난 네가 우리 모두에게 또 거짓말한 것으로 생각했어.

I thought you were on my side in this fight.
이번 싸움에서 난 네가 내 편인 줄 알았어.

💬 이렇게 말한다!

A: I thought you were moving to Chicago.
B: I didn't say I was going to move there.
　A: 네가 시카고로 이사하는 줄 알았어.
　B: 거기로 이사한다는 말 안했는데.

think 004 I think I will~
…을 할까 봐

I will~은 내가 미래에 …을 하겠다라는 의미로 이를 통째로 I think~로 감싸면 「…할까 봐」, 「…할게요」 정도의 의미로, 말하는 내용을 확정짓지 않고 부드럽게 해주는 역할을 한다.

✔ 핵심포인트
I think I will+동사 …을 할까봐
Well, all right, I think I will 알았어. 그렇게 할게

📝 이렇게 쓰인다!

I think I will stay here with her.
걔랑 여기 남아 있을까봐.

I think I'll go say hello to your wife.
가서 네 아내에게 인사나 할게.

That's okay with me. I think I'll pass.
난 괜찮아. 그냥 통과할래.

💬 이렇게 말한다!

A: Why don't you ask her to join us?
B: I think I will.

A: 쟤도 함께 하자고 물어봐?
B: 그럴려고.

영어문장필사해보기 ✏

• 가서 네 아내에게 인사나 할게.

I'm thinking of[about] ~ing ···할까 생각하다

think of(about) 다음의 동사의 ~ing가 오면「···을 할 생각을 하다」라는 뜻으로 앞으로의 예정 등을 말할 때 사용한다. 아주 많이 쓰이는 I'm thinking of(about) ~ing 형태에 집중한다.

✓ 핵심포인트

I'm thinking of[about] ~ing ···할까 생각하다
I'm thinking of[about]+N ···을 생각하다

📝 이렇게 쓰인다!

I'm thinking of retiring soon.
곧 퇴직할까 생각해.

I'm thinking of inviting Anne this weekend.
이번 주말에 앤을 초대할까 생각중야.

I'm thinking about coloring my hair.
머리를 염색할까 생각중야.

I'm thinking about moving this chair.
이 의자를 이동하려고 해.

💬 이렇게 말한다!

A: What are you going to do with your bonus?
B: I'm thinking of going on vacation.

A: 당신 보너스로 뭘 할거예요?
B: 휴가를 떠날까 하는데요.

영어문장필사해보기 ✏

• 이번 주말에 앤을 초대할까 생각중야.

think so
그렇게 생각하다

상대방의 생각에 나도 그런 생각이라고 동의할 때 쓰는 표현으로 간단히 상대방이 한 말을 'so'로 받은 경우. 좀 더 동의하는 정도를 강조하려면 "I think so, too"(나 역시 그런 것 같아)라고 말한다.

✓ 핵심포인트

I think so	그럴 걸
I don't think so	그렇지 않을 걸

📝 이렇게 쓰인다!

I'm glad you think so.
그렇게 생각해주니 기분 좋은데.

I thought so, too, but she didn't want to see me.
나도 그럴 줄 알았는데 걔가 날 안 보려고 했어.

I think we should go. Don't you think so?
우리 가야 될 것 같아. 그렇게 생각되지 않아.

I don't think so. I don't think you can.
그렇게 생각안해. 넌 못할거야.

💬 이렇게 말한다!

A: Dave might have the key.
B: I don't think so because he wasn't in yesterday.
　A: 데이브가 키를 가지고 있을지도 몰라.
　B: 그렇진 않을 걸. 그는 어제 출근 안했잖아.

영어문장필사해보기 ✎

• 나도 그럴 줄 알았는데 걔가 날 안 보려고 했어.

~than I thought
내가 생각한거 이상으로

자기 생각이나 예상했던 것 이상으로 정도가 심할 경우에 사용하는 표현으로 주로 앞에는 비교급 형용사가 오기 마련이다.

✓ **핵심포인트**
~ than I thought   내가 생각한거 이상으로

📝 **이렇게 쓰인다!**

The exam was harder than I thought.
시험은 내가 생각했던 것보다 더 어려웠어.

This is going to be harder than I thought.
내가 생각했던 것보다 더 어려울거야.

You're meaner than I thought.
내 생각보다 넌 더 야비해.

You're a lot smarter than I thought.
내 생각보다 넌 더 똑똑해.

💬 **이렇게 말한다!**

A: **A lot of people came to the festival.**
B: **I know. The crowd was bigger than I thought.**
    A: 많은 사람들이 축제에 왔어.
    B: 그래. 사람들이 생각보다 많이 왔었어.

✏️ **영어문장필사해보기**

• 내가 생각했던 것보다 더 어려울거야.

think twice
숙고하다, 신중히 생각하다

두 번 생각한다는 말은 「신중히 생각한다」는 뜻. 특히 think twice before~(…하기 전에 신중히 생각하다)로 많이 쓰인다. 동사구로는 think over와 같은 맥락의 표현이다.

think hard	깊이 오래 생각하다
think big	넓게 생각하다
think twice (before~)	(…하기에 앞서) 재고하다
think over	신중히 생각하다
think positive(ly)	적극적[긍정적]으로 생각하다

이렇게 쓰인다!

You should think twice before having kids.
애를 갖기 전에 신중히 생각해.

Why don't you think twice before you start a family?
가정을 꾸리기전에 숙고해라.

I'm going to think twice before I try this again.
다시 이거 할 땐 신중하게 생각할거야.

There's always something bugging you. Think hard.
항상 널 힘들게 하는게 있어. 깊이 생각해봐.

I suggest you think long and hard about it.
아주 진지하게 고민을 해봐.

Let me have time to think over it.
생각해볼 시간을 줘.

이렇게 말한다!

A: **Think twice before you choose what to study.**
B: **Yeah, you need to get a good education.**
　A: 무엇을 공부하려고 선택하기 전에 신중히 생각해라.
　B: 그래요. 좋은 교육을 받아야 되지.

think 009 don't you think?
그렇지 않아?

상대방 의견을 물어보거나 혹은 자기 생각을 강하게 어필하는 표현법으로 자기 생각을 말한 다음 문장 끝에 don't you think?만 덧붙이기만 하면 된다

✓ 핵심포인트
~ don't you think?   그렇지 않아?

📝 이렇게 쓰인다!

It's about time for some tea, don't you think?
차 먹을 시간 지났지, 그렇지 않아?

It's a little excessive, don't you think?
그건 좀 지나치네, 그렇지 않아?

Well, that's a little easy, don't you think?
어, 그건 좀 쉬운데, 그렇지 않아?

It's a little soon for that, don't you think?
그러기에는 좀 일러, 그렇지 않아?

💬 이렇게 말한다!

A: Angelina is beautiful, don't you think?
B: Sure. Her boyfriend is a lucky guy.
A: 안젤리나는 아름답지, 그렇지 않니?
B: 그럼. 걔 남친은 운 좋은 친구야.

영어문장 필사해보기 ✏️
• 어, 그건 좀 쉬운데, 그렇지 않아?

You would think (that)~?
…라 생각하고 싶지?

비록 사실이 아니지만 사실이기를 기대한다고 말할 때 쓰는 표현. 마찬가지로 I would think~하면 …라고 생각했는데라는 뜻이고 Who would have thought~?는 놀라움을 표현하는 것으로 누가 …을 상상이나 했겠어?라는 말이 된다.

✓ 핵심포인트

You would think (that) 주어+동사? …라 생각하고 싶지?
I would think (that) 주어+동사 …라고 생각했는데
Who would have thought (that) 주어+동사? 누가 …라고 생각이나 했겠어?

📋 이렇게 쓰인다!

You would think!
그렇게 생각하고 싶은거지!

Yeah, you would think that.
넌 그렇게 생각할 줄 알았다.

I would think you'd be happy.
네가 행복할거라고 생각했는데.

I would think it would be fun to have her back.
걔가 돌아오면 재미있을거라고 생각했는데요.

I would think you could afford a piano.
네가 피아노 살 수 있을거라 생각했는데.

I would think that they would be looking for me.
걔네들이 날 찾을거라 생각했는데.

Who could[would] have thought that?
누가 생각이나 했겠어?, 상상도 못했네.

Who would have thought an earthquake would have killed so many people?
지진이 그렇게 많은 인명을 해칠 줄 누가 상상이나 했겠어?

💬 이렇게 말한다!

A: My sister was sick this morning.
B: You would think she would stay home.
　　A: 누이가 오늘 아침 아팠어.　B: 집에 있을거라 넌 생각하겠구나

What do you think of~?
…가 어때?

상대방의 의견을 물어보는 표현으로 먼저 물어보고 싶은 내용을 말하고 나서 What do you think (of that)?이라고 하거나 아니면 What do you think 다음에 전치사 of나 about을 써서 그 아래 물어보는 내용을 명사 혹은 ~ing형태를 갖다 붙여도 된다.

✓ 핵심포인트

What do you think (of that)? (그거) 어떻게 생각해?, 네 생각은 어때?
What do you think of[about]+명사/~ing? …가 어때?
What do you think of[about] sb ~ing? …가 …하는게 어때?

📋 이렇게 쓰인다!

What do you think of me?
나를 어떻게 생각해?

What do you think of this weather?
날씨 어때?

What do you think of adding her to our team?
우리 팀에 걔를 껴주는게 어때?

What do you think about me staying the night?
내가 밤새 머무르는거 어때?

💬 이렇게 말한다!

A: **What do you think of this new phone?**
B: **It's certainly superior to the one I have.**
   A: 이 새 전화기 어떻게 생각하니?
   B: 내가 가지고 있는 것보다 확실히 좋아.

✏️ 영어문장필사해보기

• 우리 팀에 걔를 껴주는게 어때?

What do you think~ ?
…가 …한다고 생각해?

Do you think what 주어+동사?에서 'what'이 앞으로 빠진 경우로 「주어가 …을 할거라 생각하냐」라는 의미. 특히 What do you think I am?(내가 뭐하는 사람으로 생각해->날 뭘로 보는 거야?) 처럼 비난성 문장이 될 수도 있다.

✔ 핵심포인트

What do you think I am?	날 뭘로 보는거야?
What do you think you are?	네가 도대체 뭐가 그리 잘났어?
What do you think you're doing?	이게 무슨 짓이야?

이렇게 쓰인다!

What do you think she's going to do?
걔가 뭘 할거라고 생각해?

What do you think I should order?
내가 뭘 주문해야 된다고 생각해?

What do you think she wants?
걔가 뭘 원하는 것 같아?

What do you think our chances are?
우리의 가능성이 어떻다고 생각해?

이렇게 말한다!

A: **We have to get a nice gift for Mom.**
B: **What do you think she wants for her birthday?**

A: 엄마줄 멋진 선물을 준비해야 돼.
B: 생일선물로 뭘 원하실 것 같아?

영어문장필사해보기

• 우리의 가능성이 어떻다고 생각해?

I think,
내가 생각하기에는,

일상회화에서는 꼭 정식으로 I think (that) 주어+동사 형태로 말하기 보다는 그때그때 내 생각에 그렇다는 걸 말할 경우가 많다. 이때 사용하는 표현으로 I think, 하고 쉰 다음에 자기 생각을 말하면 된다.

✔ 핵심포인트
I think,   내 생각에는,

📋 이렇게 쓰인다!

I think, "This is my worst nightmare."
내가 생각하기에 이게 최악의 순간이야.

Since you saw mine, I think, you have to show me yours.
네가 내꺼 봤으니 너도 네꺼 보여줘야 돼.

I look at you and I think, this is what I want.
난 바라봤고, 난 생각했어, 이게 바로 내가 원하는거라고.

💬 이렇게 말한다!

A: **Since you saw mine, I think, you have to show me yours.**
B: **Are you out of your mind? Get out of here!**

    A: 네가 내꺼 봤으니 너도 네꺼 보여줘.
    B: 제 정신이야? 꺼지라고!

✏ 영어문장필사해보기

• 내가 생각하기에 이게 최악의 순간이야.

think less of~

think 014

…을 낮게 보다

think 다음에 less나 little, nothing 등의 부정어가 이어진 다음 of+명사가 이어지게 되면 「…을 낮게 보다」, 「경시하다」, 그리고 think much of하면 「…을 중히 여기다」라는 뜻이 된다.

✓ 핵심포인트

think less[little, nothing] of~	…을 하찮게 여기다, 무시하다, 개의치 않다
think much of~	…을 중히 여기다(think a lot of)

📓 이렇게 쓰인다!

(Please) Think nothing of it. It's no big deal.
마음쓰지마. 별일아냐.

No, I don't think less of you. Believe me.
아니, 난 널 신경 많이 써. 정말야.

She's a big talker so I didn't think much of it.
걘 떠벌이어서 개의치않기로 했어.

I really hope you don't think less of me.
정말이지 나를 무시하시 않으면 좋겠어.

💬 이렇게 말한다!

A: The teacher drank too much alcohol.
B: His students are going to think less of him.

A: 선생님이 술을 넘 많이 마셨어.
B: 학생들이 그 선생님을 무시할거야.

영어문장필사해보기 ✏️

• 마음쓰지마. 별일아냐.

12. 머리를 써야 하는 Think

~what I think
내가 생각하는 것

~what sb thinks는 「…가 생각하는 것」이란 구로 be, say, do, know 등의 목적어로 붙어 다양한 표현을 만들어 낸다.

✔ 핵심포인트

~what I[you] think	내가(네가) 생각하는거
~what I[you] think	(주어)+동사 내[네] 생각에 (…가) …하는 것
You know what I think?	저 말이야(의견을 말하기 전에 하는 말)
Here's what I think	내 생각은 이래
That's what I think	그게 바로 내 생각이야
That's[It's] what you think	그건 네 생각이고
Is that what you think?	네가 생각하는게 이거야?

📓 이렇게 쓰인다!

Do you know what I think? I think you were right.
내 생각이 어떤지 알아? 네가 맞다는거야.

That's what I thought.
나도 그렇게 생각했어.

Oh, it's exactly what you thought.
어, 그게 바로 네가 생각했던거야.

Is that what you think of me? I'm a mistake?
날 그렇게 생각하는거야? 실수라고?

We know what you think.
우린 네 생각을 알고 있어.

I was just curious what you thought about that.
네가 그것에 대해 어떻게 생각하는지 궁금했어.

Is that what I think it is?
이거 내가 생각하는거 맞아?

Are they saying what I think they're saying?
내가 걔네들이 말하는 걸 제대로 이해했나?

You know what I think you should do?
네가 무엇을 해야 된다고 내가 생각하는지 알잖아?

I don't feel what you think I'm feeling.
넌 내가 그럴거라고 생각하는데 난 그렇지 않아

이렇게 말한다!

A: I saw you today kissing in the hall.
B: That's what you think.
   A: 오늘 복도에서 너희 키스하는거 봤어.
   B: 그건 그런게 아니야.

A: I don't like the way you designed this.
B: Bite me. I don't care what you think.
   A: 너 디자인한게 맘에 안 들어.
   B: 배째. 네 생각은 알 바 아냐.

A: Let me know what you think.
B: Hmm... I have to think about it for a second.
   A: 네 생각은 어떤지 알려줘.
   B: 음… 잠깐 생각 좀 해봐야겠어.

영어문장필사해보기

• 내 생각이 어떤지 알아? 네가 맞다는거야.

• 네가 그것에 대해 어떻게 생각하는지 궁금했어.

think 016 think of[about]~
…를 생각하다

think of[about]+명사하게 되면 「…을 생각하다」, 「…을 생각해보다」라는 뜻으로 가장 많이 쓰이는 동사구. 명령형 형태인 Think about[of]~ 으로도 많이 쓰인다. of[about] 다음에 명사나 혹은 ~ing 형이 오면 된다.

✓ 핵심포인트

(Just) Think of[about]~ …을 생각해봐
think about what S+V …을 생각해보다

📒 이렇게 쓰인다!

Let me think about it a little more.
그거 좀 더 생각해볼게.

I haven't thought about marriage yet.
아직 결혼 생각 안해봤어.

Let me think about that and I will get back to you.
생각 좀 해보고 얘기해줄게.

What were you thinking about?
정신을 어디다 놓고 다녀?

Don't even think about (doing) it. You can't do that.
(그럴 생각) 꿈도 꾸지마. 그렇게 하면 안돼.

💬 이렇게 말한다!

A: We may never see each other again.
B: I don't like to think about that.
  A: 우리 다시는 서로 볼 일 없을거야.
  B: 생각하기도 싫다.

영어문장필사해보기 ✏️

• 그거 좀 더 생각해볼게.

think of ~ as ~
…를 …라고 여기다

think of를 응용한 표현으로 think of A as B하면 「A를 B로 생각하다」, 「간주하다」라는 의미. 다시 응용하여 A 대신 oneself를 넣어 think of oneself as~라고 하면 「자기 스스로를 …라고 여기다」라는 뜻.]

✔ 핵심포인트

think of~as~	…를 …라고 여기다
think of oneself as	스스로를 …라고 생각하다

📝 이렇게 쓰인다!

People think of me as a hard worker.
사람들은 내가 열심히 일한다고 생각해.

Will, I think of you as a friend.
윌, 난 널 친구로 생각하고 있어.

I like to think of myself as a freelancer.
난 스스로를 프리랜서로 생각하고 있어.

I always think of him as an asshole.
난 항상 걔가 멍청이라고 생각해.

💬 이렇게 말한다!

A: You've been friends with Rob a long time.
B: I think of him as my best friend.
　　A: 너는 롭하고 오랫동안 친구관계였지.
　　B: 걔를 나의 최고의 친구로 생각하고 있지.

영어문장필사해보기 ✏️

• 윌, 난 널 친구로 생각하고 있어.

Get More

- **think out loud** 큰소리로 혼잣말하다(think aloud)

  No, I'm just thinking out loud. 아니 난 큰소리로 혼잣말 하는거야.

- **not think straight** 분명하게 생각못하다

  I don't want to talk about it right now. I can't even think straight.
  지금 얘기하고 싶지 않아. 생각을 분명하게 못하겠어.

- **I think the best thing to do~** 최선의 행동은 …이라고 생각해

  I think the best thing to do is just smile.
  최선의 행동은 그냥 웃는거라 생각해.

- **I hate to think ~** …라고 생각하기는 싫어

  I hate to think that you have been cheating on me.
  네가 바람펴왔다는 걸 생각하기도 싫어.

- **think it best (for sb) to~** (…에게) …하는게 최선이라 생각하다

  I thought it best to work with Tony. 토니랑 일하는게 최선이라 생각했어.
  I thought it best for us to keep this quiet.
  우리가 이걸 비밀로 하는게 최선이라 생각했어.

- **think outside the box** 창의적으로 생각하고 일하다

  Is it really impossible for you to think outside the box?
  넌 정말 창의적으로 생각하는게 불가능해?

- **think on your feet** 빨리 결단을 내리다

  You can't be a boss without being able to think on your feet.
  결단을 바로 못내리면 사장이 될 수 없어.

- **have second thoughts** 재고하다

    Don't give it a second thought. 걱정하지마.
    I'm having second thoughts about the wedding.
    결혼 다시 생각하고 있어.

- **On second thought** 다시 생각해보니

    You know, on second thought, gum would be perfect.
    다시 생각해 보니까, 껌 하나 주시면 더할 나위가 없겠군요.

- **come to think of it** 생각해보니까 말야, 말이 나왔으니 말인데

    Come to think of it, why don't you come to the movies with us?
    그러고 보니, 너도 우리랑 영화보러 가는 게 어때?

Here's a thought. 좋은 생각이 있어, 이렇게 해봐.
What are your thoughts here? 이걸 어떻게 생각하세요?
What is he thinking? 걔는 무슨 생각을 하는 걸까?
What was he thinking? 걔는 무슨 생각을 했던 걸까?
What makes you think so? 왜 그렇게 생각하니?, 꼭 그런 건 아니잖아?
I thought as much. 나도 그렇게 생각했어.

13. 그래 이 느낌이야

Feel

기분이 좋다 나쁘다 할 때 쓰는 동사. feel 다음에 다양한 형용사(good, bad, sick)를 넣어가면서 기분이나 몸 상태를 표현할 수 있다. 내 기분을 형용사 하나로 달랑 표현하기 어려울 때는 I feel like 다음에 명사 혹은 '주어+동사'를 넣어 「내 기분이 지금 …같다」라고 말할 수도 있다. 또한 I feel like ~ing하면 …할 기분이라는 뜻으로 「…하고 싶다」라는 의미가 된다는 점을 기억해두어야 한다.

 Feel 기본개념

01. 기분이 …하다
I feel much better. 기분이 더 나아졌어.
How do you feel? 기분이 어때?
I know just how you feel. 어떤 심정인지 알겠어.
I've never felt like this before. 이런 느낌 처음이야.
How (are) you feeling? 몸은 좀 어때요?

02. …같은 느낌이다(feel like+명사[주어+동사])
I feel like an idiot. 내가 바보가 된 것 같아.
I feel like it's my fault. 내 잘못인 것 같아.

03. …하고 싶다(feel like ~ing)
I feel like having a drink. 술 한잔하고 싶어.
I don't feel like talking to you. 너와 얘기하고 싶지 않아.

feel 001 — feel well[bad]
기분이 좋다[나쁘다]

feel well하면 몸상태나 기분이 좋다는 말로 반대는 feel bad라 한다. 특히 기분이 나쁜 이유를 추가하려면 feel bad about~으로 쓴다.

✔ 핵심포인트

feel bad (about sth/~ing)	(…로) 기분이 나쁘다
feel well	기분[몸]이 좋다

📝 이렇게 쓰인다!

I don't feel well these days.
요즘 몸이 안 좋아.

Leave me alone. I'm not feeling well.
가만 놔둬. 기분이 별로 안 좋아.

Don't feel so bad about it.
너무 속상해하지마.

💬 이렇게 말한다!

A: You look terrible today.
B: I'm not feeling well. I need to lie down.
　A: 오늘 힘들어 보이네.
　B: 몸이 별로 좋지 않아. 좀 누워야겠어.

영어문장필사해보기 ✎

• 가만 놔둬. 기분이 별로 안 좋아.

feel better[good, great]
기분이 좋아

기분이 좋다고 하면 feel good, 더 좋으면 feel great, 그리고 기분이 나아졌으면 feel better 라고 하면 된다. 또한 기분이 나쁘면 feel bad라 하면 된다. 기분이 좋거나 나쁜 이유를 말하려면 뒤에 about~, to~, if~를 추가하면 된다.

✔ 핵심포인트

feel good[better, great] (about~)	(…하는게) 기분이 좋다
It[That] feels good (to~/if~)	(…하는 건) 기분이 좋아
make sb feel better	…을 기분좋게 하다

📒 이렇게 쓰인다!

I'm not feeling very good today.
오늘 기분이 그리 좋지 않아.

I feel good about this.
난 이게 기분이 좋아.

Drink this. It'll make you feel much better.
이거 마셔. 기분이 더 좋아질거야.

I'd feel better if I slept with Diane.
내가 다이안과 자면 기분이 좋아질텐데.

It feels good to be taken care of.
누가 돌봐주면 기분이 좋아.

💬 이렇게 말한다!

A: How are you doing, Jodie?
B: I don't feel good today. I want to go home.
  A: 어떻게 지내니, 조디?
  B: 오늘 좀 좋지 않네. 집에 가고 싶어.

A: You feel better now?
B: Yeah, much.
  A: 좀 기분이 나아졌어?
  B: 응, 많이.

feel okay
괜찮아

서로의 안부에 대해서 묻고 답할 때 사용하면 좋은 표현. feel okay나 feel all right로 써서 「괜찮다」라는 표현을 만들 수 있다.

✓ **핵심포인트**

feel okay about~ …에 대해 괜찮다고 생각하다

📝 **이렇게 쓰인다!**

You're feeling okay, David?
데이빗, 너 괜찮아?

How can you feel okay about this?
어떻게 이게 괜찮다는거야?

I actually feel OK! At least about life with my husband.
실은 괜찮아! 적어도 남편하고는 말이야.

Does that feel OK? Don't hesitate to tell me if it doesn't feel good.
그거 괜찮아? 그렇지 않으면 주저 말고 말해.

🗣 **이렇게 말한다!**

A: Are you feeling okay?
B: No, actually I'm feeling pretty sick.
  A: 괜찮니?
  B: 아니. 사실은 매우 아파.

✏ **영어문장필사해보기**

• 데이빗, 너 괜찮아?

13. 그래 이 느낌이야 Feel

feel 004

feel+형용사
(기분, 몸이) …해

지금까지 배운 feel better, feel good, feel well~ 외에도 다양한 형용사가 이어져 주어의 기분이나 몸상태를 말할 수 있다. 물론 마찬가지로 뒤에 about, that S+V 등을 붙여 그 이유를 부연설명해줄 수 있다.

✓ 핵심포인트

feel sick	아프다
feel tired	피곤하다
feel sad	슬프다
feel weird	기분이 이상하다
feel nice	기분이 좋다
feel sure[certain]	확신하다
feel right	옳다
feel terrible	끔찍하다
feel stupid	바보같다

📝 이렇게 쓰인다!

I feel really sick today.
오늘 무척 아파요.

This feels (very) weird to me.
이거 (정말) 기분이 이상해.

I don't know, but it just doesn't feel right to me.
모르겠지만 내겐 그건 옳지 않아.

You said it. I don't feel right, either.
정말야. 나도 마음이 편치 않아.

I feel weird about what happened the other day.
요전 날 일어났던 일이 좀 이상해.

I don't really feel right about doing this.
이거 하는게 영 찜찜해.

Don't make me go there. I feel at home here.
날 거기로 보내려하지마. 난 여기가 편해.

You can stop working and go get some rest if you feel tired. 피곤하면 일 그만하고 가서 좀 쉬어.

이렇게 말한다!

A: I have no energy and feel sick.
B: This is why you need to exercise.
  A: 나 힘이 하나도 없고 메슥거려.
  B: 이래서 네가 운동을 해야 하는거야.

A: You have all my sympathy.
B: You shouldn't feel sad for me.
  A: 정말 안됐네요.
  B: 나에 대해 슬퍼하지 마세요.

A: I want to go to bed. I feel tired.
B: That's a good plan. We need rest.
  A: 잠자리에 들고 싶어. 피곤하거든.
  B: 좋은 계획이야. 우린 휴식이 필요해.

영어문장필사해보기

- 모르겠지만 내겐 그건 옳지 않아.

- 날 거기로 보내려하지마. 난 여기가 편해.

13. 그래 이 느낌이야 Feel

feel 005

feel like+명사

…같은 느낌이야

feel 다음에 바로 형용사가 왔지만 명사가 오려면 like를 붙여서 feel like+명사로 써줘야 한다. 의미는 「…같은 느낌이야」이다.

✔ 핵심포인트

feel like+명사	…같은 느낌이야
make sb feel like~	…을 …처럼 느끼게 하다

📋 이렇게 쓰인다!

I feel like a new person.
다시 태어난 기분이야.

I can't believe I didn't get a promotion. I feel like such a loser.
내가 승진에서 떨어지다니 믿을 수가 없네. 난 아주 멍청한 놈인 것 같아.

How could you say that? You made me feel like an idiot.
어떻게 그렇게 말할 수 있어? 너 때문에 바보가 된 기분이야.

I'm beginning to feel like a nomad.
내가 유목민 같다는 느낌이 들기 시작해.

💬 이렇게 말한다!

A: What should we get to eat?
B: I feel like Chinese food tonight.
  A: 무엇을 먹을까?
  B: 오늘 밤 중국음식이 땡기네.

✏ 영어문장필사해보기

• 어떻게 그렇게 말할 수 있어? 너 때문에 바보가 된 기분이야.

feel like (that)~

feel 006

…같은 느낌이야

It seems (like)~, It looks like~와 같은 맥락의 표현. 의미는 I feel like+명사처럼 「…같은 느낌이야」라는 뜻. 명사 대신 문장이 왔다고 생각하면 된다. 물론 like는 생략해 I feel that 주어+동사라 쓸 수도 있다.

✓ 핵심포인트

feel like S+V	…같은 느낌이야
I don't feel like S+V	…하다는 느낌이 들지 않아
feel like as if[though] S+V	마치 …같은 기분이야

📘 이렇게 쓰인다!

I feel like you are not listening to me.
네가 내 말을 듣지 않은 것 같아.

I still feel like something's not right.
뭔가 잘 못된 것 같다는 생각이 들어.

I feel like I'm totally lost.
완전히 길을 잃은 것 같아.

You probably feel like you don't have a chance.
아마 기회가 없다고 느낄지도 몰라.

🗣 이렇게 말한다!

A: I feel like my head is going to explode!
B: What happened?

A: 내 머리가 터질 것 같아.
B: 왜 그래?

영어문장필사해보기 ✏️

• 뭔가 잘 못된 것 같다는 생각이 들어.

feel 007 — feel like ~ing
…하고 싶다

feel like 다음에 동사의 ~ing을 취하면 「…을 하고 싶다」라는 의미가 된다. 뭔가 먹고 싶거나 뭔가 하고 싶다고 말하는 것으로 반대로 「…을 하고 싶지 않다」라고 말하려면 부정형 I don't feel like ~ing을 쓴다.

✔ 핵심포인트

feel like+~ing	…하고 싶다
I don't feel like+~ing	난 …하고 싶지 않다
I don't feel like it	사양할래

📝 이렇게 쓰인다!

I feel like having a cup of coffee.
커피 먹고 싶어.

Leave me alone. I don't feel like doing anything.
나 가만히 놔둬. 아무것도 하기 싫어.

I don't feel like going to play computer games with you.
너랑 컴퓨터 게임하는거 싫어.

I don't feel like being alone tonight.
난 오늘밤 혼자 있고 싶지 않아.

💬 이렇게 말한다!

A: **I feel like throwing up.**
B: **I'd better stop the car.**
   A: 토할 것 같아.
   B: 차를 세워야겠어.

영어문장필사해보기 ✏️

• 나 가만히 놔둬. 아무것도 하기 싫어.

feel 008

feel free to~

마음대로 …해

상대방에게 어려워 말고, 부담 없이 「맘대로 …하라」고 친절하게 말할 때 사용하는 표현. 「주저하지 말고 …해라」는 의미의 Don't hesitate to~와 비슷하다.

✓ 핵심포인트

feel free to+동사　　　　마음대로 …하다
Don't hesitate to+동사　　주저하지 말고 …해

📝 이렇게 쓰인다!

Please feel free to have another.
하나 더 먹어.

Feel free to stay here as long as you like.
있고 싶을 때까지 있어.

Feel free to ask if you have any questions.
질문있으면 언제라도 해.

Feel free to bring some girlfriends to the party.
파티에 여친들 부담없이 데려와.

🗣 이렇게 말한다!

A: **Feel free to stay here as long as you like.**
B: **It's very kind of you to say so.**

　A: 계시고 싶을 때까지 마음 놓고 머무세요.
　B: 그렇게 말씀해주셔서 고맙습니다.

📝 영어문장필사해보기

• 있고 싶을 때까지 있어.

feel 009 — feel the same way
똑같이 생각하다, 공감하다

간단한 표현이지만 무척 많이 쓰이는 것으로 feel the same way (about sb)하면 「…에 대해」 같은 생각을 하다」라는 의미. the same way는 앞서 언급된 대화내용을 말한다.

✔ 핵심포인트

feel the same way about~	…에 대해 똑같이 생각하다
have the same feeling	같은 느낌을 갖다

📝 이렇게 쓰인다!

I feel the same way.
나도 그렇게 생각해.

I don't feel the same way about you.
너에 대해 난 달리 생각해.

I hope that you feel the same way about me.
네가 나에 대해 같은 생각을 하길 바래.

Does he feel the same way?
걔도 같은 생각이래?

💬 이렇게 말한다!

A: I have a feeling that they are not going to show up.
B: That's funny, I had the same feeling earlier today.

A: 내 느낌상 그들이 오지 않을 것 같아.
B: 그거 재미있는데. 나도 오늘 일찍 같은 느낌을 받았거든.

✏ 영어문장필사해보기

- 네가 나에 대해 같은 생각을 하길 바래.

feel 010

feel for
…을 동정하다

---

feel for sb(sth)는 …가 처한 어려움이나 고통을 보고 마음이 아픈 것을 느끼는 것을 말하는 것으로 「…을 동정하다」, 「안타깝게 생각하다」라는 뜻이다. 주의할 점은 have a feel for~의 형태로 쓰이면 …에 대해 감각이 있다, 좋아하다라는 뜻이 된다는 것이다.

✔ 핵심포인트

feel for sb	…의 고통을 동정하다
feel for sth	…을 안타깝게 생각하다
feel pity for	…을 불쌍히 여기다
feel sorry for	…을 가엽게 여기다

📒 이렇게 쓰인다!

She suffers from depression. We all feel for her.
걘 우울증을 앓고 있어. 우리 모두 걜 동정해.

The boss will like her and feel for her situation.
사장이 걜 좋아하게 될거고 걔의 사정을 동정할거야.

I feel for the loss that they suffered.
난 걔들이 겪은 상실감을 안타깝게 생각해.

I don't feel sorry for you anymore.
난 널 더 이상 동정하지 않아.

💬 이렇게 말한다!

A: I feel for Bette. She looks unhappy.
B: She's having problems with her parents.
A: 베티가 안타까워. 슬퍼 보여.
B: 부모와 문제가 있어.

✏ 영어문장필사해보기

- 걘 우울증을 앓고 있어. 우리 모두 걜 동정해.

feel 011 — have a good[bad] feeling about~ …에 기분이 좋다[나쁘다]

어떤 사물이나 사람에 대해 자신의 기분이 좋은지 나쁜지를 말하는 표현법으로 feeling 앞에 자신의 감정에 맞는 형용사를 넣으면 된다. 예를 들어 이상하다면 weird feeling이라고 하면 된다.

✔ 핵심포인트

have a good feeling about~ …에 기분이 좋다
have a bad[weird] feeling about~ …에 기분이 나쁘다[이상하다]

이렇게 쓰인다!

I had a bad feeling about this.
난 이게 기분이 안 좋았어.

I've got a good feeling about this.
난 이거에 기분이 좋아.

I have a really good feeling about her.
난 걔한테 정말 좋은 감정이야.

I have a weird feeling about this place.
난 이곳 기분이 이상해.

이렇게 말한다!

A: I have a good feeling about this date.
B: You'll have a good time with Eileen.

A: 이번 데이트에 대해 좋은 느낌이 들어.
B: 넌 아일린과 좋은 시간을 가질거야.

영어문장필사해보기

• 난 이거에 기분이 좋아.

feel 012 have the[a] feeling~
…인 것 같아, …라는 기분이 들다

have the[a] feeling (that) 주어+동사형태로 쓰이며, that~ 이하는 the[a] feeling과 동격으로 어떤 느낌인지 그 내용을 구체적으로 말해주는 역할을 한다. 뒤에 of나 about이 붙으면 「…에 대한 느낌이 있다」라는 뜻.

✅ 핵심포인트

have the[a] feeling (that) S+V	…인 것 같아
have the[a] feeling about~	…한 예감이 들다

📝 이렇게 쓰인다!

I have the feeling you had something to do with it.
네가 그것과 관련있었다는 느낌야.

I got the feeling that your wife was coming on to me.
네 마누라가 날 유혹했다는 생각이 들어.

I have a feeling he's going to be very angry.
걔가 무척 화낼 것 같아.

I've got a feeling he'll be back.
걔가 돌아올 것 같아.

💬 이렇게 말한다!

A: Morton has done a very poor job.
B: I have a feeling that he will quit soon.

A: 모튼이 일을 아주 형편없이 했어.
B: 걘 곧 그만둘 것 같은 느낌이 있어.

✏️ 영어문장필사해보기

• 걔가 무척 화낼 것 같아.

feel 013 have feelings for~
…을 좋아하다

이번에는 a feeling 혹은 feelings 다음에 for가 와서 have a feeling[feelings] for sb[sth]하게 되면 「…에게 마음이 있다」, 「…을 좋아하다」라는 뜻이 된다.

✓ 핵심포인트
have feelings for …을 좋아하다

📝 이렇게 쓰인다!

I have (strong) feelings for her.
나 쟤한테 마음이 (무척) 있어.

You've had feelings for me?
나한테 특별한 감정을 느꼈다구?

You still have feelings for me, don't you?
아직도 날 좋아하지, 그렇지 않아?

I have feelings for you. I know you feel something for me.
나 너 좋아해. 너도 나에게 감정이 있다는 것을 알아.

🗣 이렇게 말한다!

A: Bob is always calling me.
B: You know he has feelings for you.

A: 밥이 항상 내게 전화를 해.
B: 걔가 너를 좋아하고 있는 것 알잖아.

✏ 영어문장필사해보기
• 아직도 날 좋아하지, 그렇지 않아?

feel 014 (There's) No hard feelings 악의는 아냐

There's no hard feelings on my part(기분 나쁘게 생각하지마)로 잘 알려진 표현. 상대방을 기분 나쁘게 할 수도 있는 일의 내용은 ~hard feelings for(about)~형태로 써주면 된다.

✔ 핵심포인트

No hard feelings about~	…에 대해 기분 나쁘게 생각마
(There's) No hard feelings on my part	기분 나쁘게 생각마

📝 이렇게 쓰인다!

There's no hard feelings even though I was fired.
해고 당했지만 악의는 없어.

No hard feelings about you leaving me behind.
네가 날 두고 가버린거 기분 나쁘게 생각안해.

I know you tried, so no hard feelings.
네가 노력했다는거 알아. 나쁜 감정도 없고.

If you want to go, there's no hard feelings.
네가 간다고 해도 나쁜 감정 없어.

💬 이렇게 말한다!

A: I'm sorry I spilled your drink.
B: No hard feelings. I'll get another.

A: 미안해. 네 음료를 엎었어.
B: 기분 나쁘지 않아. 음료 하나 더 가져올게.

영어문장필사해보기 ✎

• 해고 당했지만 악의는 없어.

Get More

- **What are your feelings about~?** …을 어떻게 생각해?

  What are your feelings about us divorcing?
  우리 이혼하는거 어떻게 생각해?

- **spare one's feelings** 감정을 상하지 않게 하다

  I was trying to spare your feelings. 네 감정을 상하지 않게 하려고 했어.

- **hide one's feelings** …의 감정을 숨기다

  Yeah, at least you hid your feelings well.
  그래, 적어도 넌 네 감정을 잘 숨겼어.

- **hurt one's feelings** …의 감정을 상하게 하다

  She's too afraid of hurting your feelings.
  걘 네 감정을 상하게 할까 걱정이야..

- **feel up to+명사[~ing]** …할 정도로 힘이 있다

  I don't feel up to it 나 그거 못할 것 같아.
  I just don't feel up to working on the project.
  그 프로젝트를 못할 것 같아.

- **feel the need to~** …할 필요성을 느끼다

  You don't feel the need to apologize to me
  내게 사과할 필요성을 못 느끼는구나.

  You got a gut feeling on this? 이거에 본능적으로 필이 오는거 있어?
  I know the feeling. 그 심정 내 알지.
  I have no feelings (one way or the other). 난 아무 감정 없어.

14. 그게 무슨 말이야

Mean

mean은 다양한 품사로 다양한 의미로 쓰이는 것으로 유명한 단어. 그 중 알아두어야 할 것은 의미하다, 중요성을 띠다라는 동사와 야비한이라는 의미의 형용사용법이다. 특히 상대방과의 커뮤니케이션을 원활하게 하기 위해 꼭 필요한 동사로 내말을 다시 설명할 때 I mean, 상대말을 확인할 때 You mean~?, What do you mean~? 그리고 내말의 오해를 방지하는 I don't mean~ 등을 기억해둔다.

 Mean 기본개념

01. 의미하다, 의도하다
Do you mean he might like me? 걔가 날 좋아할지도 모른단 말이야?
I didn't mean to say that. 그렇게 말하려는게 아니었어.
I didn't mean to hurt you. 너에게 상처줄 의도가 아니었어.

02. 중요성을 띠다
It means a lot to me. 이건 내게 무척 중요한거야.
This party meant everything to her. 이 파티는 걔한테 전부였다고.

03. (형용사) 야비한, 비열한(gross, nasty)
You're so mean. 너 정말 야비해.
That's a mean thing to say! 그건 야비한거야!

I mean~
내 말은 …야

I mean~은 상대방이 내가 한 말을 못 알아들었을 때 혹은 내가 다시 설명을 해줄 때 필요한 표현이다. I mean (that) 주어+동사라 해도 되고 아니면 I mean 다음에 문장이나 원하는 부분만을 말해도 된다.

✔ **핵심포인트**

I mean, ~	내 말은 …야
I mean S+V	내 말은 …라는거야

📒 **이렇게 쓰인다!**

I mean he's been missing for several days.
내 말은 걔가 며칠째 행방불명이라고.

I mean I've been losing weight these days.
내 말은 요즘 내가 살이 빠졌다고.

I mean today, not tomorrow.
내 말은 내일이 아니고 오늘 말하는거야.

I mean, is that ridiculous?
내말은 그거 말도 안되지 않아?

💬 **이렇게 말한다!**

A: **I don't understand what you're saying.**
B: **I mean I want you to help me.**

  A: 무슨 얘기하는 건지 모르겠어.
  B: 그러니까 내 말은 네가 도와줬으면 한다고.

📝 **영어문장필사해보기**

• 내 말은 요즘 내가 살이 빠졌다고.

(Do) You mean~ ?

…라는 말이지?

이번에는 반대로 You mean~하게 되면 내가 상대방의 말을 이해 못했거나 헷갈릴 경우 상대방이 한 말을 확인하고자 할 때 쓰는 표현이다. You mean~의 경우에는 '구'의 형태도 많이 온다.

✔ 핵심포인트

You mean S+V?   …란 말야?
You mean S+V   …란 말이구나

📓 이렇게 쓰인다!

Do you mean you won't be coming over for dinner?
저녁먹으러 오지 않을거란 말야?

Do you mean he might like me?
걔가 날 좋아할지도 모른단 말야?

You mean he got fired?
그 친구가 해고당했단 말이야?

You mean the one with the blond hair?
금발인 애 말야?

So you mean now you're not seeing anyone?
그럼 지금 사귀는 사람이 없다는 말야?

You mean you're going to a party tonight?
오늘 밤에 파티에 간단말야?

🗣 이렇게 말한다!

A: You mean she acts cruel and spoiled?
B: Not exactly, but she's not a very kind person.
　　A: 걔가 인정머리 없고 버릇없이 군다 이거지?
　　B: 꼭 그렇다기보다는, 별로 상냥한 애는 아니란거지.

What do you mean~?
…가 무슨 말이야?

상대방이 말한 내용을 다시 한 번 확인할 때 혹은 상대방 말의 진의를 파악하고자 할 때 쓰는 표현. 실제 회화에서는 보통 What do you mean?이라고 간단히 말하거나 What do you mean 다음에 주어+동사의 문장 혹은 납득이 안가는 어구만 받아서 쓰기도 한다.

✓ 핵심포인트

What do you mean by+~ing?	…는 무슨 뜻이야[의도야]?
What do you mean by that?	그게 무슨 말이야?
What do you mean S+V?	…라는게 무슨 의미야?

📒 이렇게 쓴다!

What do you mean you're not so sure?
확실하지 않다니 무슨 말이야?

What do you mean you don't remember me?
나를 기억 못한다니 그게 무슨 말이야?

What do you mean by that? Am I fat?
그게 무슨 말이야? 내가 뚱뚱하다고?

What do you mean you're not coming?
네가 못온다니 그게 무슨 말이야?

What do you mean you're going to Paris?
파리로 간다니 그게 무슨 말이야?

What do you mean you live here? Since when?
여기 산다는 게 무슨 말이야? 언제부터?

What do you mean you lost it again?
그걸 또 잃어버렸다니 그게 무슨 말이야?

🗨️ 이렇게 말한다!

A: Be a man and take responsibility for your family.
B: What do you mean specifically?

A: 남자답게 가족에 대해서 책임감을 가져.
B: 구체적으로 어떤 걸 말하는거야?

A: You gained some weight?
B: What do you mean by that? Am I fat?

A: 너 살쪘어?
B: 그게 무슨 말이야? 내가 뚱뚱하다고?

A: I can't marry you because I don't love you.
B: What do you mean you don't love me?

A: 너를 사랑하지 않기 때문에 결혼할 수 없어.
B: 나를 사랑하지 않는다는게 무슨 말이야?

📝 영어문장필사해보기

• 나를 기억 못한다니 그게 무슨 말이야?

• 파리로 간다니 그게 무슨 말이야?

It doesn't mean that~
…라는 말은 아니야

상대방이 자기 말을 오해할 수도 있는 상황에서 사용하는 말로, 상대방의 오해를 풀면서 자기 말을 바로 잡아주고 싶을 때 쓰면 된다.

✔ 핵심포인트

| It doesn't mean that S+V | …라는 말은 아니야 |
| I guess that means~ | 그것이 의미하는 것은 …인 것 같다 |

📒 이렇게 쓰인다!

It doesn't mean that I don't love you.
내가 널 사랑하지 않는다는 말은 아니야.

It doesn't mean he's great in bed.
걔가 밤일을 잘한다는 말은 아니야.

That still doesn't mean you didn't kill him.
그게 네가 걜 안 죽였다는 걸 뜻하지 않아.

I guess that means we've got something in common.
그게 의미하는 건 우리가 공통점이 있다는거야.

I guess that means you didn't get the invitation yet.
그건 네가 아직 초대장을 못받았다는거구나.

I guess that means good night then?
그게 의미하는 건 잘 자라는거야?

📢 이렇게 말한다!

A: **The weather today really sucks.**
B: **It doesn't mean that the weather will be bad tomorrow.**
  A: 오늘 날씨 정말 더럽네.
  B: 그렇다고 내일 날씨도 나쁘다는 말은 아니지.

be meant to~
…하기로 되어 있다

mean을 수동형으로 써서 be meant to+동사(for+명사)하게 되면 「…하기로 되어 있다」라는 의미. 특히 남녀간에 천생연분이다라고 할 때의 It was meant to be, They were meant to be가 잘 알려져 있다.

✔ 핵심포인트

be meant to+동사[for+명사]	…하기로 되어 있다
It was meant to be[They were meant to be]	천생연분이다

📝 이렇게 쓰인다!

You know my music is meant to inspire.
네가 알다시피 내 음악은 영감을 불러일으키도록 되어 있어.

I was meant to spend the rest of my life with you.
난 남은 여생을 너와 함께 보내도록 되어 있어.

I feel like I was meant to pick this up.
내가 이걸 선택하도록 되어 있는 것 같았어.

I think that was meant for you.
그건 너를 위한 것 같아.

💬 이렇게 말한다!

A: What is all of this money for?
B: It is meant to buy some furniture.
  A: 이 돈 전부 뭐하려는거야?
  B: 가구 좀 사기 위한거야.

✏ 영어문장필사해보기

• 난 남은 여생을 너와 함께 보내도록 되어 있어.

I didn't mean to~
…하려던게 아니었어

앞의 mean to~의 응용표현으로 상대방이 오해할 수도 있는 부분을 구체적으로 말하면서 오해를 푸는 문장. I didn't mean to~ 다음에 오해할 수도 있는 부분을 말하거나 간단히 I didn't mean that이라고 간단히 말할 수 있다.

✓ 핵심포인트

I mean(t) to say[tell]~ …라고 말할 작정이야[이었어]
I don't mean to do ~ (사과하면서)…할 생각은 없어

📓 이렇게 쓰인다!

Don't be upset. I didn't mean that.
화내지마. 그럴려고 그런게 아니야.

I didn't mean to offend[insult, upset] you.
널 기분나쁘게[모욕, 화나게] 하려는게 아니었어.

I didn't mean to do that. Let me clean it up.
그럴려고 그런게 아닌데. 내가 치울게.

I'm sorry! I didn't mean to do that!
미안! 그럴려고 그런게 아니었어!

I didn't mean to cause you any trouble.
너를 곤란케 하려는 건 아니었어.

I didn't mean to hurt you. Anyway, I apologize for that.
너에게 상처 줄 의도가 아니었어. 어쨌든 그 점 사과할게.

I don't mean it.
그럴 생각은 아냐.

I didn't mean to say that.
그렇게 말하려는게 아니었어.

💬 이렇게 말한다!

A: You should have been here an hour ago.
B: I didn't mean to be late.
A: 1시간 전에 이곳에 왔었어야지.
B: 늦으려고 했던 것은 아니에요.

mean it[that]
진심이다, 정말이다

mean it 혹은 mean that하면 그걸 의미한다는 말로 진심이다, 정말이다라는 의미가 된다. 비슷한 말로 mean business가 있다.

✓ 핵심포인트

I mean it	진심이야, 분명히 말했어. 정말이야, 진심이야
I didn't mean it	고의로 그런 건 아냐
(Do) You mean that[it]?	그 말 진심이야?
I mean business	진심이야, 농담 아니야

📝 이렇게 쓰인다!

You don't mean that.
농담이지.

I mean it. I didn't know about that.
정말야. 난 정말 그거에 대해 몰랐어.

Please don't laugh anymore. I mean business.
더 이상 웃지마. 진심이야.

You mean it? That would be so fun!
정말야? 굉장히 재미있겠다!

💬 이렇게 말한다!

A: Are you serious?
B: Sure. I mean it.
  A: 정말야?
  B: 그럼. 전말이야.

영어문장필사해보기 ✏️

• 더 이상 웃지마. 진심이야.

mean a lot
…에게 큰 의미가 있다, 중요하다, 친숙하다

mean 다음에 a lot, everything, something, anything 등을 붙여 만드는 표현으로 …에게 의미가 있다, 없다는 것으로 나아가 …에게 중요하다, 친숙하다 등의 의미로 쓰인다.

✔ 핵심포인트

mean a lot to sb (that~)	(…하는 것은) …에게 중요하다
mean everything to sb	…에게 중요하다
mean nothing to sb	…에게 무의미하다
mean something[anything] to sb	…에게 의미가 있다, 친숙하다

📓 이렇게 쓰인다!

It means a lot to me that you came to my place.
네가 내집에 왔다는 건 나한테는 큰 의미가 있어.

I don't know what to say. That means a lot to me.
뭐라해야 할지. 매우 중요해.

I'm sure it would mean a lot to her.
그게 걔한테 의미가 클거라 확신해.

You mean everything to me. Please don't go away.
넌 내 전부야. 가지마.

That means nothing to me.
그건 내게 중요하지 않아.

It doesn't mean anything to me. I don't care.
난 상관없어. 알바아냐.

Doesn't that mean anything to you?
그게 네게 무슨 의미가 있어?

Is that supposed to mean something to me?
그게 나한테 무슨 의미라도 있어야 되는거야?

💬 이렇게 말한다!

A: Happy birthday sweetheart. I love you.
B: It meant a lot to spend the day with you.
　　A: 자기야, 생일 축하해. 사랑해.
　　B: 생일날을 너와 같이 지내는 것은 의미가 컸어.

~what sb mean
…가 의미하는 것

~what I mean(내가 의미하는 것)과 ~what you mean(네가 의미하는 것)은 know나 see의 목적어로 와 「내 말 알아, 몰라」 등의 의미가 된다. 주로 의사소통을 정리하는데에 사용된다.

✔ 핵심포인트
~what I mean   내가 의미하는 것
~what you mean   네가 의미하는 것

📝 이렇게 쓰인다!

That's not what I mean.
실은 그런 뜻이 아냐.

I know[see] what you mean. **You don't have to explain.**
무슨 말인지 알아. 설명 안해도 돼.

I'm not sure[I don't know] what you mean.
무슨 말인지 모르겠어.

I need to focus on this. You know what I mean?
집중해야 돼. 무슨 말인지 알아?

See what I mean?
내 말 무슨 말인지 알겠어?

💬 이렇게 말한다!

A: Do you think he's cruel?
B: That's not what I meant. **I think he's selfish.**
A: 넌 걔가 인정사정없다고 생각하니?
B: 내 말은 그게 아니야. 걔가 이기적인 것 같다구.

영어문장필사해보기 ✏

• 집중해야 돼. 무슨 말인지 알아?

mean no harm
나쁜 뜻으로 그런 게 아니야

mean no 혹은 not mean any 다음에 '해'를 뜻하는 harm, offense, disrespect 등의 단어가 나와 「나쁜 뜻으로 그런 게 아니다」, 「해를 끼치려는 게 아니다」라는 의미로 쓰인다.

✔ 핵심포인트

mean no harm[offence] 해를 끼칠 생각은 아냐
mean no disrespect 불쾌하게 하려는게 아냐

📝 이렇게 쓰인다!

I really didn't mean any offence.
기분나쁘게 하려는 건 아니었어.

I'm sorry about that. I didn't mean any harm.
미안해. 다치게 할 생각은 없었어.

I mean no disrespect, doctor.
의사선생님, 불쾌하게 듣지 않았으면 해요.

I mean no offense, but you have to change your lifestyle.
나쁜 뜻으로 그러는게 아닌데, 너 생활방식을 바꿔야겠다.

💬 이렇게 말한다!

A: Jim didn't invite me to his party.
B: He probably forgot. I'm sure he meant no harm.
A: 짐은 날 파티에 초청하지 않았어.
B: 아마 잊은 것 같아. 걔가 나쁜 뜻은 없었다고 확신해.

🖊 영어문장필사해보기

• 미안해. 다치게 할 생각은 없었어.

mean to
011
···할 작정이다

mean to+동사는 「···할 작정이다」라는 의미. say, tell 등이 함께 잘 어울리는 동사이고 또한 과거형인 meant to+동사 형태가 많이 쓰인다.

✓ 핵심포인트

I mean(t) to say[tell]~ ···라고 말할 작정이야[이었어]
(Do) You mean to tell me ~? ···가 진심이니?

📓 이렇게 쓰인다!

I meant to say thank you.
네게 고맙다고 말할 생각이었어.

I mean to say that we were shocked by the news.
우린 그 소식에 충격먹었다고 말할 생각야.

I meant to leave that stuff at your apartment.
그걸 네 아파트에 남겨둘려고 했어.

I meant to give it to him.
걔한테 주려던거지.

I meant to tell you, I don't love you anymore.
진작 말할려고 했는데, 난 너 더 이상 사랑하지 않아.

You mean to tell me you can't find a room?
방을 구할 수 없다는거야?

You mean to tell me you're going to leave me?
날 떠날거라는 말이야?

You mean to tell me you can't come to the party this weekend?
이번 주말 파티에 올 수 없다는 말이야?

💬 이렇게 말한다!

A: You didn't pay back the money you owe me.
B: I meant to give it to you this morning.
  A: 내게 빚진 돈을 갚지 않았어.
  B: 오늘 아침 갚을 참이었어.

Get More

- **by all means** 물론이지, 그렇고 말고, 그 정도야

    By all means, let's hear your opinion. 물론이지, 자 네 의견을 들어보자.

- **don't mean maybe** 진짜이다

    I don't mean maybe! 대충 하는 말 아냐!, 진심으로 하는 말이야!

 You Know What? : say와 tell

say는 「말」과 관련됐다면 어떠한 상황(any kind of speech)에도 쓸 수 있지만, tell은 말을 이용해 어떤 사실을 「알리거나 지시하는」(instruct or inform by using speech) 경우에만 쓴다는 차이가 있다. 그래서 「단순히 소리내어 말하다」라는 뜻의 동사가 필요한 a word, a sentence, a phrase같은 단어들 앞엔 tell을 쓸 수가 없죠. 그러나 무엇보다 say와 tell의 가장 큰 차이는 목적어를 취하는 방식에 있다. tell은 4형식 동사이기 때문에 「tell+간·목+직·목」의 형태로 '듣는 사람'을 밝혀주는 것이 일반적이지만, 3형식 동사인 say는 그 대상 없이 말의 내용만 전달하는 경우가 더 많다. 그래서 tell을 쓰면 "Tell me your hobby"가 되지만 say를 쓰면 "Say your hobby"가 되는 것이다. say 다음에 그 대상을 굳이 표시하려면 이미 배운 것처럼 전치사 to를 이용하면 된다.

15.
그만할 때 그만해야지

Stop

하던 일이나 동작을 멈춘다는 의미. stop sth [sb], 혹은 stop ~ing 형태로 어떤 일을 멈추게 하거나 어떤 사람의 행동을 막거나 제지하는 것을 뜻한다. 단 stop to+동사하면 'to+동사'가 동사의 목적어가 되는 try, remember, begin 등과 달리 「…하기 위해 멈춘다」는 뜻이다. 다시 말해 stop to fight하면 싸우는 걸 멈추는 것이 아니라 싸우기 위해서 멈췄다는 뜻이 되는 것이다.

 Stop 기본표현

01. 멈추다, 정지하다, 그만두다
Please stop just before that traffic light. 신호등 앞에서 멈춰.
Stop right where you are. 거기에 멈춰.

02. …을 멈추다, 중단하다, 그만두게 하다
Would you stop that? 좀 그만할래?
Stop doing that. 그러지마.
Stop a bus. 버스를 세워.

03. (명사) 멈춤, 중지, 정거(장),
What's the next stop? 다음 정거장이 어디야?
Where's the bus stop? 버스 정거장이 어디예요?

stop 001

stop sth[sb]
…을 멈추게 하다

stop 다음에 명사가 오는 경우로 stop sth하면 「…을 멈추다」, 「그만두다」, stop sb하게 되면 「…의 행동을 못하게 하다」, 「멈추게 하다」라는 뜻이 된다.

✓ 핵심포인트

Stop it[that]! — 멈춰!, 그만둬!
stop what sb's doing — …가 하던 것을 멈추다

📝 이렇게 쓰인다!

Please stop the fighting!
제발 싸움 좀 멈춰!

We couldn't stop the bleeding.
우린 출혈을 막을 수가 없었어.

Stop it, I'm serious!
그만둬, 나 장난아냐!

No, don't stop me!
아니, 날 막지마!

💬 이렇게 말한다!

A: I heard this house has a ghost.
B: Stop it! You're scaring me.

A: 이 집에 귀신이 있다더라.
B: 그만해! 겁나잖아.

영어문장필사해보기 ✏️

• 제발 싸움 좀 멈춰!

stop for sth
…하기 위해 멈추다, 멈춰서 …하다

앞의 표현인 stop sth에서 사이에 for가 와서 stop for sth하게 되면 「…을 위해 멈추다」라는 뜻으로 for 이하를 하기 위해 「멈추다」, 「들르다」라는 의미가 된다.

✓ 핵심포인트
stop for sth	…하기 위해 멈추다
stop for a moment	잠시 멈추다

📝 이렇게 쓰인다!

You can go to the toilet when we stop for gas.
기름넣을 때 화장실에 가.

We stopped for a cocktail after work.
퇴근 후에 잠시 칵테일 마시러 들렀어.

Can we stop for a moment please?
잠깐만 멈출래요?

Do you want to stop for ice cream?
아이스크림 먹기 위해 차를 잠깐 세울까?

💬 이렇게 말한다!

A: Where do you want to stop for breakfast?
B: Let's go to a pancake restaurant.
  A: 아침 먹으러 어디 들르면 좋겠어?
  B: 팬케익 파는 식당에 가자.

영어문장필사해보기 ✏️

• 퇴근 후에 잠시 칵테일 마시러 들렀어.

stop to~

멈춰서 …하다, …하기 위해 들르다

stop to+동사에서 to~이하는 목적을 나타내는 구로 「…하기 위해서 멈추다」라는 의미가 된다. stop and+동사로 쓸 수도 있으며 특히 stop to think가 많이 쓰인다.

✔ 핵심포인트

stop and+동사	멈춰서 …하다
stop to think	곰곰히 생각하다
stop to look at[talk]	멈춰서 바라다보다[이야기하다]

📝 이렇게 쓰인다!

I just stopped to see if I could help.
내가 도움이 될 수 있나 알아보기 위해 들렀어.

Okay, then why don't you stop and go to bed?
좋아 그럼 그만하고 자라.

Why don't you stop and ask for directions?
잠시 멈춰서 길을 물어보지 그래.

Don't stop to think. Just tell me.
곰곰히 생각하지 말고, 내게 말해.

💬 이렇게 말한다!

A: Look at the beautiful scenery.
B: We'll stop to take some pictures of it.
  A: 아름다운 경치를 봐.
  B: 우린 사진 찍게 좀 내릴거야.

[영어문장필사해보기 ✏]

• 좋아 그럼 그만하고 자라.

stop ~ing
···하기를 그만두다

stop sth에서 sth이란 명사 대신 동사의 ~ing가 stop의 목적어로 나오는 경우이다. 의미는 마찬가지로 「···하는 것을 멈추다」, 「그만두다」이다.

✓ **핵심포인트**
stop ~ing ···하기를 그만두다

📝 **이렇게 쓰인다!**

I always stop eating before I feel full.
난 배가 부르기 전까지만 먹어.

I won't stop to smoke. I stopped smoking.
멈춰서 담배피지 않을거야. 금연했어.

I've had it. Stop acting like my mother.
지겨워. 내 엄마처럼 행동하지마.

Will you stop doing that?
그만 좀 할래?

💬 **이렇게 말한다!**

A: You have to stop smoking.
B: I know, but it's very difficult.
   A: 넌 담배를 끊어야 돼.
   B: 알아, 하지만 그게 굉장히 힘드네.

✏️ **영어문장필사해보기**

• 멈춰서 담배피지 않을거야. 금연했어.

stop 005 (Please) Stop ~ing!
…를 그만둬!

앞의 stop ~ing 표현은 특히 명령문, 즉 Stop ~ing!의 형태로 많이 사용된다. 반대로 Don't stop~ing 하게 되면 「…하는 것을 멈추지마」, 즉 「계속해서 …해라」라는 뜻이 된다.

✓ 핵심포인트

Please stop bugging me   나 좀 귀찮게 하지마
Stop talking   조용히 해
Stop doing that!   그러지마!
Stop lying to me!   거짓말마!
Stop saying that!   그런 말마!

📓 이렇게 쓰인다!

Stop being lazy. You need to study harder.
게으름피지마. 공부 더 열심히 해.

Stop looking at me like that.
그렇게 쳐다보지마.

Stop talking to me like you're my boyfriend!
남자친구인 양 말하지마!

Stop saying you're sorry.
미안하다는 말 그만해.

Stop saying that! Will you say something else?
그런 말마! 다른 얘기할래?

Don't stop talking about it.
그 얘기 계속해.

💬 이렇게 말한다!

A: Stop jumping on the bed you two!
B: But it's so much fun, Dad.

A: 너희 둘 침대에서 그만 뛰지 못해!   B: 하지만 너무 재미있는 걸요, 아빠.

영어문장필사해보기 ✏️

• 게으름피지마. 공부 더 열심히 해.

stop sb from ~ing
…가 …하는 것을 막다, 못하게 하다

stop sb from ~ing하면 자기가 아닌 다른 누군가가 「…하는 것을 막다」, 「…가 …하는 것을 말리다」라는 뜻이 된다.

✅ **핵심포인트**

stop sb from ~ing   …가 …하는 것을 못하게 하다(stop sb's ~ing)
There's nothing to stop sb (from) ~ing   …는 반드시 …할거야

📝 **이렇게 쓰인다!**

I couldn't stop you from doing this.
네가 이걸 하는 걸 막을 수가 없었어.

Why did she stop me from dating Adam?
왜 걔가 내가 아담과 데이트를 못하게 하는거야?

I came running to stop her from leaving.
걔가 떠나는 걸 막으려 달려왔어.

There's nothing to stop me from divorcing her.
난 걔랑 기필코 이혼할거야.

You will do anything to stop me from having sex with him.
무슨 수를 써서라도 내가 걔랑 섹스하는거 말려.

I can't stop it from going through my head.
그게 계속 내 머리 속에서 떠나질 않아.

💬 **이렇게 말한다!**

A: There are too many items on that table.
B: We need to stop it from falling over.

   A: 저 테이블 위에 넘 많은 물건들이 있어.
   B: 떨어지지 않도록 해야 돼.

stop oneself from ~ing
…하는 걸 참다

이번에는 다른 사람이 아닌 「스스로가 …하는 것을 참다」라는 표현으로 결국 「…을 자제하다」, 「참다」라는 뜻이 된다. 그냥 stop oneself로도 쓰인다.

✅ 핵심포인트

stop oneself   자제하다, 참다
stop oneself (from) ~ing   …하는 것을 참다

📘 이렇게 쓰인다!

Why did you stop yourself?
왜 참았어?

I can't stop myself from loving you.
너에 대한 사랑을 멈출 수가 없어.

She stopped herself from laughing.
걘 웃음이 나오는 것을 참았어.

He tried to stop himself from doing the dishes, but couldn't.
그는 설거지를 하지 않으려고 했지만 그럴 수가 없었어.

💬 이렇게 말한다!

A: I'm getting too fat these days.
B: You have to stop yourself from eating too much.

   A: 요즘 내가 너무 살이 찌는 것 같아.
   B: 과식하는 것을 참아야할거야.

영어문장필사해보기 ✏️

• 걘 웃음이 나오는 것을 참았어.

stop 008 : can't stop + ~ing

계속 …할 수밖에 없다

can't도 부정어이고 stop도 내용상 부정어이다. 따라서 부정의 부정은 강한 긍정이 된다. 즉 can't stop ~ing는 멈출 수가 없다, 다시 말해 「계속해서 …하지 않을 수가 없다」라는 표현이 된다.

✔ 핵심포인트

can't stop ~ing	계속 …할 수 밖에 없다
can't stop sth[sb]	…을 멈출[막을] 수가 없다

📝 이렇게 쓰인다!

Ever since you left, I can't stop thinking about you.
네가 떠난 이후로 네 생각이 계속 맴돌아.

I can't stop crying.
계속 울 수밖에 없어.

I'm sure you can't stop loving me.
넌 날 계속 사랑할 수밖에 없다는 걸 알아.

I couldn't stop laughing at your story.
하지만 네 얘기에 웃음을 멈출 수가 없었어.

💬 이렇게 말한다!

A: Why are you always so sad?
B: I can't stop thinking about my ex boyfriend.
  A: 왜 넌 항상 그렇게 슬퍼하고 있어?
  B: 전 남친 생각을 안할 수가 없어.

영어문장필사해보기 ✏️

- 네가 떠난 이후로 네 생각이 계속 맴돌아.

15. 그만할 때 그만해야지 Stop

stop by[in]
방문하다

「지나는 길에 잠시 들르다」(make a short visit)라는 말로 stop by 다음에 들르는 장소를 말하면 된다. stop in 또한 잠시 들르는 것을 의미한다.

✔ 핵심포인트

stop by+장소명사	…에 잠시 들르다
stop in	잠시 들르다
stop by and see (how~)	…을 보려고(…인지) 잠시 들르다

📒 이렇게 쓰인다!

Stop by any time after Friday.
금요일 이후엔 아무 때나 와.

We just wanted to stop by and say good night.
잘 자라고 말하려고 잠깐 들렸어.

I just stopped by to see how you're doing.
네가 어떻게 지내는지 보려고 들렸어.

I'll stop by the drugstore.
약국에 들를거야.

I just want to stop in here for a second. I have to use the bathroom.
여기서 잠시 들렸다갈게. 화장실에 가야 돼.

The boss wants you to stop by his office at the end of the day.
사장님이 퇴근시간에 사무실로 오래요.

On my way to work tomorrow morning, I'm going to stop by around 8:30.
내일 아침 출근길에 8시 30분 쯤에 들를게.

📢 이렇게 말한다!

A: Some friends will stop by this afternoon.
B: What time will they be coming?

   A: 일부 친구들이 오늘 오후 들릴거야.
   B: 몇 시에 오는데?

stop 010 stop off
잠시 들르다

역시 원래 가던 길에서 잠시 벗어나(off) 들르는(stop) 것을 뜻한다. stop off for a rest처럼 stop off for~하면 「…하러 들르는」 것을 stop off at the store처럼 stop off at~하면 「…에 들르다」라는 뜻이 된다.

✓ 핵심포인트

stop off for sth	…하러 잠시 들르다
stop off at someplace	…에 잠시 들르다

📝 이렇게 쓰인다!

I stopped off at the Korean deli to get some crackers.
코리안 델리에 들러 크래커를 좀 샀어.

I stopped off and picked up some dessert for you ladies.
너희 숙녀들을 위해 들러서 디저트를 좀 사왔어.

I stopped off at Macy's, but my credit card got declined.
메이시 백화점에 들렀는데 카드가 거절당했어.

Let's stop off for a drink.
술마시러 잠시 들르자..

Why don't you stop off at my place after work?
퇴근 후에 우리 집에 들려.

She stopped off at the bookstore on her way home.
걔는 집에 오는 길에 서점에 들렀어.

💬 이렇게 말한다!

A: **I need to stop off at the post office.**
B: **Me too. I have some letters to mail.**
　A: 난 우체국에 잠시 들려야 돼.
　B: 나도 그래. 보낼 편지가 좀 있거든.

stop over

여행지에서 잠시 머물다, 도중하차하다

stop over하면 「잠시 머무르거나」 혹은 「여행지에 단기간 체류하는」 것을 뜻한다. 또한 항공기 이용시 비행기를 갈아탈 때 잠시 머무는 것도 뜻하는데 명사형으로 stopover라 하기도 한다.

✔ 핵심포인트

stop over for+sth	…하러 잠시 들르다
stop over+시간명사	…동안 머물다
stop over in[at]	여행 중 잠시 머물다
stopover	단기 기착지

📝 이렇게 쓴다!

Why don't you just stop over for coffee sometime?
언제 커피마시러 잠시 들러.

Why don't you stop over some night for a home-cooked meal?
언제 저녁 때 한번 들러서 집밥먹자.

We had to stop over one night in Los Angeles.
LA에서 하룻밤 머물러야 했어.

I stopped over in Los Angeles on our way to Chicago.
난 시카고에 가는 길에 LA에 잠시 머물렀어.

💬 이렇게 말한다!

A: The plane is going to stop over in Ireland.
B: Oh, that sounds like an interesting place.
　A: 비행기가 아일랜드에 기착할 예정이야.
　B: 아, 재미있는 곳 같으네.

영어문장필사해보기 ✏

- LA에서 하룻밤 머물러야 했어.

stop
정거장

stop이 명사로 쓰일 경우 앞의 경우처럼 「멈춤」, 「중지」라는 의미로도 많이 쓰이지만 일상생활에서는 'bus stop(버스정거장)'에서 보듯 버스나 전철 등 「정거장」이란 뜻으로 자주 쓰인다.

✓ 핵심포인트

miss one's stop	내릴 곳을 놓치다
get off at ~ station	…정거장에서 내리다

How many stops are there to Yangjae?
양재역까지는 몇 정거장입니까?

I missed my stop.
내가 내릴 곳을 놓쳤어.

Take the subway for one stop and get off at Paddington Station.
지하철로 한 정거장 가셔서 패딩턴 역에서 내리세요.

What's the most convenient stop to reach the Chrysler building?
크라이슬러 빌딩 가려면 어느 정거장이 가장 편한가요?

이렇게 말한다!

A: Why are all of those people standing there?
B: That's a bus stop and they're waiting to go home.
A: 왜 저 사람들 모두 거기에 서있는거니?
B: 거긴 버스 정류장이고 사람들이 집에 가려고 기다리고 있는거야.

영어문장필사해보기 ✎

• 내가 내릴 곳을 놓쳤어.

Get More

- **stop short of** (위험한 짓) ...까지는 하지 않다

    She stopped shot of hurting herself. 걘 자해까지는 하지 않았어.

- **make a stop** 멈추다

    I need to make a stop at the rest area. 난 휴게소에서 쉬어야 돼.

- **stop at nothing** 주저없이 하다

    She would stop at nothing to impress you.
    걘 널 감동시키려고 무슨 짓이든 할거야.

- **pull out all the stop** ...하기 위해 최선을 다하다

    We're pulling out all the stops. 최선을 다하고 있어요.

- **The buck stops here** 책임은 내가 질게

    Don't worry. The buck stops with me. 걱정마. 책임은 내가 질게.

16. 믿어서 남주나

Believe

believe는 believe sb[sth]의 형태로 「…을 믿다」라는 뜻으로 쓰인다. 다만 believe in~하게 되면 believe in luck(운을 믿다)처럼 「…의 존재를 믿거나 신뢰한다」는 말이 된다. 한편 I believe (that) 주어+동사하게 되면 「…라고 믿거나 생각한다」는 의미로 자기의 의견을 부드럽게 전달하는 I think that~과 달리 자기의 확실한 생각이나 믿음을 전달할 때 사용된다.

 Believe 기본개념

01. 믿다
I don't[can't] believe my eyes.
내 눈을 믿을 수가 없어.

I believe in you.
널 못 믿어.

You don't believe in anything.
넌 아무것도 안 믿는구나.

02. …라고 생각하다(believe 주어+동사)
I believe she is the best in her class.
난 걔가 자기 학급에서 최고라고 생각해.

I believe he isn't guilty.
난 걔가 죄가 없다고 생각해.

believe 001 — believe it
믿다

앞서 말한 내용을 it이나 this[that]으로 받은 believe it[this, that]은 실제 많이 쓰이는 형태로 앞서 말한 내용을 믿거나 못 믿을 때 사용한다.

✓ 핵심포인트

I believe it	난 믿어
Can you believe it[this]?	믿어지세요?
You won't believe this	이거 믿지 못할 걸
I don't believe it[this]!	이게 말이나 돼!(Would you believe it!)

이렇게 쓰인다!

You'd better believe it!
믿는게 좋을거야!

Do you expect me to believe that?
설마 나더러 그 말을 믿으라는 건 아니겠지?

I don't believe this! You talked to her about that?
말도 안돼! 그걸 걔한테 말했단 말야?

Believe it or not, it sounds exciting.
믿거나 말거나 그거 흥미로운데.

이렇게 말한다!

A: The stock market just dropped by 200 points.
B: Are you sure? I don't believe it.

A: 주가가 200포인트나 떨어졌어.
B: 정말이야? 믿기지 않네.

영어문장필사해보기

• 말도 안돼! 그걸 걔한테 말했단 말야?

believe 002
believe sb
···을 믿다

이번에는 believe 다음에 사람이 와서 「···을 믿다」, 「못 믿다」라는 의미로 쓰이는 경우이다. 관용 표현 Believe (you) me!, I don't believe you!, You don't believe me? 등도 함께 알아둔다.

✔ 핵심포인트

Believe (you) me!	꼭 그럴거야!, 날 믿어야 돼!
I don't believe you!	뻥치지마!
You don't believe me?	날 못 믿겠어?
I can't believe you!	널 믿을 수가 없어!

이렇게 쓰인다!

So believe me, I know exactly how you feel.
그러니 날 믿어, 네 기분이 어떤지 잘 안다구.

I didn't believe him, because he's always lying to me.
난 걜 안 믿었어. 늘상 거짓말하니까.

Nobody's going to believe her.
아무도 걜 믿으려고 하지 않을거야.

Whatever you say, I believe you!
네가 무슨 말하든 다 믿어!

이렇게 말한다!

A: Believe me, I saw a real ghost.
B: I think you are mistaken about that.

A: 믿어봐, 내가 진짜 유령을 보았어.
B: 네가 잘못 본 것 같은데.

영어문장필사해보기

• 난 걜 안 믿었어. 늘상 거짓말하니까.

believe 003

I believe that~
…을 믿다, …라고 생각하다

믿는 내용이 길 경우 I (don't) believe that 주어+동사를 쓰면 된다. that 대신 what이 올 수도 있는데 특히 You are going to believe what~은 뭔가 놀라운 일을 전달할 때 사용하는 표현이다.

✔ 핵심포인트

I (really) believe (that) 주어+동사	…을 (정말) 믿다
I don't believe (that) 주어+동사	…을 믿지 않다
You're not going to believe what~	…을 믿지 않을거다, …에 놀랄거야

📝 이렇게 쓰인다!

I still believe that you and Linda are going to get back together.
난 아직도 너와 린다가 합칠거라 생각해.

I really believe what I did was right.
난 정말 내가 한 일이 맞았다고 생각해.

You're never going to believe what happened to me.
내게 무슨 일이 일어났는지 못 믿을거야.

They are being careful because they believe you are lying.
네가 거짓말한다고 믿기 때문에 걔네들은 조심할거야.

I don't believe what I'm hearing.
내 귀를 믿을 수가 없네.

You are not going to believe what I just did.
내가 방금 뭘 했는지 믿지 못할거야.

You're not going to believe what just happened.
방금 일어난 일을 믿지 못할거야.

You're not going to believe what she said to me this morning.
오늘 아침에 걔가 내게 뭐라 했는지 믿지 못할거야.

🗣 이렇게 말한다!

A: What kind of job would you recommend?
B: I believe that you should become a dentist.
A: 넌 무슨 직업을 추천하고 싶으니?
B: 난 네가 치과의사가 될 것으로 믿어.

A: I don't believe that I've met you before.
B: My name is Wendy. Nice to meet you.
A: 처음 보는 것 같은데.
B: 내 이름은 웬디야. 만나서 반가워.

A: Martin says his father is very rich.
B: I don't believe what he told you.
A: 마틴은 자기 아빠가 무척 부자래.
B: 걔가 네게 말한 것을 믿지 않아.

📝 영어문장필사해보기

- 내게 무슨 일이 일어났는지 못 믿을거야.

- 네가 거짓말한다고 믿기 때문에 걔네들은 조심할거야.

believe 004 I can't believe~

…를 믿을 수가 없어

I can't believe (that) 주어+동사는 부정하는 것이 아니라 that 이하의 내용에 놀라며 하는 말이다. 물론 that 대신 what이나 how 등이 이어질 수도 있다.

✓ 핵심포인트

I can't believe that[what, how~]	(놀라움) …을 믿을 수 없어
I can't believe it	설마!, 말도 안돼!, 그럴 리가!
I can't believe what I'm hearing here	기가 막히는구만!
I can't believe my eyes	도저히 못 믿겠네
You can't believe how~	얼마나 …한지 모를거야

📓 이렇게 쓰인다!

I can't believe my team lost the baseball game.
우리 야구팀이 지다니 말도 안 돼.

I can't believe this is happening again.
이런 일이 또 생기다니 믿을 수가 없어.

I can't believe you did that. You let me down again.
네가 그랬다니 믿을 수가 없어. 날 또 실망시켰어.

You can't believe how sorry I am.
내가 얼마나 미안한지 모를거야.

I can't believe they didn't give us a raise.
월급을 안 올려주다니 기가 막혀.

I can't believe how hot it is today.
오늘 정말 덥다.

I can't believe it's real.
그게 진짜라니 놀라워.

🗨️ 이렇게 말한다!

A: I can't believe that we're breaking up.
B: I guess all good things must come to an end.
A: 우리가 깨지다니, 믿을 수가 없어.
B: 아무리 좋은 일이라도 끝이 있게 마련이라잖아.

A: April had ten tickets for the concert.
B: I can't believe she didn't invite us to come with her.
A: 에이프릴이 콘서트 표 10장을 가지고 있어.
B: 걔가 왜 우릴 초청하지 않았다니 정말 믿기지 않는구만.

A: I can't believe what I saw on TV.
B: Was it something that interested you?
A: 난 TV에서 본 것을 믿을 수가 없어.
B: 네 관심사항이었니?

영어문장필사해보기 ✏️

• 이런 일이 또 생기다니 믿을 수가 없어.

• 내가 얼마나 미안한지 모를거야.

16. 믿어서 남주나 Believe

Can you believe ~ ?
believe 005
…라는게 믿겨져?

Can you believe (that) 주어+동사? 역시 놀라운 사실이나 말도 안 되는 이야기를 들었을 때 사용하는 표현으로 「…라는 게 믿겨지니?」라는 의미이다.

✓ 핵심포인트

Can you believe (that) S+V? …라는 게 믿겨져?
Can you believe how~? 얼마나 …한지 믿겨져?

📝 이렇게 쓰인다!

Can you believe she actually thought that?
걔가 정말 그렇게 생각했다는게 믿겨져?

Can you believe he didn't know it?
걔가 그걸 모르고 있었다는게 믿겨져?

Can you believe she had a date with the teacher?
걔가 선생님이랑 데이트했다는게 믿겨져?

Can you believe I found it in your house?
그걸 네 집에서 찾았다는게 믿겨져?

Can you believe she got pregnant?
걔가 임신했다는게 믿겨져?

Can you believe she spent 5,000 dollars while shopping?
걔가 쇼핑하는데 5천 달러를 썼다는게 믿겨져?

💬 이렇게 말한다!

A: Can you believe she got pregnant?
B: You can't be serious. She's not married yet.

A: 걔가 임신했다는게 믿겨져?
B: 말도 안돼. 걔 아직 미혼이잖아.

believe 006 — It is hard[difficult] to believe that~ …를 믿기가 어려워

역시 어떤 사실을 알고서 놀라움을 표현할 때 사용하는 것으로 that 이하에 주어+동사로 놀라운 사실을 말하면 된다. 그냥 (It's) Hard to believe!라고 쓰기도 한다.

✔ 핵심포인트

It is hard[difficult] to believe that 주어+동사	…가 믿기지 않다
find it hard to believe	믿기 어렵다

📝 이렇게 쓰인다!

It's hard to believe they didn't come to work.
걔네들이 출근하지 않았다니 놀랍네.

Why do you find it so hard to believe?
왜 그게 그렇게 믿기 어려운거야?

You may find this very hard to believe, but it's true.
이거 믿기 어렵겠지만 사실이야.

It's just hard to believe that's what killed him.
그 때문에 걔를 살해했다는게 믿기지 않아.

💬 이렇게 말한다!

A: **It's hard to believe Natalie left.**
B: **I wish that she was still here.**
  A: 나탈리가 떠났다는게 믿기지 않아.
  B: 걔가 여기 있었으면 좋을텐데.

✏ 영어문장필사해보기

• 왜 그게 그렇게 믿기 어려운거야?

16. 믿어서 남주나 Believe

believe 007

believe in +사람[사물] ~ing
…가 있다고 믿다, 사실이라 믿다

기초적인 숙어로 believe in sb(sth)은 believe in God처럼 「…의 존재를 믿거나」, 「…을 사실이라 받아들이다」라는 뜻.

✓ 핵심포인트

believe in sb[sth]	…의 존재를 믿다, 신뢰하다, …을 사실이라 받아들이다
believe in ~ing	…하는 것이 옳다고 맞다고 생각하다

📓 이렇게 쓰인다!

I'm still not sure I believe in God.
내가 신을 믿는지 아직 잘 모르겠어.

Do you believe in heaven?
천국을 믿나요?

I don't believe in luck[destiny, miracles].
난 운[운명, 기적]을 믿지 않아.

I need you to believe in me.
네가 날 믿길 바래.

I believe in being nice.
착하게 행동하는게 옳다고 생각해.

🗣 이렇게 말한다!

A: Do you believe in UFOs?
B: It's possible that they exist.
A: 넌 UFO(미확인 비행물체) 존재를 믿니?
B: 존재할 수는 있지.

영어문장필사해보기 ✏

• 내가 신을 믿는지 아직 잘 모르겠어.

Get More

▶ **not believe a word of** ⋯을 전혀 믿지 않다

No one is ever going to believe a word of that.
아무도 그걸 조금도 믿지 않을거야.

▶ **believe so** 그렇다고 믿다

I believe so. 그렇게 알고 있을게.
I don't believe so. 난 그렇게 생각안해.

▶ **be believed to be ~** ⋯라고 생각되다(It's believed that 주어+동사)

It is believed that English is hard to learn.
영어는 배우기 어려운 걸로 알려져 있어.

▶ **believe ~ as ~** ⋯을 ⋯라고 믿다

Do you believe this as the truth? 그걸 사실이라고 믿습니까?

17.
맘아프지만 낼 때는 내야지

Pay

「페이가 높아」지라고 하듯 거의 우리말화된 단어. 동사로는 돈을 낸다는 의미로 pay (money) for~형태로 쓰이며 또한 「…에게 돈을 지급하다」라고 할 때는 pay sb money라고 하면 된다. 나아가 비유적으로 어떤 좋은 결과나 이익을 가져오거나 수지가 맞다라는 의미로도 사용된다. 물론 명사로는 급여라는 의미로 쓰여 payraise하면 급여인상이란 뜻이 된다.

 Pay 기본개념

01. (물건, 세금 등) 지불하다
I can't afford to pay my rent this month. 이번 달 월세를 낼 돈이 없어.
We'd like to pay separately. 각자 낼게요.
How would you like to pay? 어떻게 지불하실거죠?
We have to pay first. 돈부터 내야죠.

02. (좋은 결과나 이익을) 가져오다, 수지맞다
Working With you doesn't pay. 너랑 일하는 건 돈이 안된다.
You have to keep jogging. It will pay off in the future.
계속 조깅해. 앞으로 네게 도움될거야.

03. (명사) 지불, 지급, 급여
Today's payday. 오늘이 급여일이야.
You can spread your payment out over six months.
6개월이상 분납가능합니다.

pay for
…의 비용을 지불하다, …의 대가를 치르다(혼나다)

pay는 돈을 지불하다라는 동사. pay for 다음에 돈을 지불하게 되는 이유를 말하면 「…하는데 돈을 지불하다」라는 뜻이 된다. 비유적으로 「…의 대가를 치르다」가 된다.

✓ 핵심포인트
pay for sb[sth] …의 비용을 지불하다

📝 이렇게 쓰인다!

Let's go eat something. I'll pay for dinner.
가서 뭐 좀 먹자. 저녁 내가 낼게.

Don't worry. He will pay for my lawyer.
걱정마, 걔가 내 변호사 비용댈거야.

We would like to pay for your airline ticket.
우리가 항공료를 지불할게요.

You get what you pay for.
땀을 흘린 만큼 얻는거야.

💬 이렇게 말한다!

A: Can I pay for the parking when I leave?
B: I'm sorry, but you have to pay now.
　A: 나갈 때 주차비를 내면 되나요?
　B: 죄송합니다만, 지금 내셔야 하거든요.

✏️ 영어문장필사해보기

• 걱정마, 걔가 내 변호사 비용댈거야.

pay for that
그 비용을 지불하다

앞의 경우와 마찬가지이지만 일상회화에서는 지불할 대상이 이미 언급된 경우에는 pay for it[that, this]으로 말하는 경우가 많다.

✔ 핵심포인트
pay for that   그 비용을 지불하다, 그 대가를 치르다

📓 이렇게 쓰인다!

You'll pay for that!
너 대가를 치러야 할거야!

How would you like to pay for this?
이거 어떻게 지불하실건가요?

How much did you pay for that?
그거 얼마 줬어?

How'd you pay for them?
어떻게 산거야?

💬 이렇게 말한다!

A: Wow, I ate so much food today.
B: You'll pay for that. Your stomach is going to hurt.
    A: 와, 난 오늘 음식을 너무 많이 먹었어.
    B: 대가를 치루게 될거야. 배탈이 나겠지.

✏ 영어문장필사해보기

• 이거 어떻게 지불하실건가요?

pay money for[to]~
…하는데 돈을 지불하다

이번에는 구체적으로 돈을 얼마나 지불했는지 말하는 표현으로 pay for~에서 pay와 for사이에 돈을 집어넣으면 된다.

✓ 핵심포인트

pay a lot of[good] money for[to]~	…하는데 많은 돈을 지불하다
pay+숫자(money) for[to]~	…하는데 …를 지불하다

📝 이렇게 쓰인다!

I paid $500 for this dress.
이 옷 사는데 500달러 지불했어.

He paid a lot of money for it.
걘 그거 사는데 많은 돈을 지불했어.

He paid good money to find out how to do that.
걘 그거 하는 방법을 알아내는데 많은 돈을 냈어.

Why should I pay good money to go to your party?
네 파티에 가는데 내가 왜 돈을 많이 내야 돼?

💬 이렇게 말한다!

A: She paid $200 for her new phone.
B: That sounds like a pretty good deal.
　A: 걔는 새 전화기를 2백 불에 샀어.
　B: 정말 잘 산 것처럼 들리네.

영어문장필사해보기 ✏️

• 걘 그거 사는데 많은 돈을 지불했어.

pay sb money~
…에게 돈을 지불하다

이번엔 돈을 준 사람을 명시하는 것으로 pay sb for[to]~로 쓴다. sb 다음에 돈을 말해도 되며 또한 sb를 빼고「…하라고 돈을 지불하다」로 써도 된다.

✔ 핵심포인트

pay sb+money (for[to])~   (…하는데) …에게 …돈을 지불하다
pay (sb) to+동사[for~]   (…에게) …하라고 돈을 지불하다

📒 이렇게 쓰인다!

She paid me 50 dollars not to tell.
걘 얘기하지 말라며 내게 50달러를 줬어.

Her father pays you for baby-sitting?
걔 아버지가 네게 보모비 주셔?

You couldn't pay me to do it.
이걸 하라고 돈으로 시킬 수는 없어.

He paid me 20 dollars to post malicious comments.
걘 악플을 올리라고 20달러를 줬어.

🗨 이렇게 말한다!

A: You will have to pay me $30,000.
B: No way. You must be joking.
   A: 3만 달러 내셔야 됩니다.
   B: 말도 안 돼. 농담이시겠죠.

✏ 영어문장필사해보기

• 걘 얘기하지 말라며 내게 50달러를 줬어.

pay in cash
현금으로 지불하다

돈을 지불하는 방법은 「현금으로 지불하거나」(pay in[with] cash), 「수표로 내거나」(pay by check) 혹은 「카드로 내는」(pay by credit card) 방법 등 3가지가 있다.

✔ 핵심포인트

pay by check = pay for sth with a check 수표로 내다
pay (for sth) in cash (…을) 현금으로 내다(with cash)
pay by credit card 카드로 내다(charge sth = buy sth on credit)

📝 이렇게 쓰인다!

Will you be paying by credit card or with cash?
카드로 결제하시겠어요 아니면 현금으로요?

I'll pay by check.
수표로 낼게요.

I'm just going to pay for this with a check.
이거 수표로 낼게요.

Can I pay in Korean won?
한국 돈으로 내도 돼요?

Her hotel bill's always paid in cash.
걘 항상 호텔비를 현금으로 내요.

💬 이렇게 말한다!

A: **How would you like to pay for it? You can use your credit card.**
B: **I'd like to pay in cash. How much is it?**
    A: 지불은 어떻게 하시겠습니까? 신용카드를 사용하셔도 됩니다.
    B: 현금으로 할게요. 얼마죠?

영어문장필사해보기 ✏

• 이거 수표로 낼게요.

pay the bill
계산서를 지불하다

이번에는 좀 달리하여 pay 다음에 직접적으로 돈이 오는게 아니라 돈을 내야 되는 계산서(bill)이라든가 tax(세금), fine(벌금) 등이 목적어로 이어지는 경우이다.

✓ 핵심포인트

pay the bill	계산서를 지불하다
pay a fine	벌금을 내다
pay the price	대가를 치르다
pay rent	임대료를 내다

이렇게 쓰인다!

I'd like to pay the bill, please.
계산 좀 하려고요.

I'm broke. I don't money to pay the bill?
돈없어. 청구서 낼 돈이 없어.

Waitress, where do I pay the bill?
저기요, 어디서 계산하죠?

Just my luck. I have to pay a fine for speeding.
내 운이 그렇지. 속도위반벌금내야 돼.

Why should I pay that price? I didn't even do it.
왜 대가를 치러야 돼? 하지도 않았는데.

You commit a crime, you pay the price.
죄를 지었으면 벌을 받아야지.

Can you lend me some money? I've got to pay rent!
돈 좀 빌려줘. 월세내야 돼!

I just paid my credit card bill.
신용카드비를 냈어.

이렇게 말한다!

A: I forgot to pay the electric bill this month.
B: Pay the bill as soon as you can.
    A: 이번 달 전기료 내는 것을 잊었어.
    B: 가능한 빨리 내라.

pay 007 get paid
지불받다, 임금을 받다

수동태 형태로 get paid하면 근로자가 봉급을 받듯 「어떤 대가로 돈을 받는」 것을 말한다. 구체적으로 돈을 받는 이유는 get paid for+명사(to+동사)라고 한다.

✔ 핵심포인트

get paid (+돈)   (…을) 지불받다
get paid for~   …대가로 지불받다

이렇게 쓰인다!

We're not leaving until we get paid!
돈을 받기 전에는 떠나지 않을거야!

We work. We get paid. You don't owe me anything.
우린 일하고 돈을 받아. 네가 신세진거 없어.

Some guys get paid a great deal of money for it.
어떤 사람들은 그거 해주고 많은 돈을 받아.

I get paid $10 an hour for this.
난 이거하는데 시급 10달러를 받아.

이렇게 말한다!

A: If you ask me, we aren't getting paid enough.
B: That's true, but we don't have a choice.

    A: 내 의견을 말하자면, 우린 월급을 충분히 받지 못하고 있어.
    B: 맞는 말이지만 어쩔 도리가 없잖아.

영어문장필사해보기

• 돈을 받기 전에는 떠나지 않을거야!

pay 008
pay attention
주의를 기울이다

pay attention하면 모르는 사람이 없을 정도로 잘 알려진 표현이다. 「주의를 기울이다」라는 뜻으로 특히 사람들의 주목을 끌 때 필요한 표현이다. 반대로 「주의를 기울이지 않다」는 pay no attention하면 된다.

✔ 핵심포인트

pay (no) attention (to~) (…에) 주의를 (안) 기울이다
pay one's respects 정중히 방문하여 인사드리다, 조의를 표하다

📓 이렇게 쓰인다!

I need you to pay attention. Do you hear me?
주목해봐. 내 말 듣고 있니?

She ignored me. She didn't pay any attention to me.
걘 날 무시해. 내게 주의를 기울이지도 않았어.

I barely even know her, but I feel like I have to pay my respects.
걜 거의 모르지만 조의를 표해야 할 것 같아.

I don't pay attention to gossip.
난 가쉽에 신경쓰지 않아.

💬 이렇게 말한다!

A: **I need you to pay attention. Do you hear me?**
B: **Yes! Calm down. I hear you.**

　　A: 주목해줘. 내 말 듣고 있니?
　　B: 응! 진정해. 듣고 있어.

📝 영어문장 필사해보기

• 걘 날 무시해. 내게 주의를 기울이지도 않았어.

pay back
돈을 되갚다

pay back하면 글자 그대로 돈을 돌려주는 것을 뜻한다. 즉 「빚진 돈, 빌린 돈을 갚는」 것을 말하며 비유적으로 「복수하다」라는 뜻으로도 쓰인다.

✓ 핵심포인트

pay sb back	…에게 돈을 되갚다
pay back a loan	대출금을 갚다

📝 이렇게 쓰인다!

I promise I'll pay you back.
꼭 돈을 갚을게.

You can pay me back whenever you like.
편할 때 갚아.

I'll pay you back all the money you invested.
네가 투자한 돈 다 돌려줄게.

You don't have to pay me back.
돈 갚을 필요없어.

💬 이렇게 말한다!

A: Do you promise to pay me back?
B: You have my word.
  A: 돈 갚는다고 약속하는거지?
  B: 내 약속할게.

영어문장필사해보기 ✏️

- 꼭 돈을 갚을게.

pay off
이익을 내다, 좋은 결과가 되다, 빚을 갚다

pay off는 두 가지 의미로 쓰이는데 상대방에게 진 빚을 갚거나 또는 이익을 내거나 이익처럼 좋은 결과를 가져오는 것을 뜻한다.

✔ 핵심포인트

pay off one's debt — 빚을 갚다
pay off the credit card — 카드비를 결제하다

이렇게 쓰인다!

Don't worry about me paying off your debt.
내가 네 빚을 갚는거 걱정마.

I've paid off all my debt.
내 빚을 모두 다 갚았어.

Sending that e-mail has finally paid off.
이메일을 보낸게 좋은 결과를 낳았어.

I'm going to pay off my credit card.
카드빚을 갚을거야.

이렇게 말한다!

A: **What are you going to do with your tax return?**
B: **I'm going to pay off my credit cards.**

A: 세금환불받으면 뭐 할거야?
B: 카드빚이나 갚아야죠.

영어문장필사해보기

• 이메일을 보낸게 좋은 결과를 낳았어.

Get More

- **pay a visit to** 방문하다

    I'll pay a visit to the Paul's on my way home.
    집에 오는 길에 폴 집에 방문할거야.

- **pay one's dues** 책임을 다하다, 대가를 치르다

    I've paid my dues. 난 대가를 치루었어.
    I paid my dues but they would give me hard times.
    난 책임을 다했는데 걔네들은 날 힘들게 하려고 해.

- **pay through the nose** 바가지 쓰다

    You ll pay through the nose if you buy a ticket on the day you're leaving. 너 출발하는 날 표를 구하면 바가지써.

- **be hell to pay** 큰 어려움에 빠질거다

    If you change your mind, there's going to be hell to pay.
    네가 마음을 바꾸면 큰 어려움에 빠질거야.

- **pay one's debt to society** (불법을 저지른 사람이) 죄값을 치루다

    His dad paid his debt to society while he was in prison.
    걔 아빠는 감옥에 있으면서 죄값을 치뤘어.

- **pay raise** 임금인상(<-> pay cut 임금삭감)

    I got a big pay raise! 나 월급이 엄청 올랐어!

- **pay check** 월급

    I got my first pay check yesterday. 어제 첫 월급을 탔어.

18. 기다릴 때까지 기다려보는

Wait

wait는 기다린다는 의미로 주로 시간관련 명사 등과 잘 어울린다. wait a minute, wait until 혹은 wait 1 hour처럼 말이다. 또한 wait for~하면 「…을 기다린다」는 필수표현. 한 단계 발전하여 can't wait to+동사하게 되면 「…하는 것을 기다릴 수가 없다」라는 말로 역으로 다시 말하면 「몹시 …하기를 바란다」는 뜻이 된다. 한편 wait on하면 식당 등에서 시중 들다라는 의미로 쓰이지만 원래대로 기다리다라는 의미로 쓰이기도 한다.

 Wait 기본개념

01. 기다리다
Sorry I kept you waiting so long. 오래 기다리게 해서 미안해.
That's all right. I don't mind waiting. 괜찮아. 기다려도 상관없어.
I'll wait outside. 밖에서 기다릴게.
I guess we have to wait until he comes back.
걔가 돌아올 때까지 기다려야 할 것 같아.

02. 시중들다(wait on), 기다리다(wait on)
Peter waited on her until 10:00. 피터는 10시까지 걔를 기다렸어.
I told the manager I wouldn't wait on you tonight.
오늘밤 당신 서빙 못한다고 매니저에게 얘기했어요.
How does he wait on tables dressed like that?
어떻게 저렇게 입고 테이블 서빙을 한데?

03. (명사) 기다림, 대기
I'm on a wait list. 난 대기명단에 올라가 있어.
I've been on the wait list since June.
난 6월부터 대기명단에 올라가 있는 중이야.

wait until[till]

…(할) 때까지 기다리다

언제까지 기다리는지를 언급하는 표현으로 until[till] 다음에는 tomorrow, next week같은 시간 관련 명사가 오거나 혹은 주어+동사의 문장이 올 수 있다.

✔ 핵심포인트

wait until[till]+시간명사 …때까지 기다리다
wait until[till] S+V …할 때까지 기다리다

이렇게 쓰인다!

We'll wait until next weekend.
우린 다음주까지 기다릴거야.

We can't wait until Tuesday. We're having a party tonight.
화요일까지 못 기다려. 오늘밤에 파티가 있어.

We'll just wait until Allan gets home.
앨런이 집에 올 때까지 기다릴거야.

Let's just wait until I'm on leave.
내가 휴가일 때까지 기다리자.

이렇게 말한다!

A: I guess we have to wait until he comes back.
B: When do you think he'll get back?

A: 걔가 돌아올 때까지 기다려야 할 것 같아.
B: 언제쯤 돌아올 것 같아?

영어문장필사해보기

• 화요일까지 못 기다려. 오늘밤에 파티가 있어.

wait a week
일주일 간 기다리다

이번에는 기다리는 시간을 말하는 것으로 wait 다음에 기다리는 시간명사를 붙이면 된다. wait for+시간명사라고 해도 된다.

✓ 핵심포인트

I can wait+시간 ···동안 기다릴 수 있어
I've been waiting+시간 ···동안 기다렸어

📖 이렇게 쓰인다!

I can wait a bit longer.
좀 더 기다릴 수 있어.

Just don't wait too long. Okay?
너무 오래 기다리지마, 알았어?

Why did you wait 2 hours out there?
왜 밖에서 2시간이나 기다렸어?

I've been waiting four hours for you to show up.
네가 오기까지 4시간이나 기다렸어.

🗣 이렇게 말한다!

A: I waited too long to drink my coffee.
B: Is it cold? Maybe we should order another one.

A: 너무 오래 기다린 후 커피를 마셨어.
B: 차가워? 커피 한 잔 더 시킬까?

영어문장필사해보기 ✏️

• 왜 밖에서 2시간이나 기다렸어?

wait outside
밖에서 기다리다

기다리는 장소를 부사로 표현하는 것으로 밖이나 안에서 기다린다라고 할 때는 wait outside [inside], 그리고 여기[저기]에서 기다린다고 할 때는 wait here[there]라고 하면 된다.

✔ 핵심포인트

wait outside[inside]	밖[안]에서 기다리다
wait here[there]	여기서[거기서] 기다리다

📓 이렇게 쓰인다!

Would you wait outside, please?
밖에서 기다릴래요?

Wait out here. I'll be right back.
여기서 기다려. 곧 돌아올게.

Okay, wait there, I'll be over in a second.
좋아, 거기서 기다려. 곧 그리로 갈게.

You should go back to your class and wait there.
교실로 돌아가서 거기서 기다려라.

💬 이렇게 말한다!

A: **I'm going into the house to talk to Helen.**
B: **OK, I'll wait outside until you're finished.**
　A: 집에 들어가서 헬렌과 말 좀 해야겠어.
　B: 오케이, 네가 볼일이 끝날 때까지 난 밖에서 기다릴게.

영어문장필사해보기 ✏

• 밖에서 기다릴래요?

wait 004 | Wait a minute

잠깐만

잠깐 기다리다라는 표현. 상대방에게 「잠깐 기다리다」라고 할 때, 상대방의 말을 「잠깐 중단시킬」 때 혹은 뭔가 「좋은 생각이 떠올랐을」 때 던질 수 있는 말. minute 대신에 second, moment를 써도 된다.

✓ 핵심포인트

wait a minute[second]	잠깐만

📝 이렇게 쓰인다!

Wait a second, that's not what I meant.
잠깐, 내 말은 그게 아닌데.

Wait a minute. Hold still.
잠깐 그대로 있어.

Wait a minute. What are you talking about?
잠깐만. 너 무슨 말 하는거야?

Wait a minute. I forgot something in the car.
잠깐. 차에다 뭘 놓고 내렸어.

💬 이렇게 말한다!

A: I need to buy a new pair of shoes for school.
B: **Wait a minute.** Didn't you buy shoes last month?

A: 난 학교에서 쓰게 신발 한켤레를 사야해.
B: 잠깐. 지난달에 사지 않았어?

✏️ 영어문장필사해보기

• 잠깐. 차에다 뭘 놓고 내렸어.

can't wait to~

몹시 ...하고 싶어하다(=I'm dying to+V)

역설적인 표현법으로 「...을 기다릴 수 없다」는 말은 「...을 몹시 하고 싶다」는 말이다. can't wait to+동사[for+명사]로 쓰며 I'm dying to~와 같은 의미.

✔ 핵심포인트

I can't wait to do it	지금 당장이라고 하고 싶어
I can't wait to tell you this	네게 이걸 빨리 말하고 싶어
I can't wait for sb to+동사	...가 ...하기를 몹시 바라다
I can't wait until S+V	몹시 ...하고 싶다

📒 이렇게 쓰인다!

I can't wait to see that movie.
그 영화보고 싶어 죽겠어.

I cannot wait to marry you. I'm so into you.
너랑 빨리 결혼하고 싶어. 네가 너무 좋아.

I cannot wait to get to New York.
어서 뉴욕에 가고 싶어.

💬 이렇게 말한다!

A: **I can't wait for the school holiday.**
B: **What will you do with your free time?**

A: 학교 노는 날이 너무 기다려져.
B: 자유시간에 뭐하려고?

영어문장필사해보기 ✏

• 그 영화보고 싶어 죽겠어.

18. 기다릴 때까지 기다려보는 Wait   **349**

wait 006

~ can[can't] wait
급해[급하지 않아]

이번에는 can't wait는 앞의 표현과 똑같지만 주어가 사물이 오는 경우로 Sth can wait는 기다려도 된다, 즉 「급하지 않다」, 반대로 Sth can't wait하면 기다릴 수 없다, 즉 「급하다」라는 뜻의 표현이 된다.

✔ 핵심포인트

This can wait	그건 나중에 해도 돼
That can't wait	이건 급해
This[That] can('t) wait until~	…까지 기다려도 된다(안된다)

🗒 이렇게 쓰인다!

The rest can wait.
나머지는 천천히 해도 돼.

Can't that wait? Why don't you double check?
뒤로 미룰 수 없어요? 다시 한번 꼼꼼히 확인해봐요.

Can't this wait until tomorrow morning?
내일 아침까지 미룰 수 없어?

💬 이렇게 말한다!

A: Shall we keep working on the project?
B: This can wait. Let's go get some dinner.
　A: 우리 이 프로젝트에 대해 계속 일을 할까?
　B: 급하지 않아. 저녁 먹으러 가자.

📝 영어문장필사해보기

• 내일 아침까지 미룰 수 없어?

wait one's turn
…의 차례를 기다리다

이번에는 turn이 명사로 쓰인 경우로 주로 「차례」, 「순서」라는 뜻으로 사용된다. 따라서 wait one's turn하면 「…의 차례, 순서를 기다리다」라는 뜻이 된다.

✔ 핵심포인트
wait one's turn　　…의 차례를 기다리다

📓 이렇게 쓰인다!

I'm just getting a cookie, so wait your turn.
쿠키 사왔으니 차례 기다려.

Well, you'll have to wait your turn.
글쎄, 차례를 기다려야 돼요.

Okay, we'll wait our turn.
좋아, 우리 차례를 기다리지.

She has no choice but to wait her turn.
걔는 자기 차례를 기다리는 수밖에 없어.

💬 이렇게 말한다!

A: Come on, hurry up. I need to use the bathroom.
B: Wait your turn. You'll be able to use it soon.
　A: 자, 서둘러. 화장실을 써야겠어.
　B: 네 차례를 기다려. 곧 쓸 수 있을거야.

영어문장필사해보기 ✏

- 글쎄, 차례를 기다려야 돼요.

keep sb waiting
…을 기다리게 하다

약속 장소에 나타나지 않아 sb를 기다리게 한다는 말로 특히 약속에 늦은 사람이 사과하면서 하는 Sorry to have kept you waiting이 많이 쓰인다.

✓ 핵심포인트

keep sb waiting	…을 기다리게 하다
Sorry to have kept you waiting so long	그렇게 오래 기다리게 해서 미안

📝 이렇게 쓰인다!

I'm so sorry to keep you waiting.
기다리게 해서 정말 미안해.

Sorry I kept you waiting so long.
너무 오랫동안 기다리게 해서 미안해.

Come on now, don't keep me waiting.
이봐, 나 오래 기다리게 하지마.

If you're serious about a guy, keep him waiting for at least five dates.
진지하게 만나려면 적어도 5번 데이트할 때까지 기다리게 해.

🗣 이렇게 말한다!

A: How was Henry and June's date last night?
B: June kept him waiting for over an hour.

A: 어젯밤 헨리와 준의 데이트가 어떻게 되었대?
B: 준이 한 시간 이상 기다리게 했대.

영어문장필사해보기 ✏️

• 너무 오랫동안 기다리게 해서 미안해.

wait for
…을 기다리다

가장 잘 알려진 숙어로 wait for~하면 「…을 기다리다」라는 뜻. 한 단계 발전해서 wait for sb to+동사로 「…가 …하길 바란다」로 응용되어 사용되기도 한다.

✓ 핵심포인트
wait for sb[sth]	…을 기다리다
wait for sb to+동사	…가 …하는 것을 기다리다
wait to+동사	…하는 것을 기다리다

📒 이렇게 쓰인다!

Everyone's waiting for us.
다들 우릴 기다리고 있어.

We're all still waiting for someone to come.
우리 모두 다른 누가 오기를 기다리고 있어.

I've been waiting for this a long time.
이거 오랫동안 기다렸어.

I'm waiting for a call from her.
걔 전화 기다리고 있어.

I'm waiting for my husband. He's bringing the car.
남편을 기다리고 있어. 차 갖고 오고 있어.

💬 이렇게 말한다!

A: Could you wait for me in my office?
B: Sure. I'll go and make myself comfortable.
A: 사무실에 가서 날 기다려주겠니?
B: 알았어. 내가 가서 편안하게 있을게.

영어문장필사해보기 ✏️

• 걔 전화 기다리고 있어.

Get More

wait and see 관망하다

Let's wait and see how things go. 일이 어떻게 돼가는지 지켜보자.

wait on 도착하기를 기다리다, 시중들다

I have to wait on all my friends. 나는 내 친구들 다 기다려야 돼.
We were waiting on you to check the desk.
우린 너희들이 와서 책상을 확인해보기를 기다렸어.

wait out …가 끝날 때까지 기다리다

We set up the tents and waited out the storm.
우린 텐트를 세우고 폭풍이 끝날 때까지 기다렸어.

wait up 자지 않고 기다리다

Don't wait up. 자지 않고 기다리다.

What are you waiting for? 빨리 해라.
What are we waiting for? 빨리 하자.
Good things come to those who wait. 기다리면 좋은 일이 생긴다.

More Verbs
You Should Know

- send
- hand
- hang
- teach/learn
- charge/cost
- pass/follow
- buy/sell/deal/afford/belong
- change/remain
- lie/lay
- pull/draw

01 send
보내다, 발송하다

▶ send sb to sth[장소] …로 보내다, …하게 하다(into)

이번에는 보내지는 것이 사물이 아니라 사람(person)인 경우로 send sb to+장소하면 「…로 …를 보내다」, send sb into하면 …상태로 보내다, 즉 「…하게 하다」라는 뜻의 표현이 된다.

send sb to~ …로 보내다
send sb into …가 …하게 하다
be sent to …로 보내지다

I don't want to send him there. 걜 그곳으로 보내기 싫어.
She was sent to the warehouse. 걘 창고로 보내졌어.

▶ send an email[one's apologies] 이메일[사죄]을 보내다

보내지는 것, 즉 send의 목적어가 이메일이나 컴퓨터의 파일, 메시지 혹은 라디오 유선 등 컴퓨터나 방송전파 등이 오는 경우로 가장 많이 쓰이는 건 역시 send an email이다.

send (sb) an email (…에게) 이멜을 보내다

Did you get the e-mail I sent you the other day?
내가 요전날 보낸 이메일 받았어?
Please send your mom my apologies, but I won't be attending.
어머니께 죄송하다고 해줘. 나 참석못해.

▶ send sb[sth] back 돌려주다, 되돌려주다

받았던 것을 보낸 사람에게 돌려주거나(return sth to where it came from) 왔던 사람을 온 장소로 되돌려보내는(return sb to where he came from) 것을 말한다.

send sth back 반송하다, 돌려주다
send sb back 되돌려보내다

Should we send them something back? 걔네들에게 그걸 돌려줘야 해?
I have to send it back. 그걸 돌려줘야겠어.

send away …을 내쫓다, …을 가지러 보내다, 주문하다(~for)

away는 멀리 떨어지는 것을 말하는 것으로 send away하면 「…에게 떠나도록 하거나」, 「멀리 내쫓는」 것을 말한다. 다만 send away for sth이 되면 「우편으로 …을 주문하다」라는 뜻이 된다.

send (sb) away 내쫓다, …로 보내다
send away for~ 우편으로 주문하다

You really want to send our son away to the prison?
넌 정말 내 아들을 감방에 넣고 싶은거야?
I sent away for it. You want one of your own?
나 그거 주문했는데 너도 하나 필요해?

send for …을 가지러[데리러] 보내다

send for a person하게 되면 사람을 보내서 'a person'을 오게 한다는 의미. send for sth은 send an ambulance나 send the latest catalogue처럼 「…을 불러 오게 하거나」, 「보내달라고」할 때 쓰이는 표현.

send for sb 도움을 청하러 사람을 보내다
send for a doctor 의사를 부르러 사람을 보내다
send for sth …을 청하러 사람을 보내다

I sent for the office manager. 실장 데리러 보냈어.

send out 발송하다, 파견하다

청첩장을 보내듯 동일한 것을 여러 사람에 발송하거나 혹은 화학물질, 방송 등을 내보내는 것을 뜻한다. 한편 send out 다음에 사람이나 팀이 오면 구조나 수리 등의 목적으로 사람을 보내는 것을 말한다.

send out sth …을 발송하다
send out+물질, 방송 …을 내보내다, 송출하다
send out+사람(들) 파견하다
s end out for+음식 식당 등에 음식배달주문하다

How about we send out a holiday card this year?
금년에는 할러데이 카드를 같이 보낼까?
You want a job? You send out a resume!
취직하고 싶다고? 그럼 이력서를 보내!

01 send

▶ send in 들여보내다

사람을 들여보내거나 우편을 이용하여 이것저것 보낸다고 할 때 사용하면 된다.

send sb in 들여보내다, (경찰, 군인) 파견하다
send sth in (우편으로 제안/이력서) 발송하다
Send her in. 들어오라고 해.

Send in the man who was waiting in the lobby.
로비에서 기다리고 있는 사람 들여보내.

▶ send over 파견하다, 전송하다, …보내다

send over하면 상대방이 내쪽으로 혹은 내가 상대방 쪽으로 보낸다는 뉘앙스를 표현할 때 사용한다. send over sth하면 「…을 보낸다」, 그리고 send sb over하면 「…로 파견하다」라는 뜻.

send over sth …을 보내다
send (sb) over (to) (…로) 파견하다

Can you send over some money? 돈 좀 보내줄테야?

02 hand
건네주다, 도움

- **have (got) to hand it to sb** ···에게 손들다

구어체 표현으로 sb가 성공을 했거나 뭔가 대단한 일을 했을 경우 감탄하면서 상대방을 칭찬할 때 사용하는 표현.

I've got to hand it to you! 너 정말 대단하구나!
I've got to hand it to you. You are a strong man.
너 정말 대단해. 넌 강한 남자야.

- **hand down** 내리다, 전해주다, 물려주다

후손에게 귀중한 물건이나 지식, 기술 등을 물려주거나 혹은 자기보다 더 어린 아이에게 더 이상 자기가 필요없는 옷이나 장난감 등을 물려주는 것을 말한다.

hand down (to) (···에게) 물려주다

Grandma handed down some of her jewelry to me.
할머니는 보석 몇 개를 내게 물려주셨어.

- **hand in** 제출하다(submit)

뭔가를 준다는 의미이지만 단순히 주는 것이 아니라 학교나 호텔, 회사 등에 제출한다는 뜻이다. Term paper(기말 리포트)를 학교에 제출하거나 check out하면서 호텔키를 줄 때 쓰면 된다.

Did you hand in the report you were working on?
네가 일하던 리포트 제출했어?

- **hand out** (사람들에게) 나누어주다, 배포하다(give out)

역시 뭔가를 준다는 의미이지만 이번에는 여러 사람에게 나눠준다는 뜻을 갖는 표현으로 give out 혹은 distribute와 동의어이다. 혹은 충고(advice)나 정보(information)를 줄 때도 쓸 수 있다.

hand out leaflet 전단지를 나눠주다
hand out drinks 음료수를 나눠주다
handout 유인물, 전단지

I stood in the doorway handing out pamphlets.
문에 서서 팜플렛을 나눠줬어.

More Verbs You Should Know

02 hand

● hand over (권리 등을) 양도하다, 넘겨주다

구체적으로 자동차 키나 책 등을 손으로 상대방에게 넘겨주거나 혹은 자기가 책임지고 있던 책임과 권한을 상대방에게 넘겨주는 것을 뜻한다.

have sth over to sb …에게 …을 넘겨주다
hand sth/sb over to sb …에게 …을 양도하다

Hand over some money to pay the bill. 계산서 지불하게 돈 좀 줘.

● give (sb) a hand (…을) 도와주다

hand는 명사로 단순히 손을 뜻하지만 우리도 "손이 달린다," "일손이 필요하다" 등으로 쓰이는 것처럼 「도움」(help)이란 의미로 많이 쓰인다.

give[lend] sb a hand (to~) (…하는데) 도와주다
need[want] a hand (~ing) (…하는데) 도움이 필요하다

Can you give me a hand? 좀 도와줄래?
It's my turn to lend a hand. 지금은 내가 도와줄 차례인 걸.

● have one's hands full 무척 바쁘다

두 손이 비어있지 않다는 의미로 특히 어려운 일로 「무척 바쁘다」(to be extremely busy with a difficult job)라는 뜻이 된다. 바쁜 이유를 말하려면 have one's hands full with sth[sb]이라고 하면 된다.

have one's hands full with sth[sb] …로 아주 바쁘다

I have my hands full! 너무 바빠서 다른 일을 할 겨를이 없어!
She must have had her hands full. 걔가 무척 바빴던 게 틀림없어.

● put sth in the hands of …의 수중에 맡기다

hands는 손에 쥐고 있다는 뜻으로 put sth in the hands of하면 「…을 …의 수중에 맡기다」, 그리고 get one's hand on sth하면 「…을 수중에 확보하다」, 「얻다」라는 의미가 된다.

Don't put your fate in the hands of others.
네 운명을 다른 사람의 손에 맡기지마.

- **have[get] sb[sth] on one's hands** …가 수중에 있다

「…을 수중에 갖고 있다」는 말로 단순히 시간 등을 갖고 있다라고 할 때도 쓰지만 주로 아주 어려운 일이나 문제 등을 다루어야 할 때도 사용된다.

have time on one's hand 시간이 좀 있다
have sb[sth] on one's hands …가 수중에 있다
have a hand in~ 일조하다, 관여하다

I've got a little time on my hands. 지금 시간이 별로 없어.
You have a lot of time on your hands. 너 시간이 남아 돌아가는 구나.
I don't have anything on my hand! 난 빈털터리야.

- **get[take] one's hands off** …에서 손을 떼다

손(one's hands)을 off 이하에서 뗀다는 말로 동사는 take, get 혹은 keep을 써도 된다. 반대로 A be off one's hands하게 되면 「…의 손에서 벗어난다」라는 뜻으로 A를 책임지지 않는다라는 말이 된다.

keep one's hands off …에서 손을 떼다
A be off one's hands A를 더 이상 책임지지 않다

Stop it! Get your hands off me! 그만해! 내게서 손을 떼!
Would you just take your hands off me? 내게서 손 좀 치워줄래?

03 hang
매달다, 놀다

- **hang in there** (어려운 상황) 참고 견디다

벼랑 끝에 매달려 있거나 구조조정의 칼날이 목까지 다가오는 등 어렵고 힘든 상황에 있는 사람에게 격려차원에서 하는 말로 꿋꿋이 견디고 참으라는 조언.

I'll be right back. Hang in there. 바로 돌아올게. 참고 견뎌.
You're going to be all right. Just hang in there.
너 괜찮을거야. 그냥 참고 견뎌.

- **hang around** (…와) 어울리다, 어슬렁거리다

특정 장소에서 특정인들과 하지만 특별히 하는 일 없이 시간을 보내거나 혹은 기다리는 것을 말한다. 그냥 hang with라고 해도 된다.

hang around 시간을 보내다, 기다리다
hang around with~ …와 시간을 보내다
hang around with+장소 …에서 시간을 보내다, 기다리다
hang with 사귀다, 어울리다

He's just really great to hang around with.
걘 같이 어울리기 정말 좋은 애야.
We're just hanging around here. 그냥 여기저기서 노는 중이야.
It's my last chance to hang with my girlfriend.
내 여자친구와 어울릴 수 있는 마지막 기회야.
I'm going to let you hang with Cindy. 신디와 어울리는거 허락해줄게.

- **hang on** 잠시 (끊지 않고) 기다리다, …을 꼭 붙잡다(~to)

on은 지속의 개념으로 hang on하면 잠시만이라는 뜻으로 hold on과 같은 의미로 또한 hang on to하면 「…을 꽉 잡다」, 그리고 hang on sth하게 되면 「…을 의지하거나」, 「…을 계속하는」것을 뜻한다.

Hang on! 잠시만(hold on) hang on (to) (…를) 꽉 잡다
hang on sth 의지하다, …를 계속하다
hang on sb's words …의 말에 경청하다
hang onto sth …을 계속하다

We're going to take care of you. Just hang on.
저희가 잘 돌봐드릴게요, 기다려요.
Hang on, don't do this. 잠깐, 이러지마.
Will you hang on a second? I've got another call.
잠깐 끊지 말고 기다려. 다른 전화가 와서.

- **hang out (with)** ···와 친하게 지내다

    hang around와 비슷한 의미로 특별히 하는 일없이 친구들하고 시간을 때우거나 노는 것을 말한다. 그렇게 자주 모여서 시간을 보내는 곳을 hangout이라고 한다.

    hang out (with) (···와) 시간을 보내다
    hangout 자주 만나는 곳
    hang sth out 옷 등을 말리려 밖에 걸다

    Just hang out with me. 나랑 그냥 놀자.
    Do you know of any cool places to hang out?
    가서 놀만한데 어디 근사한 곳 알아?

- **hang over** (걱정, 근심) 머리를 떠나지 않다

    위에 매달려 있다는 뜻으로 주로 협박, 부채 등 부정적인 안좋은 일이 주어로 오고 이런 일들이 머릿속에서 떠나지 않고 근심걱정을 유발한다는 표현이다.

    hang over sb's head 머리를 떠나지 않다
    hang over sb[sth] 걱정 등이 떠나지 않다
    hangover 숙취, 후유증

    The problem is still hanging over my head.
    그 문제가 내 머리 속에서 떠나지 않아.
    I have a hangover. 술이 아직 안 깼나봐.
    She woke up with the worst hangover of her life.
    걘 최악의 숙취상태로 깨어났어.

03 hang

▶ hang together 잘 들어맞다, 일치하다

주어에 따라 의미가 달라지는데 어떤 이야기나 계획 등이 hang together하면 「잘맞아 떨어진다」는 것이고 사람들이 주어로 와서 hang together 하면 「서로 도움이 된다」라는 의미가 된다.

(story, plan) hang together 이야기 등이 잘 들어맞다
(people) hang together 서로 도움이 되다

The speech doesn't really hang together. 그 연설은 정말 앞뒤가 맞지 않아.
We must hang together. 우리는 서로 뭉쳐야 돼.

▶ hang up 전화를 끊다

예전 전화기는 벽에 걸려있어서 전화를 끊을 때 어떻게 하는지 연상해보면 금방 이해가 되는 표현이다. 특히 hang up on sb는 일방적으로 「전화를 끊어버리는」 것을 뜻한다.

hang up 전화를 끊다
hang up on sb 통화중 …의 전화를 끊어 버리다
hang up sth 옷 등을 걸다

Please hang up the phone. 제발 전화 좀 끊어.
Don't hang up. Just listen. 전화 끊지 말고 내 얘기 들어.

▶ get the hang of …을 다루는 법을 알다, 요령을 터득하다

hang이 명사로 쓰인 경우. have 또는 get을 써서 have[get] the hang of~하면 「…을 잘 다루거나 이용하는 요령을 습득하다」라는 빈출 숙어가 된다.

Don't worry. You'll get the hang of it. 걱정마. 곧 익숙해질거야.
Are you getting the hang of it? 이제 좀 손에 익었어?

04/05 teach/learn
가르치다/ 배우다

● **teach sb sth** …에게 …을 가르쳐주다

teach는 선생님의 몫. 학교에서 강의하거나 혹은 일반적으로 「…에게 …을 가르쳐주거나 혹은 알려준다」는 의미로 다양한 형태로 쓰인다. 특히 「…학교에서 강의한다」고 할 때 전치사없이 teach school[college]를 쓰기도 한다.

teach+과목 at+학교 …에서 …을 가르치다
teach school [college] …에서 강의하다
teach sb sth …에게 …을 가르쳐주다
teach sth to sb …에게 …을 가르치다
teach sb about~ …에게 …관해 가르쳐주다

Let me teach you a new game. 새로운 게임 알려줄게.
Did your teacher teach you that in your class?
선생님이 수업시간에 그걸 알려주셨어?
It's my job to teach you about responsibility.
책임에 대해 네게 가르쳐주는 게 나의 의무야.

● **teach sb how to~** …에게 …(하는 법)을 가르치다

이번에는 「…에게 …하는 방법을 알려주거나 가르쳐준다」는 뜻으로 가르쳐주는 내용이 to+동사, how to+동사 혹은 that S+V의 절의 형태로 이어 쓰면 된다.

teach sb to+동사 …에게 …하도록 가르치다
teach sb how to~ …에게 …하는 법을 알려주다
teach sb that S+V …에게 …를 알려주다

I'm just going to teach him how to make pizza.
걔한테 피자 만드는 법을 알려줄거야.
I'm trying to teach her how to drive. 걔한테 운전하는 법을 가르쳐 줄려고 해.

04/05 teach/learn

▶ That'll teach sb~ …에게 …을 깨닫게 하다

teach는 꼭 사람만이 할 수 있는 것은 아니다. 뼈아픈 경험 등에서도 '가르침'을 받을 수 있는데 주로 주어명사로는 experience나 that[it]의 대명사가 온다.

The experience taught sb sth[to do] 경험으로 …을 깨닫다
It taught me that S+V …라는 것을 깨달았다

That'll teach her[him]! 그래도 싸지, 당연한 대가야, 좋은 공부가 될거야.
I got a speeding ticket. That'll teach me not to drive fast.
속도위반 딱지 끊겼어. 과속하지 않도록 깨닫게 해줄거야.

▶ I was taught that~ …을 배웠어

teach가 수동태로 쓰인 경우로 be taught that S+V의 형태로 쓰이는 주어가 that 이하의 사실을 깨달았다는 뜻이 된다.

I was taught that it's important to be polite.
예의바른게 중요하단 걸 배웠어.

▶ teach sb a lesson 본때를 보여주다

teach sb a lesson하면 숙어로 「…에게 교훈을 주다」, 「한수 가르치다」라는 의미로 못된 짓을 한 상대방을 혼내겠다(punish)는 의미이다.

teach sb a lesson 혼내다
need to be taught a lesson 혼 좀 나봐야 한다

I'll teach him a lesson. 걔 버르장머리를 고쳐놓을거야.
I'm going to go down there and teach that guy a lesson.
거기 가서 그 자식 본때를 보여줄거야.

▶ learn about …에 관해 배우다

teach하는 사람이 있으면 learn하는 사람이 있게 마련. learn 또한 teach와는 정반대로 「배우다」, 「알게 되다」, 「깨닫다」라는 의미로 사용된다.

learn sth …을 배우다 learn about sth …에 관해 배우다
learn (sth) from sb …에게서 (…을) 배우다
learn from sth …로부터 배우다
learn that S+V 알게 되다, 깨닫다

You have a lot to learn about men. 넌 남자에 대해 알아야 될게 많아.
I'm here to learn about cooking. 요리 배우러 여기 왔는데요.

▶ learn how to do …하는 법을 배우다

배운 내용을 to+동사나 how to+동사 등으로 표현하는 것으로 「…하는 것을 배우거」나 「…하는 방법을 배우다」라고 할 때 사용하면 된다.

learn to+동사 …하는 것을 배우다
learn how to+동사 …하는 법을 배우다

It'll take you three or four months to learn how to ride a bike.
자전거 배우는데 3, 4달 걸릴거야.
Learn how to hide your feelings! 네 감정을 숨기는 걸 배워!

▶ learn a[one's] lesson 교훈을 얻다

lesson이 teach와 어울려 그랬듯 마찬가지로 learn a lesson하면 반대로 교훈을 얻다라는 뜻이 된다.

lesson learned 교훈을 얻다

Haven't you learned your lesson yet? 아직 따끔한 맛을 못 봤어?
I've learned my lesson. 교훈을 얻었어.

06/07 charge/cost
부과[청구]하다/ 가격이 …이다

- **charge sb money** …에게 …을 청구하다

판매한 물건이나 서비스에 대한 비용을 청구하다라는 의미. 물건이나 서비스의 내용은 for 다음에 붙여주면 된다.

charge (sb) money (for~) (…에게) (…에 대한) 비용을 청구하다
charge for~ …에 대한 비용청구를 하다
charge rent[an entrance fee] 임대료[입장료]를 청구하다

How much did you charge? 얼마예요?
I charge seven hundred dollars an hour. 시간당 7백달러 입니다.
He charged me twenty bucks. 걘 내게 20달러를 청구했어.

- **charge sth on sb's account** …의 계좌에 달아놓다

charge는 비용을 청구하다라는 뜻외에 외상[신용카드]으로 산다는 뜻이 있다. 우리말로는 현금지급을 하지 않고 호텔방, 은행계좌, 혹은 신용카드로 구입하는 것을 말한다. 그래서 계산할 때 흔히 듣는 Cash or charge?하는데 이때의 charge는 신용카드결제를 뜻한다.

charge sth to sb's room 방으로 …비용을 달아놓다
charge sth on sb's account 계좌에 달아놓다
charge sth on~ 신용카드로 …을 내다

(Will that be) Cash or charge? 현금요 아니면 신용카드요?
Would you like to pay by cash or charge?
현금으로 낼래요 아님 신용카드로 낼래요?
I'll charge it, please. 카드로 할게요.

- **be charged with** …으로 기소되다

charge는 계산할 때만 쓰는 동사가 아니다. 욕심이 많은 동사로 여러 의미로 쓰이는데 그중 하나가 비난하거나 고소하는 것을 뜻하는 경우이다.

charge sb with sth …을 …로 기소[비난]하다
be charged with~ …로 기소되다, 비난받다

I was charged with stealing a cell phone. 핸드폰 훔친죄로 기소됐어.
You'll be charged with murder. 살인죄로 기소될거야.

▶ be in charge of ⋯을 책임지고 있다

charge는 동사뿐만아니라 명사로도 쓰임이 많은데 가장 많이 쓰이는 경우는 역시 요금 그리고 여기서 쓰이는 책임이라는 의미이다. 「⋯을 맡고 있다」, 「책임지고 있다」라는 의미의 be in charge of를 꼭 알아둔다.

be in charge of ⋯을 책임지다
take charge (of) (⋯의) 책임을 지다
put sb in charge of ⋯에게 ⋯의 책임을 지우다

I'm not in charge of the lab. 난 이 실험실 책임자가 아니야.
The boss put me in charge of that. 사장이 내게 그걸 맡으라고 했어.
The way you're taking charge is very impressive.
네가 책임지고 있는 방식이 매우 인상적이야.

▶ free of charge 무료로

charge는 물건이나 서비스를 받기 위해 내는 요금, 비용이라는 말로 free of charge하면 돈을 내지 않고 물건이나 서비스를 받아 볼 수 있다는 말이다. with no charge와 같은 말.

free of charge 무료로
with no charge 무료로
at no extra charge 추가비용없이

Take whatever you want. Free of charge.
마음에 드는거 아무거나 골라. 무료야.

▶ cost sb money ⋯에게 ⋯의 비용이 들게 하다

cost는 동사로 cost sb+돈의 형태로 물건이나 서비스가 주어로 와서 그것을 사는데 「⋯가 ⋯의 돈이 들었다」라는 표현이다.

cost sb+money ⋯에게 ⋯의 비용이 들게 하다
not cost sb a penny 비용이 하나도 안들다

Your mistake cost me a lot of money. 네 실수 땜에 돈 많이 까먹었어.
That's going to cost you $5,000. 5천 달러 들거야.

06/07 charge/cost

▶ cost a fortune 비용이 엄청 들다

구체적으로 돈의 액수를 말하는 대신에 cost의 목적어 명사로 재산이라는 뜻의 fortune 또는 소중한 신체발부인 an arm and a leg를 붙여서 돈이 엄청 들었다고 비유적으로 말하는 경우이다.

cost a fortune 비용이 엄청들다
cost (sb) an arm and a leg 비용이 엄청들다

It's so pretty. This must have cost him a fortune.
정말 예쁘네. 걔 돈 많이 들어갔겠다.

▶ cost sb sth …에게 …을 희생하게 하다, 잃게 하다

이번엔 돈이 아닌 일반 명사가 오는 경우. 돈으로 지불하는 것과 마찬가지로 명사를 지불한다는 의미로 결국「…을 잃다」라는 뜻이 되는데 주로 job, life, marriage 등의 명사가 오게 된다.

It will cost you your job. 네 직장을 내놔야 할거야.
It might cost you your life. 네 목숨을 내놔야 할지도 몰라.

▶ cover the cost (of) …의 비용을 대다

cost가 명사로는 값[비용] 또는 노력[희생]이라는 의미로 쓰인다. 여기서 cost는 값이라는 뜻으로 cover the cost of하게 되면「…하는데 드는 비용을 대다」라는 표현이 된다.

cover the cost of …의 비용을 대다
pay the cost of …의 비용을 지불하다
at the cost of …의 비용으로

Who's going to cover the cost of repairs? 수리비는 누가 댈거야?
I'll pay the cost of a new computer. 새로운 컴퓨터 값 내가 댈게.

08/09 pass/follow
지나가다, 건네주다/ 따라가다

▶ pass sb sth ⋯에게 ⋯를 넘기다

'pass me the salt'라는 표현으로 유명한 pass의 이 용법은 손으로 상대방에게 건네주는 것을 말한다. 사람을 뒤로 보낼 때는 to sb라 한다.

pass sb sth ⋯에게 ⋯을 건네주다
pass sth to sb ⋯을 ⋯에게 건네주다

Could you pass me that please? 그것 좀 줄테야?

▶ pass the exam 시험에 통과하다

pass는 뒤에 각종 시험이나 법률안 등을 목적어로 받아 「시험에 합격하다」 혹은 「법률안을 통과시키다」라는 뜻으로도 쓰인다. 단연 많이 쓰이는 표현은 역시 pass the exam이다.

pass the exam 시험에 합격하다
pass the driving test 운전면허시험에 합격하다
pass a law 법안을 통과시키다

Do you think she'll pass the exam? 그녀가 시험에 합격할 것 같니?
You'll pass the exam if you study. 넌 공부하면 시험에 붙을거야.

▶ pass away 돌아가시다

죽다라고 할 때는 die를 쓰지만 어른이나 공손하게 표현하고자 할 때, 즉 돌아가셨다라고 할 때는 die 대신 pass away라고 한다.

I'm very sorry to tell you your mother has passed away.
이런 말을 하게 돼서 유감이지만 어머님이 방금 돌아가셨습니다.

▶ pass by ⋯의 옆을 지나가다

'지나간다'라는 원래의 의미에 맞는 숙어로 pass by~ 하면 「⋯의 옆을 지나가는」 것으로 by 다음에는 사람이나 사물 등이 올 수 있다. 단 pass sb by하면 주어가 sb에 아무런 도움도 주지 못하고 그냥 지나가버리는 것을 뜻한다.

pass by sth[sb] ⋯의 옆을 지나가다   pass sb by ⋯가 그냥 지나가버리다

You just passed by me without saying hi? 인사도 없이 지나가는거야?
Tom saw a woman pass by with a baby.
탐은 한 여인이 애를 데리고 지나가는 것을 봤어.

08/09 pass/follow

▶ pass out 실신하다

졸도해서 의식을 잃는(unconscious) 것을 말하는 것으로 특히 운전중에(behind[at] the wheel)에 이러면 위험천만!

sb pass out 실신하다
pass sth out …을 나눠주다

He passed out behind the wheel. 걘 운전대에서 실신했어.

▶ pass through 지나가다, 통과하다, 경험하다

지나가되「…을 거쳐서 지나간다」는 표현으로 터널을 통과한다는 pass through a tunnel. 또한 여행중 잠시 한 곳을 거쳐간다고 할 때도 쓴다. 비유적으로「경험하다」라는 의미로도 사용된다.

The last train passed through here an hour ago.
마지막 열차가 1시간 전에 지나갔어요.

▶ pass up 거절하다, (기회를) 놓치다

pass up 다음에는 chance, opportunity 혹은 offer 등 기회에 관련된 단어들이 나와서 그런 기회들을 살리지 못하고 놓친다는 의미로 쓰인다.

pass up a chance [opportunity] to~ …할 기회를 놓치다

Don't pass up your chance. 기회를 놓치지 마라.

▶ follow suit 선례를 따르다

다른 사람이 앞서 한 대로 그대로 따라한다는 말. 특히 가족내 존경할 만한 사람이 밟아간 길을 따라간다고 할 때는 follow in one's footsteps라 하면 된다.

follow suit 선례를 따르다
follow in one's footsteps …의 길을 따라가다

I'll follow suit. 나도 그럴게요.
She went back to eating and her guests followed suit.
걘 다시 먹기 시작했고 손님들은 걔를 따라했어.

follow the rules[example] 규칙[선례]를 따르다

앞의 표현과 유사한 것으로 follow 다음에 rules, example 혹은 lead 등의 명사가 와서 「…을 따르다」라는 의미가 된다.

follow the rules 규칙을 따르다
follow the example of …의 선례를 따르다
follow the lead of …를 따라하다

We expect you to follow Jeff's example. 제프의 전례를 따랐으면 해.

---

follow up 후속조치를 하다

계속 뒤따라가서 정보를 수집하는 등 더 알아내기 위해 후속조치를 하는 것을 말한다. 후속조치를 해야 되는 대상은 on 이하에, 그리고 방법은 with~이하에 적어주면 된다. 예를 들어 한 사건에 이메일로 후속조치를 취하다라고 하려면 'follow up on the case with an email'라 하면 된다.

follow up (on) (…에) 후속조치를 취하다

She needed to follow up after her proposal was accepted.
걘 자기 제안이 수락된 후 후속조치를 해야 했어.

Did the doctor follow up after your operation?
의사가 네 수술 후의 후속조치를 했어?

---

as follows 다음과 같이

뭔가 중요한 얘기나 본론을 꺼내기 앞서 미리 한번 뜸을 드리는 표현으로 「…은 다음과 같다」라는 의미이다.

The main idea is as follows. 주된 아이디어는 다음과 같아요.

10~14 buy/ sell/ deal/ afford/ belong
사다/ 팔다/ 거래하다/ …할 여유가 있다/ …에 속하다

▶ **buy sb sth** …에게 …을 사주다

돈을 주고 산다는 의미로 「…로부터 사다」라고 할 때는 buy sth from~ 그리고 돈을 얼마 지불했는지를 말할 때는 buy sth for+돈이란 형식을 사용하면 된다.

buy sb sth …에게 …를 사주다
buy sth for sb[sth] …에게 …를 사주다
buy (sth) from sb …로부터 (…을) 사다
buy sth for+가격 …을 …에 사다

Let me buy you a drink. 술 한잔 사죠.
I'll buy you something at the duty free shop, if you want.
필요하면 면세점에서 뭐 좀 사올게.

▶ **buy sth on credit** …을 외상으로 사다

돈이 없을 때는 나중에 지급할 것을 약속하고 물건을 가져오게 되는데 이처럼 외상으로 물건을 구입한다고 할 때는 buy sth on credit이라고 하면 된다. 신용(credit)으로 산다는 것으로 신용카드구매도 일종의 외상구입이다.

I'd like to buy it on credit. 카드로 사고 싶은데요.
No one bought this on credit. 이걸 카드로 사는 사람 없어요.

▶ **sell sb sth(sth to sb)** …에게 …을 팔다

buy의 반의어로 sell은 물건이나 서비스를 판매하다라는 뜻이다. 다만 물건이 아니라 어떤 계획안 등을 상대방이 받아들이도록 납득시킬 때도 쓰인다는 점을 알아둔다.

sell sb sth …에게 …을 팔다
sell sth to sb …에게 …을 팔다
sell sth for+가격 …의 가격으로 …을 팔다

I'm going to sell him a coat. 걔한테 코트를 팔거야.
She sells candy to kids. 걘 캔디를 아이들에게 팔아.
He's not going to sell his car for one thousand dollars.
걘 천달러에 자기 차를 팔지 않을거야.

▶ sell sth on[over] the internet ⋯을 인터넷을 통해 팔다

통신기술의 발달에 힘입어 인터넷이나 스마트폰으로 물건을 살 수 있는 현재의 상황을 반영한 표현.

It's a good idea to sell ice over the Internet.
얼음을 인터넷을 통해 파는 건 좋은 생각이야.

▶ be sold out (of~) (⋯가) 매진되다

sell의 수동태를 써서 be sold out이란 형태로 쓰이면 「다 팔렸다」, 「매진되었다」라는 뜻으로 쓰인다.

be sold out fast 빨리 매진되다   sb be sold out of sth ⋯가 다 팔렸다

We're sold out for the first time. 우리는 처음으로 매진됐어.
Were they sold out of winter coats? 겨울코트가 다 팔렸어?

▶ deal with ⋯을 다루다

deal이 동사로 쓰일 경우에는 deal with라는 숙어를 집중적으로 알아두어야 한다. with 다음에는 sb[sth]가 오며 「문제를 풀다」, 「취급하다」, 「잘 다루다」 등 다양한 의미로 쓰이기 때문이다.

deal with sb[sth] ⋯을 다루다, 처리하다, 상대하다
deal with a problem 어떤 문제를 다루다

He's a difficult man to deal with. 걔는 다루기 어려운 사람야.
Deal with it. 정신차려, 왜 이렇게 눈치가 없어.

▶ make a deal 거래하다, 타협하다

make a deal with하면 「⋯와 거래하다」라는 뜻이 되며 make 대신에 do, strike, cut 등의 동사를 대신 써도 된다. 다만 close a deal하면 거래를 끝내는 것이 아니라 「거래를 성공적으로 마치다」라는 뜻임을 명심하자.

make[do] a deal (with) 거래하다   strike[cut] a deal 거래하다
close a deal 거래를 성공적으로 종결짓다

I'll make a deal with you. 너와 거래할게.
Let's make a deal. 이렇게 하자.

10-14 buy/ sell/ deal/ afford/ belong

- **be no big deal** 큰 일이 아니다

  big deal하면 큰 거래라는 뜻. 자연 비유적으로 「큰 일」이라는 의미가 된다. 주로 부정의 형태로 be no big deal하면 대수롭지 않은 일이다, 별로 신경안써도 된다는 뜻의 표현이 된다.

  That's no big deal. 별거 아냐.
  What's the big deal? 별거 아니네?, 무슨 큰 일이라도 난거야?
  Don't worry! It's no big deal. 걱정마! 별거 아냐.

- **can('t) afford+명사[동사]** …할 여유가 있[없]다

  경제적으로 '명사'를 살 여유가 있다, 혹은 없다라고 할 때 꼭 쓰는 표현. 꼭 can이나 be able to와 어울려 쓰이며 명사자리에는 돈으로 살 수 있는 물건 뿐만 아니라 시간 등 다른 명사들 그리고 to+동사가 올 수도 있다.

  We just can't afford it right now. 당장 그 여유가 없어.
  I can't afford to buy you a house. 네게 집 사줄 여유가 없어.

- **belong to** …에 속하다

  belong하면 belong to가 생각날 정도로 유명한 표현. to 다음에는 sb[sth]가 올 수 있으며 의미는 「…의 속하다」, 「…의 것이다」라는 의미이다.

  belong to sb …의 것이다
  belong to sth …의 소속이다

  You belong to me. You're mine. 넌 나에게 속해. 넌 내꺼야.

15/16 change/ remain
변화하다/ 여전히 …이다, 남다

• change sth …을 바꾸다

바꿀 수 있는 건 다 목적어로 와서 기존의 것을 새로운 것으로 바꾼다는 의미. 그렇다고 change the baby를 듣고서 애기가 맘에 안든다고 바꾼다고 생각하면 오산. 이는 애기 기저귀를 갈아준다는 뜻.

change to …로 바뀌다
change into …로 바뀌다, 변하다

I'd like to change my flight. 비행편을 바꾸고 싶어요.
I recently changed jobs. 최근에 직업을 바꿨어.
Could we change the subject, please? 우리 주제 좀 바꿀까?
Would you change the oil, please? 엔진오일 좀 바꿔주세요

• change A (to B) A를 (B로) 바꾸다

기존의 것을 다른 것으로 바꾼다는 표현. 경우에 따라 to 대신 into를 쓸 수도 있다. 또한 좀 복잡해 보이지만 뭔가를 A에서 B로 바꾼다고 할 때 change sth from A to B를 쓰기도 한다.

change A (in)to B A를 B로 바꾸다, 변화시키다
change sth from A to B …을 A에서 B로 바꾸다

I have to change my ticket from economy to business class.
일반석 비행기표를 비즈니스 석으로 바꿔야겠어.

• change one's mind (about~) (…에 대한) 마음을 바꾸다

이미 결정난 일이나 계획 등을 뒤집기 위해 변심한다는 말씀. 변심대상을 말하려면 change one's mind 다음에 about sth를 붙여주면 된다.

change one's mind about …에 대한 마음 바꾸다
have a change of heart 마음[태도]을 바꾸다

I guess she's changed her mind. 걔가 마음을 바꿨나 봐.
Why did you change your mind? 왜 네 마음을 바꿨어?
I've had a change of heart. I don't want to see you anymore.
마음이 바뀌었어. 널 더 이상 보고 싶지 않아.
Why the sudden change of heart? 왜 급작스럽게 변심했어?

15/16 change/ remain

▶ get changed 옷을 갈아입다

get은 안끼는데가 없을 정도로 마당발 동사이다. get changed하면 그냥 동사로 옷을 갈아입다(change clothes)로 생각하면 된다.

get changed 옷을 갈아입다
get dressed 옷을 입다
get undressed 옷을 벗다

I'm going to get changed. 옷 갈아 입을게.
Go get changed! 가서 옷 갈아입어!

▶ make a change 변경하다, 변화하다

change를 명사로 하여 동사 change의 의미로 만드는 경우로 이때 명사 change와 어울리는 건 make a change. 기존보다 더 좋은 쪽으로 바꾸고 수정하는 것을 의미한다.

make a change to sth ···로 변경하다

We need to make a change. 우린 변경해야 돼.
Starting tomorrow, you have to make a change. 내일부터 넌 변해야 돼.

▶ make change 잔돈으로 바꾸다

change는 명사의 두번째 의미로 잔돈이란 의미가 있다. make change하면 잔돈을 주는 것으로 make change for 다음에는 사람이나 돈이 올 수 있다. make a change와 헷갈리지 말 것.

make change for+돈 ···를 잔돈으로 바꿔주다
make change for+사람 ···에게 잔돈을 주다
get change for a dollar 1달러 지폐를 잔돈으로 바꾸다

Do you have enough money to make change for a 100 dollar bill? 100 달러 지폐를 바꿔줄 잔돈이 충분히 있나요?
Here is your change and receipt. 여기 잔돈하고 영수증이요.

▶ remain+형용사 ···인 채로 남아있다

remain silent에서 볼 수 있듯이 remain은 주로 remain+형용사의 형태로 쓰이는데 의미는 앞의 change처럼 변화하지 않고 계속 형용사의 상태로 계속 있다라는 뜻이다.

remain+형용사/pp ···인 채로 남다   remain+명사 ···로 남다

Please remain calm. 조용히 해.
Remain where you are. 거기 그대로 있어.

The donor asked to remain anonymous. 기부자는 익명으로 해달라고 했어.

▸ The question remains 문제가 남아있다

사물주어가 나오고 remain으로 끝나거나 혹은 to be+pp의 형태가 붙는 경우이다. 여러 문제를 처리했으나 아직도 「…가 남아있다」, 아직도 「…해야 할게 남아있다」라는 의미의 표현이다.

sth remains …가 (여전히) 남아있다
sth remains to be+pp 여전히 …가 …되어야 한다

The question remains, is she going to get married?
문제가 남아있어. 걔가 결혼할까?

▸ remain at[by, behind] …에 머물다

remain 다음에 구체적으로 장소부사구(전치사+명사)가 와서 「…가 …장소에 머무르다」는 뜻이다. Remain at home, remain in Korea 등으로 쓸 수 있다.

remain+장소부사구 …에 남아 있다
remain in bed 침대에 있다
remain at home 집에 남아 있다

Bob has chosen to remain at home. 밥은 집에 남아있기로 했어.
My wife decided to remain by my side. 아내는 내 옆에 남기로 했어.

17/18 lie/ lay
눕다, 거짓말하다 / 놓다, 눕히다

▶ **lie on[in]** ···에 눕다(과거형은 lay)

lie는 자동사로「눕다」라는 뜻이며 어디에 어떻게 눕느냐에 따라 뒤에 전치사나 부사가 이어진다. 동사의 변화 형은 lie-lay-lain이다.

lie on[in] ···에 눕다
lie down 드러눕다, 굴복하다, 감수하다
lie back 반듯이 눕다, 뒤로 기대다

Tony is lying on the couch watching TV.
토니는 TV를 보면서 소파에 누워있어.
She lay back with her eyes closed. 걘 두 눈을 감고 반듯이 누워있었어.

▶ **lie in** ···에 있다

이번에는 사람이 누워있는 것이 아니라 어떤 문제나 책임 등이 어디에 놓여 있다고 말하는 것으로 주어가 주로 blame, responsibility 등의 단어가 온다.

sth lie with sb (실수/책임 등) ···에게 있다
sth lie with[in] sth (문제/해답 등) ···에 놓여있다

My happiness lies in being with my family.
나의 행복은 나의 가족과 함께 있는거야.

▶ **lie to[about]** ···에게[···에 관해] 거짓말하다

형태와 발음은 똑같고 다만 동사 변화가(lie-lied-lied) 다른 동사로 용법은 단순하게 lie to sb, lie about sth만 알아두면 된다.

lie to sb ···에게 거짓말하다
lie about sth ···에 대해 거짓말하다
You lied to me! 넌 거짓말했어!

I'm sorry that I lied to you before. 전에 거짓말해서 미안해.
Everybody lies on their resume. 다들 이력서에 거짓말을 해.

- **tell a lie (to)** (…에게) 거짓말하다

  거짓말하다라는 단어 lie는 동사 뿐만 아니라 명사로도 사용되는데 tell a lie의 형태로 가장 많이 쓰이며 뒤에 사람이 올 경우에는 to를, 사물이 올 경우에는 about sth을 붙이면 된다.

  tell a lie to sb …에게 거짓말하다
  tell a lie about sth …에 대해 거짓말하다

  You shouldn't tell a lie to a client. 고객에게 거짓말해선 안돼.

- **lay sth on** …을 …에 놓다

  lay는 타동사로 「…을 내려놓다」라는 뜻으로 동사변화형은 lay-laid-laid다. 한 단계 더 나아가 lay cable하면 케이블을 설치하다, lay carpet하면 카펫을 설치하다라는 뜻이 된다.

  Ron laid his head on the table. 론은 머리를 테이블에 올려놨어.

- **lay the groundwork** 기반을 다지다

  이번에는 단순히 내려놓는 것이 아니라 뭔가 성공할 수 있도록 「기반을 닦다」, 「다져놓다」라는 의미로 lay 다음에 groundwork 혹은 foundation을 말하면 되고 이루어야 되는 단어는 for 다음에 연결시켜주면 된다.

  lay the groundwork for …의 기반을 다지다
  lay the foundation for …의 기반을 다지다

  This report will lay the groundwork for the new rules.
  이 보고서는 새로운 규칙을 세우는데 기반을 다질거야.

- **lay emphasis[stress] on** …을 강조하다

  lay 다음에 목적어로 추상명사인 emphasis나 stress가 와서 lay emphasis [stress]하면 「강조하다」라는 뜻이 된다. 강조하고픈 내용은 on~ 이하에 넣어주면 된다.

  lay emphasis on sth[~ing] …을 강조하다
  lay stress on sth [~ing] …을 강조하다

  My boss lays a lot of stress on completing projects.
  사장은 프로젝트를 완성하는데 많은 강조를 하고 있어.

17/18 lie/ lay

● lay down 내려놓다, 눕히다, 규정하다, 세우다

단순히 물건을 내려놓거나 혹은 rules나 standards 등의 명사와 어우러져 「규정하다」등의 뜻으로 쓰인다. 특히 비록 비문법적으로 잘못된 쓰임이지만 lie down의 의미로도 많이 쓰인다는 점을 눈여겨 봐야 한다.

lay sth down …을 내려놓다
lay down 눕다
lay down (rules, standards) 규정이나 기준을 세우다

I just want to lay down a couple of ground rules.
몇몇 기본 원칙을 세워놓고 싶어.

● lay off 그만두게 하다, 그만두다

기본적으로 경기불황 등의 외부적 요인으로 회사에서 「감원한다」는 의미이고 또한 뭔가 하던 일 등을 「중단한다」는 뜻으로도 쓰이는 표현이다.

lay off sb …을 감원하다
lay off (sb) …을 괴롭히는 걸 그만두다
lay off (~ing) (…을) 그만두다, 중단하다

We're going to be laying off people in every department.
모든 부서별로 몇 사람씩 자를꺼야.
Could you lay off, please? 그만 좀 할래요?

● lay out 가지런히 늘어놓다, 펼쳐놓다

lay out는 밖으로 내려놓다라는 뜻에서 「…을 잘 펼쳐놓다」라는 의미를 기본적으로 가지며 그 밖에 돈을 많이 쓰다, 자세히 설명하다 등의 여러의미로 사용된다. 우리말의 레이아웃(layout)을 연상하면 된다.

I have laid out clean towels on the floor of the bathroom.
화장실 바닥에 깨끗한 타올을 늘어놓았어.

19/20 pull/ draw
잡아당기다/ 그리다, 끌다

- **pull oneself together** 기운내다, 똑바로 하다

  pull은 잡아당기다라는 의미. 따라서 pull oneself together는 충격과 분노의 감정으로 흩어져버린 감정들을 하나로 모두 잡아당기다라는 뜻으로 「정신을 가다듬다」라는 뜻의 표현이다.

  pull oneself together 정신을 가다듬다
  pull together 합심하다, 협력하다
  pull together sth …을 합쳐서 통합하다

  Let's pull it together. 진정하자.
  Pull yourself together! Have some pride. 기운내고 자부심을 좀 가져.
  It's going to work! Pull yourself together. 제대로 될거야! 기운내.

- **pull sb's leg** 놀리다

  글자그대로 해석해보면 의미가 떠오르는 쉬운 표현. 다른 사람의 다리를 잡아당긴다는 말로 상대방에게 농담으로(for a joke) 말도 안되는 얘기를 해서 놀려댄다는 의미.

  You're pulling my leg. 나 놀리는거지, 농담이지?
  I thought he was pulling my leg. 난 걔가 날 놀리는 줄 알았어.

- **pull over** 차를 도로가에 대고 세우다

  누굴 내려주려고 혹은 경찰의 지시대로 차를 길가에 붙일 때 쓰는 표현이 pull over이고 pull up은 마부가 마차를 세울 때처럼 「차를 세운다」는 뜻이다.

  pull over 차를 도로가에 세우다
  pull up 차를 (신호등 앞이나 집앞에)멈추다, 세우다, (의자를) 당겨 앉다, 끌어올리다

  We're here. Pull over. 우리 다 왔어. 차세워.
  Pull over right here, driver! 여기 차 세워요, 기사아저씨!
  Pull over to the side of the road. 길 한쪽에 차를 세워.
  Tim pulled up in front of Jane's house. 팀은제인 집앞에 차를세웠어.

19/20 pull/ draw

▶ pull off 성공하다

pull off가 가장 많이 쓰이는 뜻은 뭔가 「어려운 일을 성취했을」 때로 pull it off의 형태로도 자주 볼 수 있다. 그밖에 「차를 옆에 대다」, 혹은 「옷을 빨리 잡아당겨 벗는다」라는 뜻도 갖고 있다.

pull sth off 어려운 것을 해내다
pull it off 시도하는 것에 성공하다
pull off (the road) 차를 옆에 대다

The thieves pulled off a bank robbery. 도둑들이 은행터는데 성공했어.
I don't think you will be able to pull it off. 네가 성공할 것 같지 않아.

▶ pull out 잡아빼다

기본적으로 뭔가 기존의 상태에서 빠지거나 빼낸다는 말로 회사가 안되는 사업부분을 그만두거나, 회사가 파산직전에 빠져나와 이직하거나 혹은 차를 옆으로 빼내 앞차를 추월하는 것 등을 뜻한다.

pull out 잡아빼다, 빠지다, 빠져나오다
pull out (차) 옆으로 빠져나가다, 역을 빠져나가다
pull out all the stops 최선을 다하다

We're pulling out all the stops. 최선을 다하고 있어요.
Have you had your wisdom teeth pulled out? 사랑니 뽑았어?

▶ draw (sb) a picture of~ …을 그리다

가장 기본적인 draw의 의미는 연필이나 펜으로 그림을 그리다라는 뜻. 그리는 대상을 바로 목적어로 써도 되고 아니면 draw a picture of~라 써도 된다. 한편 draw sb a map하면 「…에게 약도를 그려준다」는 의미.

draw sb[sth] …을 그리다
draw a picture of~ …을 그리다
draw sb a map …에게 약도를 그려주다

She drew a picture of you! 걔가 널 그렸어!
Could you draw me a map? 약도 좀 그려주실래요?

● draw (sb's) attention to (…의) 주의를 끌다

draw는 끌다, 잡아당기다라는 뜻에서 유추할 수 있듯 draw sb's attention하면 「…의 주의를 끌다」, 그리고 draw a conclusion은 「결론에 다다르다」라는 뜻의 표현이 된다. 또한 같은 맥락에서 draw는 attract라는 의미로도 쓰인다.

draw sb's attention to …의 주의를 끌다
draw a conclusion 결론에 다다르다
be drawn to …에게 끌리다

The guide drew our attention to the famous painting.
가이드는 유명 그림에 우리의 주의를 기울이게 했어.

● draw near[closer] 가까이 가다

draw는 원래 끌어들인다는 뜻으로 draw near[closer]하면 시간이나 공간상 가까워지는 것을 뜻한다.

She was shy at first, but she drew near later on.
걘 처음엔 수줍어했지만 나중에는 가까이 왔어.

● draw back 뒤로 물러서다

draw back하면 놀라서 몸을 뒤로 물러선다는 의미로 비유적으로 뭔가 하지 않기로 결정하는 것을 말한다.

draw back 뒤로 물러서다
drawback 결점
draw back from sth[~ing] 불안해서 …하지 않기로 하다

The group drew back from the volcano. 사람들은 화산으로부터 물러섰어.

● draw out 끌어내다, 은행에서 인출하다

밖으로 잡아 당기다는 말로 물리적으로 뭔가를 끌어내거나 혹은 은행에서 돈을 인출하다 (withdraw)라는 의미로 쓰인다.

draw sb[sth] out …을 끌어내다, 격려하여 말을 더하게 하다
draw out+돈 …을 인출하다

She will draw out money to pay you back.
걘 네게 돈을 갚기 위해 돈을 인출했어.

MEMO